KB054100

나를 지키는
관계의 기술

Drama Free

나를 지키는
관계의 기술

네드라 글로버 타와브

신혜연 옮김

매일경제신문사

인간 관계는 우리의 정신 건강에 가장 지대한 영향을 미치는 원인 중 하나다. 그리고 우리에게 고통을 안겨주기도 하고 우리를 치유해주기도 한다. 인간 관계는 긍정적이든 부정적이든 우리의 정신적, 정서적 안녕에 영향을 준다. 심리학자들은 오랫동안 건강한 관계가 수명을 늘려주며 건강하지 못한 관계는 암이나 심장병, 우울증, 불안, 중독 등의 건강 문제를 초래할 수 있다는 연구 결과를 지지해오고 있다. 그러므로 우리는 자신이 맺고 있는 관계의 건강 여부를 세심하게 살피고, 가능하면 유대를 강화해야 한다. 이는 모든 유형의 관계에 해당하지만, 가족 관계만큼 인간 발달에 큰 영향을 미치는 관계는 없다.

2021년에 출간한 《나는 내가 먼저입니다: 관계의 안전거리에서 자기중심을 찾는 바운더리 심리학》은 관계 안에서 바운더리의 중요성에 대한 이해를 도왔다. 건강한 바운더리는 상대가 변하지 않아도 마음의 평화를 유지할 수 있게 해준다. 관계 내에서의 문제 상황과 혼란에 대처하는 데에도 도움이 된다. 이 책에서는 바운더리를 집중적으로 다루고 있지는 않지만, 가족 관계를 잘 유지해나가는 하나의 방편으로서 자주 강조된다.

가족 관계는 심리치료실을 찾는 사람들이 가장 논의하고 싶어 하는 주제다. 심리치료사의 관점에서 볼 때 결혼과 우정을 비롯한 많은 인간 관계에서 발생하는 문제 중 다수는 가족 관계에 그 원인이 있다. 사람들은 "다 가족 때문은 아니다"라고 말하지만 대부분 그렇다.

상담 중에 가장 먼저 하는 질문 중 하나는 "그런 감정을 처음 느끼게 한 사람은 누구였나?"다. 일반적으로 이 질문에 대한 답을 찾으려면 가정에서 처음 경험했던 때로 거슬러 올라가야 한다. 이렇듯 가족과 관계를 맺는 방식과 세상과 관계를 맺는 방식은 대체로 닮아 있다.

가족 관계는 가장 흔한, 건강하지 못한 인간 관계다. 이유를 꼽자면, 인격이 형성되는 시기에 가장 많은 시간을 보내고 이후로도 상당한 시간을 (신체적으로뿐만 아니라 정신적으로도) 함께 보내기 때문이라고 감히 말하겠다. 가정에서 만나는 어른은 생후 몇 년 동안 최초의 선생님 역할을 한다. 그렇게 배우다가 관점이나 전통 생활방식이 집과는 전혀 다른 세상에 나아가면 어떻게 될까? 긴장감과 억울함이 들 것이다.

또 이유를 밝히자면, 어린 시절 당신은 진정한 자신이 되도록 허용되지 않았을 가능성이 크다. 어른이 되어서야 진정한 자신을 찾는다. 남이 만든 틀에서 남의 말을 듣고 자란 자신으로부터 떨어져나와 진정 자신이 누구인지 발견하는 건 바람직한 일이다. 저항이 있더라도 걱정할 필요 없다. 가족과 지내면서도 진정한 자신을 찾는 방법을 이 책에서 알려줄 것이다.

어떤 사람은 이렇게 말한다. "어린 시절은 지금의 저와 아무 상관 없어요." 이는 사실이 아니다. 가지고 있는 것 중 나쁜 것은 버리고 좋은 행동만 뽑아 취할 수는 없다. 행동의 패턴은 의식적으로 바꾸려 하기 전까지는 쉽게 당신을 떠나지 않는다. 가족의 성향은 우리를 속여 가족의 규범을 받아들이게 만든다. 예를 들어, 한부모 가정에서 자란 사람은 두 부모가 모두 개입된 부모-자녀 관계 역학을 이해하기 힘들어하는 모습을 보인다. 배우자가 육아를 돕고자 할 때, 그들은 다른 성인이 육아에 개입하는 것을 이해하거나 받아들이기 힘들어한다.

물론, '완벽한' 아동기 같은 건 존재하지 않는다. 겉으로 볼 때는 괜찮아 보여도 닫힌 문 뒤에서 무슨 일이 벌어질지 우리는 알 수가 없다. 어떤 사람에게는 가장 복잡한 인간 관계가 바로 가족 관계일 수 있다. 사람들은 인간 관계를 바꾸거나 개선하고 싶어 한다. 특히 부모나 형제자매, 조부모, 고모·이모, 삼촌, 사촌들 같은 가족과의 관계가 그 대상이다. 또 다른 아픈 관계는 시가·처가 식구들이나 재혼가정 구성원들과의 관계다. 성인이 된 자녀들을 돌보는 문제도 이에 해당한다. 게다가 가족 관계는 친구 관계나 연인 관계 같은 타인과의 관계를 좌우한다.

관계 문제에 대한 해답을 제시하면 사람들은 종종 그 해답이 가족 관계에도 적용 가능한지 묻는다. 당연히 가능하다. 물론 일반적인 지식을 가족 관계에 적용하는 건 어렵다. 모든 가정이 가족이라는 이유로 건강하지 못한 예외를 두기 때문이다. 이제 그런 실수는 금물이다. 누구도 자신을 학대하게 두지 말자.

이 책은 누군가를 비난하기 위해서 쓴 것이 아니다. 역기능 가정에서 자신의 목소리를 되찾는 데 필요한 기술을 개발할 수 있게 도와주기 위해 쓴 것이다. 여러분은 가정에서 목격했거나 견뎌왔던 것들을 직면하는 일이 두렵게 느껴질 수 있다. 나도 그랬다. 그래서 때때로 가족의 규범이 손상되는 게 싫어 문제를 회피하고 경시했다. 종종 사람들은 문제를 제기하면 가족을 떠나야 할 것 같아 두려운 나머지 가정에서의 경험에 솔직하지 못하다. 하지만 가족 관계를 내려놓는 것은 수많은 선택 중 하나에 불과하다. 의도가 명백한 대화는 거칠더라도 긍정적인 변화를 불러올 수 있다.

이 책에서는 역기능적 가족 관계에 대처하는 방법과 제어할 수 없는 가족 관계를 끊어내는 방법을 알려준다. 타인의 불량한 행동을 참아줄 필요는 없지만, 반드시 끊어내야 하는 것은 아니다. 이는 당신의 인내심과 자비심, 불량한 행동의 공격성 정도에 달려 있다. 역기능이란 단지 학대나 방임만을 의미하지 않는다. 험담, 건강하지 못한 시가·처가 관계, 의절, 물질을 남용하는 가족을 대하는 것도 포함된다. 이제, 흔한 문제에 대처하는 실용적인 방안을 살펴보고 복잡한 주제를 간결하게 분류해 다음의 중요한 두 질문에 답해보도록 하자.

- 근본적인 문제가 있는 가족과 어떻게 성공적인 관계를 맺을 수 있을까?
- 더 이상 관계를 유지하고 싶지 않은 가족이 있을 때 어떻게 관계를 끊을 수 있을까?

수첩을 가까이 두거나 메모 앱을 열어두자. 읽는 동안 이 책에 제시된 경험을 반추하고 고민하고 실제로 적용하기에 유용한 도구가 되어줄 것이다. 더군다나 글로 적으면 카타르시스를 느낄 수 있고, 깊은 방식으로 생각을 정리할 수도 있다.

'1부 역기능에서 벗어나기'에서는 역기능이란 무엇인가를 설명하고, 트라우마나 바운더리 침해, 상호의존, 밀착, 중독 등 건강하지 못한 전형적인 역학을 정의할 것이다. 사람들이 왜 혼란을 반복하고 건강하지 못한 패턴을 유지하는지 탐구하고 대물림되는 트라우마의 영향도 살펴볼 것이다.

'2부 치유하기'에서는 사이클을 깨고자 할 때 당신이 선택할 수 있는 두 가지 방안을 철저히 해부할 것이다. 즉, 바뀌지 않는 사람과의 관계를 관리하는 법과 바뀌지 않기 때문에 관계를 끊는 법을 배울 것이다. 여기서는 성장과 생존의 갈림길에서 자신의 길을 찾아갈 방도와 가족 외부에서 지지 시스템을 구축하는 방법을 제안할 예정이다.

'3부 성장하기'에서는 부모, 형제자매, 대가족, 성인 자녀, 시가·처가, 재혼가정 등 여러 유형의 관계에서 발생하는 문제에 대처할 수 있도록 도와줄 것이다.

이 책을 읽다가 감정을 압도하는 어떤 이야기가 떠오른다면 심리치료사를 찾아 문제를 해결하라. 심각한 반응은 뭔가 더 깊은 문제를 겪었음을 말해주는 신호다. 심리치료는 불면증이나 반추, 멈춰지지 않는 생각, 깊은 슬픔 등의 심각한 증상을 살피는 데 도움이 될 수 있다.

심리치료는 이 책에서 다뤄지는 문제들을 해결할 때, 특히 혼자 처리할 수 없을 때 도움이 된다. 이 책은 치료적이고 교육적인 도구이긴 하나, 심리치료사와의 관계를 대신해줄 수는 없다. 뭔가 맞지 않다고 느껴지거나 치료에 방해가 되는 경우, 그리고 감정적 반응이 나타난다면 잠시 멈췄다가 준비가 되었다고 느껴질 때 다시 읽자.

각 장의 도입부는 내담자나 인스타그램 커뮤니티 구성원과 소통한 내용을 인용하는 식으로 느슨하게 서술되었다. 그러고 난 후 임상 개념과 상황 예시를 거쳐 실제 경험에 적용할 수 있도록 질문을 통해 내용을 돌아볼 수 있게 했다. 이 책에서 '부모'는 생물학적 부모, 주 양육자, 의붓부모, 또는 기본적으로 보호책임을 지는 성인을 칭하는 말로 쓰였다. 과거와 현재 내담자들의 개인 정보를 보호하기 위해 이름과 세부적인 내용은 각색되었다.

문화는 우리의 가족관에 영향을 준다. 어떤 문화권에서는 건강하지 못한 가정의 관습에 반기를 들거나 뭔가 다른 것을 요구하는 경우 문화적 가치를 거스르는 것으로 여긴다. 성인은 자신만의 정체성을 창조할 수 있다. 가족 관계에서도 마찬가지다. 여러분은 가정에 존재하는 기존의 문화를 바꿀 수 있다. 사전 연락 없이 방문하는 일이나 자녀를 키우면서 부모를 돌보는 일, 자격 없는 가족 구성원에게 일자리를 마련해주는 일도 거기에 포함된다. 가족 문화를 깨지 않고도 자신만의 이야기를 창조해낼 힘이 여러분에게는 있다. 공격적인 방법 말고, 그저 자신의 욕구에 맞는 삶을 창조하기 위해 노력하면 된다.

우리에게 가장 큰 영향을 미치는 관계는 가족 관계다. 상처는 깊고, 기대는 넘친다. 가족이 정말 역기능적이라고 느껴질 수도 있고 그저 몇 가지 문제를 해결하고 싶을 수도 있다. 다만 나는 여러분이 이 책을 읽으면서 자신이 혼자가 아니며 다른 사람과의 관계에서 원하는 바를 얻어낼 힘이 자신에게 있음을 알게 되었으면 좋겠다.

여러분은 자신의 인생을 어떻게 살지 선택할 수 있다. 힘들어도 건강한 선택을 하는 데에 필요한 모든 것이 자신 안에 있음을 믿어라. 나는 당신이 해낼 수 있음을 안다. 많은 이들을 목격했고 나 자신도 해냈기 때문이다. 명심하라, 건강한 가족 관계는 당신에게 달렸다.

차례

Part 01 역기능에서 벗어나기

Part 02 ｜ 치유하기

Part 03   성장하기

Part 01

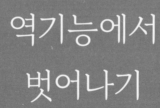

역기능에서
벗어나기

역기능이란
무엇인가?

진희는 엄마 아빠가 모두 있는 가정에서 자랐다. 그렇지만 아버지는 종일 일하다 집에 돌아오면 취할 때까지 술을 마시다 화를 내는 게 일이었다. 어머니는 진희와 나머지 두 아이를 방치한 채 종일 방에서 나오지 않았다. 게다가 아버지만큼 심각하지는 않았지만 과음하기는 마찬가지였다.

진희의 부모는 자주 언쟁을 벌였다. 그럴 때마다 진희와 동생들은 두 사람이 싸우는 소리를 듣지 않기 위해 텔레비전 볼륨을 한껏 올리곤 했다. 진희는 집에 있기 싫어서 일부러 친구들과 오랜 시간을 보냈다. 그러다 친구들의 부모님을 보면서 깨달았다. 일반적인 부모는 술에 취해 시도 때도 없이 싸우거나 자녀를 정서적으로 방치하지 않았다.

커가면서 진희는 점점 친척들에게 기대게 되었다. 친구들을 만나러 갈 때 차가 필요하면 할머니에게 연락했다. 부모님이 술에 취해 데리러 오는 위험을 무릅쓸 순 없었다. 학교에 입고 갈 옷이 필요하면 고모에게 연락했다. 고모는 기꺼이 진희를 데리고 쇼핑을 가주었다. 진희에게 없는 게 있다면 그건 집안 얘기를 함께 나눌 사람이었다. 친구들은 부모와 이런 문제가 없었다. 친척들은 잡다한 일을 대신 떠안을 뿐 진희 부모의 문제는 입에 올리길 꺼렸다.

진희는 외롭고 창피했다. 다른 사람들은 진희 부모의 행동이 아무렇지 않은 듯했다. 그래서 오랫동안 자신에게 문제가 있다고 생각했다. 동생들은 집안 분위기에 순응했다. 친척들은 "그냥 네 부모가 그런 사람들인 걸 어쩌니. 어쨌든 가족이니 사랑해야지" 같은 말만 늘어놓았다. 진희는 부모를 사랑하지 않는 게 아니었다. 다만 두 사람의 행동 때문에 괴로웠다. 이 문제는 진희가 성인이 된 이후에도 계속되었다.

진희는 대부분 묵인하고 지나갔다. 하지만 어쩌다 화를 내면 가족들은 건방지고 못됐다며 죄책감을 자극했다. 진희는 이런 문제를 누군가에게 털어놓고 자신이 옳음을 인정받고 싶었다. 그리고 가족에게 변화를 기대하는 게 잘못이 아니라는 말을 듣고 싶었다.

역기능 가정이란?

진희의 부모는 알코올 중독인 데다 자녀들을 정서적으로 방치하고 때로는 언어폭력도 저질렀다. 역기능Dysfunction 가정이란 이처럼 학대abuse와 방임neglect, 혼란chaos이 지속적이고 일반적으로 이루어지는 가정을 말한다. 역기능 가정에서는 바람직하지 못한 행동이 간과되거나 은폐, 묵인된다. 진희의 사례처럼, 정상적인 가정을 만나보기 전까지는 역기능 가정에 살고 있어도 그 사실을 알기 어렵다. 게다가 정상적인 관계를 알게 돼도 역기능적 패턴을 깨기가 쉽지 않다. 역기능 가정에서 성장한 사람은 다음과 같은 상황을 일반적이라고 생각한다.

· 용서하고 잊는다(그리고 아무것도 달라지지 않는다).
· 아무 일도 없던 것처럼 다시 원래 상태로 돌아간다.
· 가족에게 문제가 있어도 숨기고 감싼다.
· 문제가 있다는 사실을 인정하지 않는다.
· 말해야 할 비밀을 감춘다.
· 아무렇지 않은 척한다.
· 자신의 감정을 표현하지 않는다.
· 해로운 사람들과 어울린다.
· 폭력적인 방법으로 원하는 걸 얻으려고 한다.

상대방이 문제가 있다고 말한다면 정말 그런 거다

아주 많은 경우에 사람들은 문제를 인정하고 해결책을 찾기보다는 방어적인 태도를 보인다. 진희의 부모는 자신들의 비정상적인 행동을 진희가 언급할 때마다 화를 내거나 진짜 바라는 게 뭐냐며 힐난했다. 가족 누구도 진희의 걱정에 귀를 기울이지 않았다. 아무래도 진지하게 논의할 준비가 되지 않은 듯했다.

진희는 혼자가 아니었다. 하지만 진희의 편을 들어주는 사람은 아무도 없었다. 모두 같은 문제를 겪고 있었다. 그러나 문제를 제기할 만큼 용감한 사람은 진희뿐이었다. 다들 편하게 순응하거나 못 본 척 했다. 진희는 문제에 맞서는 방법을 알고 싶었다.

아동기의 부정적인 경험

아동기의 부정적인 경험Adverse Childhood Experiences, ACEs에 관한 설문조사는 주로 아동기 트라우마의 심각성을 측정하기 위해 실시된다. 이 조사가 살피려는 영역은 다음과 같다.

- 폭력을 목격한 적이 있는가?
- 성적 학대를 당한 적이 있는가?
- 가정에서 약물 남용에 노출된 적이 있는가?
- 신체적 학대를 당한 적이 있는가?
- 언어폭력을 당한 적이 있는가?
- 정서적으로 방임된 경험이 있는가?
- 부모에게 정신 질환이 있었는가?
- 부모 중 교도소에 수감된 사람이 있었는가?

아동기 트라우마는 감정을 처리하고 표현하는 능력에 영향을 미친다. 또한 부적응적 정서 조절 전략(예를 들자면, 감정 억제)의 가능성을 높인다. 특히 폭력에 노출된 아동은 위협과 안전 신호를 구분하는 일에 어려움을 겪는다.

학대나 방임 등의 경험은 가족 역학Family dynamic 내의 역기능으로 널리 알려져 있다. 가족 관계에 영향을 미치는 요인은 이뿐만이 아니다. 트라우마는 보통 0점부터 10점까지로 그 정도를 측정한다. 아동기 트라우마는 2점 정도의 낮은 단계만 되어도 강력한 영향을 미칠수 있다. 게다가 이 ACEs 설문조사로는 정신 건강에 영향을 미칠 수있는 또 다른 위험요인, 즉 경제적 불안이나 잦은 이사, 대물림된 트라우마의 여부를 확인할 방법이 없다. 물론 당신의 ACEs 점수(내 점수는 7점이다)나 아동기의 트라우마 경험이 미래를 결정한다고 믿지 않는다. 당신은 강하다. 지금 당장은 힘들어도 결국에는 유익한 결정을내릴 것이다.

하지만 일단 활성화된 트라우마는 그 사이클을 반복하는 경향을보인다. 아동기의 경험은 종종 성인기까지 영향을 미친다. 노숙 경험이 있는 아동은 주로 ACEs 점수가 높으며 성인기에 노숙 문제를 겪을 가능성도 크다. 아동기 역기능에 영향을 미치는 또 다른 요인들은다음과 같다.

· 자아도취적인 부모
· 정서적으로 미숙한 부모
· 강압적인 부모
· 지나치게 밀착된 가족 관계
· 가족 구성원 간의 경쟁적인 관계

· 부모를 돌보는 자녀

위 항목에 관해서는 2장과 3장에서 더 자세히 살펴볼 예정이다. 〈바라카 기숙학교The Boys of Baraka〉라고 하는, 미국 메릴랜드주 볼티모어 출신 흑인 청소년들이 참가한 한 다큐멘터리 프로그램이 있다. 위기에 처한 스무 명의 청소년이 케냐의 한 기숙학교에 입학해 자신의 문화적 뿌리와 공동체, 학문, 구조를 체험하는 내용이다. 아이들은 그 먼 곳에 가 있는 동안 학업적으로나 정서적, 사회적으로 향상되는 모습을 보인다. 하지만 재정 문제로 인해 프로그램이 중단되면서 다시 미국으로 돌아오게 된다. 하나도 바뀐 게 없는 자신의 가정환경으로 돌아온 그들은 결국 대부분 약물 남용과 범죄, 비정상적인 사이클의 반복 등의 문제를 겪는다. 환경 때문에 건강하게 성장할 능력을 제한받자 희망을 잃고 익숙한 패턴으로 돌아간 것이다. 하지만 올바른 도구만 있다면 아동기의 가족 트라우마는 치유될 수 있다는 점을 시사하고 있다.

어린 시절의 환경

어디서, 누구와 함께, 어떤 경험을 하며 성장했는지의 문제는 인생 전반에 영향을 미친다. 트라우마는 몸과 마음은 물론 인간 관계와 경제적 안정, 그리고 정서적 건강과 정신적 건강에까지 지속적으로 장기적인 영향을 끼치는 것이다. 다들 아는 것처럼 18세까지의 삶은 인생에서 매우 중요하다. 오프라 윈프리Oprah Winfrey는 브루스 D. 페리Bruce D. Perry 교수와 함께 쓴 《당신에게 무슨 일이 있었나요What Happened to You?: Conversations on Trauma, Resilience and Healing》에서 어린 시절 자신이 겪은 트라우마를 공유하며 그 경험이 자신에게 어떤 영향을 미쳤는지 밝힌다. 어머니는 윈프리가 조금만 화나게 해도 때렸다. 이런 학대를 당해서였는지 자신은 결국 남의 비위를 잘 맞추는 사람이 되었다고 했다. 그녀는 성인이 된 자신의 이런 태도가 사실은 어린 시절의 경험에 뿌리를 두고 있음을 오랜 시간이 지난 후에야 깨달았다. 가족에게서 물려받을 가능성이 큰 요소는 다음과 같다.

- 돈 관리 능력
- 의사소통 능력
- 다른 사람에게 애착을 느끼는 방식
- 가치관
- 약물 사용 패턴
- 자녀를 대하는 방식
- 정신 건강을 다루는 방식

어린 시절의 경험은 성인인 내담자가 현재 겪고 있는 문제가 어떻게 생겨났는지에 관한 많은 단서를 치료사들에게 제공한다. 나는 주로 이런 질문을 던진다. "그런 기분을 언제 처음 느꼈어요?" 또는

"누가 그런 기분을 처음 느끼게 했나요?" 그러면 대체로 어린 시절의 이야기가 다시 수면 위로 떠오른다. 사람들은 무력했던 어린 시절의 무게를 마치 족쇄라도 찬 듯 계속 짊어지고 살아간다. 하지만 성인이 되면 얼마든지 이야기를 바꿀 수 있다.

"성인이 되면 얼마든지
당신의 이야기를 바꿀 수 있다."

회복탄력성

회복탄력성Resilience이란 이미 일어난 일을 수용하는 능력을 말한다. 올바른 보호 요인만 있다면 환경은 극복할 수 있다. 보호 요인은 다음과 같다.

· 신뢰할 만한 어른과의 긴밀한 관계
· 육아에 대해 긍정적인 영향을 주는 환경
· 확고한 가치관과 목적의식
· 자기조절 능력과 낙관적인 태도, 상황대처 능력
· 건강한 사회관계
· 친구와 스승의 지지
· 건강한 관계에 대한 노출을 증가시켜주는 지속적이고 구조화된 프로그램

흔히 사람은 환경의 지배를 받는다고 말한다. 하지만 가정 밖의 건강한 관계로부터도 영향을 받는다. 진희가 자신의 가정환경을 파악할 수 있었던 이유는 밖에서 건강한 대안을 찾은 덕분이었다.

나는 미시간주 디트로이트의 공립학교에서 문제 가정 청소년들을 돕기 위한 프로그램에 참여한 적이 있다. 그 프로그램을 통해 쓰레기를 함부로 버리면 주변 환경에 해롭다는 걸 배웠다. 학생들은 학교에서 더는 쓰레기를 함부로 버리지 않았다. 프로그램의 도움을 받아 우리는 학교 주변도 깨끗하게 청소했다. 그런 노력이 오래 지속되지는 않았지만 쓰레기를 함부로 버리면 안 된다는 것만큼은 머리에 박혔다.

모르는 사람들은 내가 바람직한 엄마, 아빠와 함께 살며 트라우마 없는 유년기를 보냈으리라 생각한다. 하지만 사실은 그렇지 않다. 어른이 되면 다른 인생을 살겠다고 다짐할 수 있었던 건 다른 시각을 접하고 다른 가정의 정상적인 관계를 목격한 덕분이었다.

어린 시절에 대해 솔직하기

솔직한 게 배신은 아니다. 겪은 일을 미화하지 않고, 있는 그대로 받아들이는 것이다. 적어도 자기 자신에게는 어린 시절에 대해 솔직해질 필요가 있다. 사람은 종종 진실을 받아들이기가 두려운 나머지 관계와 경험을 왜곡한다. 하지만 사실을 부인하는 한 결코 과거의 상처에서 벗어날 수 없다. 사람들이 주로 인정하기 힘들어하는 가족 문제는 다음과 같다.

- 이기적이고, 원하는 걸 얻기 위해서라면 뭐든 한다.
- 경청할 줄 모른다.
- 변하려고 노력은 하지만 일시적이다.
- 못되게 군다. 아무 이유 없이 그럴 때가 많다.
- 주기보다는 받으려고 한다.
- 완벽함과 거리가 멀다.

가족 문제를 말하지 못하는 이유

가족 문제가 자신을 반영한다고 생각한다

당신에게 일어난 일과 당신은 아무 관계가 없다. 어린 시절 겪은 일은 당신의 통제력 밖에 있었다. 가정환경을 가꾸는 건 당신 책임이 아니었다. 그러므로 그 환경 안에서 일어난 일에 대해 자책할 필요 없다. 경험이 당신을 만든 건 맞다. 하지만 그 경험의 지배를 계속 받을지 아니면 과거의 일로 남기고 다른 삶을 살아갈지는 성인이 된 당신의 선택에 달려 있다.

"당신에게 일어난 일과 당신은
아무 관계가 없다"

창피함과 수치심을 느낀다

자신의 가족 문제가 창피할 때는 비슷한 경험을 한 사람과 이야기를 나누는 게 도움이 된다. 하지만 자신의 경험을 나눌 사람과 가까워지려면 먼저 솔직해야 한다. 있는 그대로 털어놓을 수 있을 만큼 용감하기도 해야 한다. 진실을 숨기면 수치심이 든다. 하지만 비밀을 털어놓으면 그런 감정에서 해방될 수 있다. 프라이버시를 유지한다는 게 반드시 비밀을 감추는 걸 의미하지는 않는다. 많건 적건 불편하지 않은 한도 내에서는 사람들과 공유해도 괜찮다. 프라이버시는 어떤 상대가 믿을 만한 사람인지 구분할 수 있게 해준다. 때로는 프라이버시를 공유하지 않는 게 자신에게 해를 끼친 사람(가족)을 보호하는 길이기도 하다. 그렇게 하면 자신뿐만 아니라 다른 이들이 당혹스러워지는 일을 막을 수 있다.

문제가 있다는 사실을 모른 척하고 싶다

심각한 문제가 있는데도 모른 척하면 건강하지 못한 패턴을 고칠 기회를 놓치게 된다. '일어나지 않은 일'을 계속 겪는 것이다. 문제가 있는데도 모른 척한다는 건, 가족 모두가 건강하지 못한 사이클이 있고 그걸 끝내야 한다는 사실을 인정하려 하지 않는다는 뜻이다. 때문에 해로운 행동이 지속될 수밖에 없다.

"심각한 문제가 있는데도 모른 척하면
건강하지 못한 패턴을 고칠 기회를 놓치게 된다."

아무도 이해하지 못한다고 생각한다

유명인은 물론이거니와 선생님이나 친구들, 직장 동료 등 많은 이들이 당신과 마찬가지로 가족과 비슷한 문제를 겪는다. 자신만 겪는 문제라고 생각한다면 공감해줄 사람을 찾기 어렵다. 같은 상처가 있는 사람들은 서로를 알아보고 모여든다. 진실하고 개방적인 태도를 보이면 당신과 비슷한 상황에 놓인 사람들이 다가올 것이다. 때로는 자신의 이야기를 투명하게 털어놓은 후에 진정으로 마음을 나눌 '내 사람'을 만나기도 한다.

평가받는 게 두렵다

어떤 사람은 당신의 이야기를 이해하지 못할 것이고, 당신도 다른 사람의 이야기를 다 이해하지는 못한다. 우리는 모든 사람이 나를 이해할 수는 없다는 사실에 익숙해질 필요가 있다. 이를 받아들이면 삶이 훨씬 편안해진다. 다른 사람이 어떻게 생각할지 당연히 신경이 쓰이겠지만, 그게 너무 과하면 긍정적인 변화를 만들어내기 힘들어진다.

트라우마 상황이 벌어져도 이해하지 못한다

〈못 말리는 번디 가족Married with Children〉은 내가 가장 즐겨보는 시트콤이다. 주인공인 알 번디는 고등학교 시절에는 잘나갔으나 지금은 불만 가득한 신발 판매원이다. 그는 페그와 결혼해 버드와 켈리라는 두 자녀를 두었다. 아이들은 부모가 서로를 비난하는 모습을 늘 목격한다. 먹을 것 하나 없이 집에 둘만 남겨질 때도 종종 있다. 한번은 아이들이 너무 배가 고파 주방을 뒤지는 장면이 있었다. 아이들은 냉장고 뒤에서 오래된 초코바 하나를 찾아내고는 크게 기뻐했다. 시트콤이니까 그때는 그냥 그런 게 재미있어 보였다. 하지만 지나고 보니 아동방임과 언어폭력, 그리고 그 외에 아직 개념화되지 않은 매우 비정상적인 부모 자녀 관계를 극대화해서 보여주는 사례였다.

눈앞에서 펼쳐지는 상황을 이해할 수 없을 때 우리는 건강하지 못한 상황에 그냥 머문다. 주변에서 같은 상황을 겪으며 고통스러워해도 정상적이고 불가피한 일이라고 여긴다. 따라서 자신의 경험을 제대로 파악하기 위해서는 다른 관점으로 보는 것이 꼭 필요하다.

자신을 바꾸는 것만으로 충분하다

살아있는 한 언제라도 관점과 행동을 바꿀 수 있다. 너무 늦은 때란 없다. 흔히 "늙은 개에게는 새로운 재주를 가르치기 어렵다"라며 나이가 들수록 변하기 힘들다고 한다. 하지만 이 말은 진실이 아니다. 새로운 정보를 기꺼이 받아들일 마음만 있다면 얼마든지 달라질 수 있다. 위의 문장을 "의지가 없는 개에게는 새로운 재주를 가르치기 어렵다"라고 고쳐 읽자. 지금 이 책을 읽고 있다는 건 이미 새로운 정보를 받아들일 준비가 되었다는 의미다.

때로는 뻔히 들여다보일 정도로 명백한 문제가 있어도 가족의 가치관과 신념에 젖어 가정 내 역기능의 본질을 깨닫지 못하는 경우가 있다. 하지만 진희의 사례에서 보듯 다른 가정을 통해 내 가족의 문제를 인지할 수 있다.

예전에 나는 학교에서 돌아오면 〈오프라 윈프리 쇼The Oprah Winfrey Show〉를 시청하는 게 일이었다. 지난 프로그램을 다시 보니, 당시의 나는 프로그램의 주제를 제대로 이해하지는 못해도 그 이야기들이 필요했던 것 같다. 〈오프라 윈프리 쇼〉에서는 학대와 방임, 진실 폭로, 유명인 인터뷰 등 상상할 수 있는 거의 모든 주제를 다루고 있었다. 그 쇼는 내 인생은 물론 다른 이들의 삶에서 일어나는 일을 어떤 용어로 부르는지 알게 해주었다. 충분히 귀 기울여 보고 들으면 프로그램 안에서 다루는 많은 부분이 당신이 살면서 겪은 일과 일맥상통함을 알 수 있다. 이렇게 미디어는 자신이 처한 상황을 객관적으로 들여다볼 수 있게 해주는 수단이 되기도 한다.

두뇌는 언제든 다시 고쳐 쓸 수 있다. 우리는 늘 새로운 걸 배운다. 그렇게 얻은 아이디어를 자기 것으로 할지 말지는 자신의 선택에 달려 있다. 이 책을 쓴 건 사람들이 자신을 변화시키고 결국 삶과 관계를 변화시키는 방법을 배우길 바라기 때문이다. 어떤 관계에서든 당신은 실로 막대한 영향력을 갖고 있다. 관점과 태도, 기대치를 바꾸면 상대가 전혀 바뀌지 않더라도 얼마든지 관계의 작동 방식이 달라질 수 있다.

이 책을 읽다 보면 '나 말고는 아무도 바꿀 수 없다'라는 메시지를 계속 받게 될 것이다. 만일 초능력을 하나 가질 수 있다면 나는 다른 사람을 내 마음대로 바꾸는 능력을 선택하겠다. 하지만 현실에서는 누구도 타인을 바꿀 수 없다. 그런데도 인간 관계에 문제가 생기면 왜 그 해결책을 제일 먼저 떠올릴까? 이 책을 읽고 난 후에는 자신을 바꾸는 것만으로도 충분하다는 사실을 깨닫기를 바란다.

"자신을 바꾸는 것만으로도 충분하다."

밑바닥부터 다시 시작하라

디즈니 애니메이션 〈인어공주The Little Mermaid〉에는 주인공 에리얼이 포크로 빗처럼 머리를 빗는 장면이 나온다. 에리얼은 빗을 본 적이 없어서 참조할 기준이 없다. 기준이 역기능적일 때는 밑바닥부터 변해야 건강한 패턴을 얻을 수 있다. 나는 자녀와의 역기능 사이클을 깨는 일이 힘들다는 걸 깨닫고 충격에 빠진 부모를 많이 봤다. 이런 경우 부모가 할 수 있는 선택은 다음과 같다.

· 억지를 부리고 귀찮게 군다며 자녀에게 화를 낸다.
· 보고 배운 것이 없어서 그렇다며 자신의 부모에게 화를 낸다.
· 스트레스를 다스리고 부모 역할을 더 잘할 수 있는 전략을 배운다.

셋 다 당연한 반응이다. 부모 역할을 하며 육아 기술을 쌓다 보면 스트레스 때문에 화가 날 수 있다. 앞으로 나아가고 있다면, 지난 일에 대해 화가 나거나 슬프거나 심지어 분노해도 괜찮다. 과거를 '극복'하려고 애쓰지 말고 앞으로 나아가라.

과거를 떠올리면 화가 치밀어 오를 수 있다. 그 상태 그대로 머물러서는 안 된다. 우리가 사는 건 현재임을 기억하자. 과거는 과거일 뿐, 우리는 과거를 다시 살 수도, 지워버릴 수도 없다. 그러므로 이제부터는 앞으로 인생에 긍정적인 변화를 불러올 일에 에너지를 쏟아부어라. 과거를 돌아보지 말라는 게 아니다. 다만 거기에 매몰되지 말라는 얘기다.

"가끔 과거를 방문해도 좋다.
그러나 거기에 머물지 마라."

우리는 새로 배우기보다는 아는 대로 행동한다

바뀔 준비가 되지 않았거나 바뀔 마음이 없을 때 우리는 "난 원래 이렇다"라고 말한다. 하지만 우리는 얼마든지 다르게 살기를 선택할 수 있다. 그 첫 번째 열쇠는 현재 상황을 올바로 인식하고 변화를 위한 첫발을 떼는 것이다. 같은 실수를 두 번 할 필요는 없다.

대부분 우리는 출신 가정 내에서 보고 자란 인간 관계나 또래 관계를 성인이 되었을 때 무심코 따라 하는 경향이 있다. 인간 관계의 작동 원리를 알아보려고 과학 자료를 찾아보는 사람은 거의 없다. 대개는 본 대로 따라 한다. '모델링modelling'을 통해 주변 세상과 소통하는 법을 배우는 것이다. 부모가 서로에게 소리 지르며 싸우는 모습을 보며 자란 아이는 나중에 당연히 같은 전략을 택한다.

이와는 반대로, 싸울 수 있다는 사실을 몰라서가 아니라 소리 지르는 상황을 만들기 싫어 갈등 자체를 피하는 사람도 있다. 많은 사람이 "부모님이 서로를 비난하는 모습을 보고 자라서인지 싸우는 게 싫어요"라고 말한다. 건강하지 못한 가정에서 성장한 사람은 서로에게 소리를 지르거나 심술궂게 구는 행동을 논쟁이라고 믿는다.

선택은 자신이 하는 것

성인이 되기 전에는 보호자가 다른 가족이나 친구, 동료와의 관계를 통제할 가능성이 크다. 하지만 성인이 된 후(약 18세에서 20세쯤 부모에게서 독립해 스스로 자신을 돌볼 수 있게 되면)에는 타인과의 관계에서 어떤 사람으로 보이고 싶은지, 누구와 함께하고 싶은지 스스로 결정할 수 있다. 누군가 당신의 인간 관계에 동의하지 않더라도 그는 자신의 의견을 말할 뿐 당신을 뜻대로 움직일 수 없다. 이럴 때 당신이 할 일은 불편한 마음을 다스리는 것이다. 누구도 성인인 당신의 관계를 좌지우지할 수 없다.

선택은 자신이 하는 것이다. 당신은 어린 시절 배우지 못한 것을 배울 수 있고, 다르게 반응하기를 선택할 수 있으며, 진정한 자기 자신이 될 수 있다. 초능력이 있다면 그건 바로 세상에 어떤 모습으로 자신을 내보일지를 결정하는 능력일 것이다.

아동기 문제가 성인기의 관계에 미치는 영향

가족 관계는 다른 관계에도 영향을 미친다. 가족 관계는 다음과 같은 문제를 초래할 수 있다.

불안

가족의 행동에 습관적으로 불안했다면 가족이 아닌 사람의 행동에도 불안감을 느낄 수 있다.

가면 증후군

형편없다는 말을 들었거나 은연중에 그런 암시를 받은 사람은 어딜 가도 자신을 '형편없는 사람'이라고 생각한다.

욕구와 감정 표현에 서툼

욕구나 감정을 표현했다가 조롱 혹은 무시를 당했거나 벌을 받은 적이 있는 사람은, 다른 사람들도 그런 반응을 보일 거라고 짐작한다.

자해

역기능 사이클에 갇힌 사람은 스스로 형편없는 사람이라고 생각해 좋은 관계나 건강한 관계를 차단한다.

신뢰 문제

조건 없이 사랑해주리라 믿었던 사람에게 배신당한 적이 있는 사람은, 누군가가 자신을 사랑해주고 관심을 쏟아주고 보살피리라는 믿음을 갖기 어렵다.

대인관계 기피

회피는 자신을 방어하고 싶을 때 사용하는 전략이다. 건강하지 못한 가족 관계를 경험한 사람은 당연히 타인과 관계를 구축하고 발전시키는 일을 두려워한다.

정신 건강에 영향을 미치는 관계 문제

정신 건강 문제는 전염성이 강하고 심각한 스트레스를 유발한다. 우울한 가정에서 자란 사람은, 유전적 요인이라기보다 눈으로 보고 겪었기 때문에 나중에 우울증에 걸릴 확률이 높다. 우울한 부모는 자녀와 소통하는 방식이 다른 가정과 다르다. 이는 자녀에게 신체적 정신적 영향을 미친다. 결국 자녀는 부모와 똑같은 모습을 부분적으로 갖게 된다.

불안도 마찬가지다. 불안증을 앓는 성인 대다수는 그런 성인을 보며 자랐거나 그런 성인에게 양육된 이력이 있다. 사람은 보이는 대로 보고 배운다. 아이는 어른이 보이는 감정의 신호를 읽는 데 매우 능숙하다. 성인 중에 종종 이런 말을 하는 사람이 있다. "아버지가 외투를 벗는 모습만 봐도 술에 취했는지 안 취했는지 알 수 있었어요." 자녀는 직감적으로 부모가 어떤 감정 상태인지 느낀다.

하지만 다른 사람의 감정을 직감적으로 파악하려면 끊임없이 신경을 써야 하므로 스트레스를 느끼게 된다. 성인의 경우에는 다른 사람의 감정적 신호를 읽으려는 과정에서 타인을 불신하게 되거나, 상처받을까 봐 회피하거나, 타인을 보호하는 패턴에 빠질 수 있다.

타인을 믿지 않는다

신뢰가 없으면 건강한 관계라고 할 수 없다. 건강한 관계의 필수 요소는 상대가 나한테 충실하리라는 믿음이다. 신뢰하는 법을 배우는 유일한 길은 타인을 자신의 세계로 받아들이고 그들이 자신의 기대에 부응하기를 바라는 것뿐이다. 주 양육자에게 배신당한 경험이 있는 사람은 누군가가 자신 곁에 있어줄 거라고 섣불리 믿지 못한다. 하지만 확신컨대 신뢰하는 법은 배우면 된다. 무엇보다 자신에게 신뢰할 만한 사람을 알아볼 수 있는 능력이 있음을 믿어야 한다.

상처받을까 봐 피한다

마음을 다치기 싫은 건 당연한 일이다. 하지만 실망을 막을 수는 없다. 실망할 만한 일인지 가늠해보고 피할 수 있으면 피할 뿐이다. 영향을 최대한 적게 받으려 애쓰는 건 당연하다. 건강한 관계라면 너무 겁내지 않아도 된다. 경계하느라 애쓰기보다는 그러지 않아도 될 만큼 좋은 사람을 선택하는 일에 공을 들여라.

남을 보호하려 한다

걱정해주는 게 상대를 보호하는 것처럼 보일 수 있다. 하지만 본인에게는 스트레스이고 상대에게도 별 도움이 되지 않는다. 스스로 자신에게 피해를 가하는 사람을 보호할 방법은 없다. 끊임없이 남을 지켜보면서 동시에 자신의 삶을 살기는 어렵다.

종이 한 장을 준비한 후 각 장마다 이어질 '오늘의 질문'에 차근차근 답을 해보자.

오늘의 질문

1 당신이 가진 역기능 가정의 패턴 중 성인이 된 이후의 인간 관계에도 영향을 미치는 것은 무엇인가?

2 식구들을 변화시키고자 노력하는 과정에서 무기력하다고 느낀 적이 있는가?

3 성장 과정을 편하게 털어놓을 수 있는 상대는 누구인가? 그리고 그 사람이 편하게 느껴지는 이유는 무엇인가?

바운더리 침해와
상호의존, 밀착 문제

지수와 희수, 두 사람은 쌍둥이였다. 서른두 살이 되도록 사람들은 그 둘을 그저 쌍둥이로만 생각했다. 심지어 같은 사람으로 착각하기도 했다. 둘은 생각까지 비슷했다. 둘 중 동생인 희수는 결혼을 앞두고 있었다. 그런데 약혼자인 동원은 자신이 희수에게 있어 늘 언니인 지수보다 서열에서 밀리는 듯하다고 불평하기 시작했다. 뭔가 결정할 일이 있을 때마다 희수가 자신보다 지수에게 먼저 말한다는 것이었다. 동원은 희수가 언니의 조언 없이는 아무것도 결정하지 못한다면 결혼생활이 어떻게 유지될지 염려되었다.

고작 5분 먼저 태어났을 뿐인데도 지수는 마치 보스처럼 굴었다. 지수에게 있어서 가장 중요한 건 동생을 보살피는 일이었다. 때로 희수는 언니의 간섭이 과하다고 불평했다. 하지만 언제나 결국에는 지수의 말을 따랐다. 지수는 곧 제부가 될 동원을 좋아했지만, 동원과 약혼한 후 희수가 자신에게서 멀어지는 것 같은 느낌을 받고 있었다.

두 사람은 하루 두 번씩 통화하고 수시로 문자메시지를 주고받으며 목요일 밤마다 만나다가 점차 하루에 한 번, 또는 이틀에 한 번 통화하다가 가끔씩 문자만 주고받는 사이가 되었다. 목요일 밤마다 둘이 만나던 루틴도 동원과 함께 만나는 걸로 바뀌었다. 지수는 변화가 일어나고 있다는 걸 느낄 수 있었다. 반면 희수는 그 어느 때보다 행복해 보였다.

지수는 자신이 느끼는 거리감 때문에 희수와 다툰 후 치료실을 찾았다. 희수가 '보스'인 자신의 말을 따르지 않은 건 둘의 관계에서 처음 있는 일이었다. 지수는 동원이 자신과 동생의 관계를 통제하고 방해하려 든다며 비난했다. 우리는 함께 상담을 진행하면서 바운더리에 관해 탐구했다. 특히 관계 내에서 건강한 역할을 확립하고자 할 때 바운더리가 어떤 필수적인 역할을 하는지 살폈다.

바운더리란 무엇인가?

바운더리란 인간 관계를 편안하고 안전하게 느끼도록 도와주는 '기대'와 '요구'다. 말과 행동을 통해 우리는 타인과의 바운더리를 설정한다. 역기능 가정에서 주로 불거지는 바운더리 문제는 '상호의존'과 '과도한 밀착'이다. 경우에 따라 행동적 바운더리를 설정하는 게 편안하게 느껴질 수 있고, 어떤 때는 언어적 바운더리를 설정하는 게 편안하게 느껴질 수 있다. 희수는 다음과 같은 행동적 바운더리를 설정했다.

- 전화하는 횟수를 줄인다.
- 문자메시지 보내는 횟수를 줄인다.
- 직접 만나는 횟수를 줄인다.
- 상대의 요구를 선뜻 들어주지 않는다.

희수로서는 행동적 바운더리를 설정하는 편이 가장 감당하기 쉽고 덜 공격적일 것 같았다. 만일 언어적 바운더리를 설정했다면 다음과 같은 식이었을 것이다. "동원은 나와 새로운 인생을 꾸려나갈 사람이니까 앞으로는 동원과 함께 어떻게 살아갈지 결정할 거야. 언니하고 보낼 시간이 전보다 많지 않다는 걸 알아주면 좋겠어." 또는 "나는 이제 한 사람에게 헌신하는 삶을 살아야 해. 동원과 견고한 관계를 만들어나가는 데 집중할 거야. 언니한테는 종일 수다 떠는 시간이 줄어든 것처럼 느껴질 수 있겠다." 또는 "이제 나도 성인이니까 내 뜻대로 하고 싶어. 앞으로는 알아서 결정할게."

이런 말은 희수와의 관계에서 지수가 원하는 바와 대치되기 때문에 지수에게는 충분히 공격적으로 느껴질 수 있다. 하지만 언니에게서 독립해 동원과의 관계에 더 집중하고 싶어 하는 동생의 욕구를 인정하면서도 도움을 줄 수 있는 새로운 방법을 찾는 것이 필요하다.

역기능 가정에서 바운더리를 설정하면?

건강하지 못한 가정에서 바운더리는 역기능 생태계에 대한 위협으로 여겨진다. 새로 바운더리를 설정하는 등의 변화는 그 역기능 시스템에 대한 도전을 의미한다.

반감Disapproval

"잘못된 건 내가 아니라 너야" 다시 말하자면 "바꾸려는 네가 잘못된 거야. 네가 휘젓기 전까지는 아무 문제없었어."

건강한 관계에는 변화가 동반된다. 늘 똑같은 사람은 아무도 없기 때문이다. 무엇보다 다 똑같이 살아서 좋을 게 없다. 어린 시절부터 어른이 될 때까지 사람은 각각 다르게 성장한다. 지원을 받아 오랫동안 자신이 어떤 모습이 되길 원하는지 편안하게 탐색하는 일도 드물지 않다. 이런 변화는 친구 관계나 사회적 공간, 직장, 또는 연인 관계에서 볼 수 있다.

희수는 새로운 인간 관계를 구축하고 새로운 것을 즐기며 행복해 보였다. 지수는 희수의 이런 모습이 낯설었지만 희수의 이런 변화는 꼭 동원 때문만은 아니었다. 동원은 그저 희수가 지수가 익히 알고 있던 모습과 다른 사람이 될 수 있도록 안전한 공간을 제공했을 뿐이었다.

모욕Shame

"너 정말 형편없구나."

모욕은 인격에 대한 공격으로, 감정의 가장 중요한 부분을 건드린다. 역기능 가정에서 모욕은 통제 수단으로 쓰인다. 부모가 규칙을 정했는데 자녀가 따르지 않을 때 '형편없는 아이' 또는 '나쁜 아이'라는 메시지를 던지는 게 일반적인 형태다.

모욕은 죄책감을 유발한다. 그리고 죄책감은 사람을 고분고분하게 만든다. 의도적으로 사람을 형편없는 존재로 모는 건 통제의 일종이다. 상대가 내 의견을 존중해주길 바라는 건 건강한 태도다. 하지만 자신의 의견과 맞지 않다고 해서 상대의 인격을 공격하는 건 건강하지 못한 태도다.

반발Pushback 또는 반항Resistance

"무슨 말인지는 알겠는데, 내 알 바 아니야."

반발은 수동공격이나 공격적인 태도, 또는 거절 등의 형태로 누군가의 요구를 철저히 무시하는 것이다. 반발의 양상은 주로 다음과 같다.

- 하던 일만 계속한다.
- 마음을 바꿀 것을 상대에게 강요한다.
- 마음을 바꿀 때까지 위협을 가한다.

원망Resentment

"너는 생각이 다르다니까 속상하다."

슬픔, 두려움, 마음의 상처, 실망을 전부 다 합친 것이 원망이다. 원망이 기저에 깔린 관계는 위험하다. 전혀 생각지도 못한 순간 불쑥 튀어나오기 때문이다. 지수와 희수의 경우 이 문제가 해결되지 않는다면 둘 다 바운더리를 놓고 내내 싸우게 될 가능성이 크다.

건강하지 못한 관계의 상호의존

건강한 성인 관계에서는 상대를 책임질 필요가 없다. 다른 사람의 인생이나 기분, 바운더리, 감정을 보살펴야 할 책임감이 느껴지면 그것이 상호의존Codependency이다. 건강하지 못한 성인 관계에서 상호의존 문제가 있으면 상대의 인생에 간섭할 권리를 가진 듯 느끼며 상대의 삶의 방식에 참견하는 양상으로 나타난다.

누군가를 필요로 하는 건 잘못이 아니다. 하지만 과도하게 밀착해 길을 잃는다면 상호의존이다. 상대가 스스로 벌인 문제에서 (부탁받지도 않았는데) 그를 구해야 할 것처럼 느껴진다면 상호의존이다. 자신의 욕구는 뒤로 한 채 상대의 욕구를 충족시키느라 애쓰고 있다면 상호의존이다. 상호 간에 친밀감을 느끼는 건 괜찮지만 상대와 과하게 밀착해서 자신이 누구이며 어떤 감정인지 혼란스럽다면 상호의존이다. 상호의존의 예는 다음과 같다.

· 동생이 실직하자 도움이 필요할 거란 생각에 묻지도 않고 집

임대료를 대신 내준다.

- 진통제를 남용하는 어머니가 거리에서 약을 구하는 게 싫어서 대신 진통제를 처방받아 준다.
- 사촌동생이 전화해 결혼생활에 문제가 있다고 하자, 그냥 얘기만 들어주는 대신 덜컥 해결책을 제시하고 머물 곳을 제공한다.

상호의존적인 사람은 다음과 같다.

- 다른 사람의 잘못을 대신 변명한다.
- 다른 사람이 어지른 걸 대신 치운다.
- 다른 사람의 문제를 대신 해결해주려 애쓴다.
- 다른 사람을 챙기느라 자신을 소홀히 한다.
- 다른 사람의 문제를 마치 내 문제인 양 걱정한다.
- 설득이나 강요를 통해 사람들을 변화시키려 한다.
- 사람들이 변하지 않으면 좌절감을 느낀다.
- 도울 수 있는 상황이 아닌데도 무리해서 도움을 준다.
- 다른 사람의 고민을 여러 사람에게 털어놓는다.
- 상대의 문제를 해결하기 위해 당사자보다 더 애쓴다.
- 상대 때문에 힘든데도 상처를 주기 싫어서 안 힘든 척한다.

누구든 충분히 스스로 돌볼 수 있는 사람을 돌보는 패턴에 빠지기 쉽다. 하지만 도움이 필요해 보이는데 원치 않는 사람도 있다. 이럴 때 상대가 스스로 알아서 하게 둘지, 아니면 상대 대신 문제를 처리할지는 자신의 선택이다. 상호의존성을 통제하고 싶다면 상대에게 스스로 돌보는 방법을 알려주고, 상대가 자기효능감을 키워나갈 수 있게 하고, 언제든 당신이 도와줄 거라는 기대치를 낮춰라. 약물을 남용하거나, 경제적 어려움에 빠졌거나, 인생에 부정적인 영향을 미치는 행동을 하는 사람을 보면 그 문제를 대신 떠안는 것만이 유일한 해결책처럼 느껴질 수 있다. 하지만 그렇지 않다.

자신을 스스로 돌보는 방법을 가르쳐라

인스타그램에서 이런 질문을 받았다. "동생들을 보살펴야 한다는 의무감에서 어떻게 벗어날 수 있을까요? 화나고 억울한데 그 역할에 너무 익숙해져 버렸어요. 이제 다들 성인인데도 동생들에게 계속 부모처럼 굴게 돼요."

어린 시절에 이 사람은 어른의 보살핌이 제대로 이뤄지지 않는 가정에서 자랐을 가능성이 크다. 그러다 부모 같은 역할까지 하게 되었을 것이다. 하지만 그런 보살핌이 아직도 필요할까? 모두 성인이 되었으니 이제는 보호자 역할보다는 필요할 때 힘이 되어주는 손위 형제의 자리로 돌아가야 한다.

동생들이 보호자 없이 살아갈 방법을 모른다면, 마냥 희생할 것이 아니라 스스로 살아갈 방법을 알려주도록 하라. 종종 우리는 직접 도와주는 게 상대에게 가장 도움이 된다고 생각한다. 하지만 궁극적으로는 자신을 스스로 돌보는 방법을 알려주는 것이 가장 좋은 방법이다. 누군가에게서 스스로 자신을 보살피는 능력을 빼앗는다면 평생 그에게 헌신하겠다고 약속하는 것과 다름없다. 이해하기 힘들지만, 간혹 건강한 방법으로 자신을 돌보려는 욕구가 없거나 그럴 의지 자체를 갖고 있지 않은 사람(어쩌면 우리가 사랑하는 사람)도 있기 때문이다.

과도하게 남을 돕는 일에는 대가가 따른다. 남을 돕느라 자신의 삶을 오롯이 살지 못하면 스트레스를 받고 결국에는 정신 건강에도 악영향을 미치게 된다.

스스로 성장해나가도록 놔두자

과거의 나와 지금의 나는 다르다. 사람은 나이를 먹으면서 조금씩 변한다. 가족은 바로 우리 눈앞에서 다른 사람으로 변해간다. 하지만 때로 우리는 그들을 현재의 모습이 아닌 과거의 모습으로만 본다.

나는 한때 7명이 넘는 사촌들 사이에서 가장 어렸다. 사촌들은 대부분 나를 '아기'로 여겼다. 이는 여러 면에서 기분 좋은 일이었다. 어린 시절의 나에 대해 사촌은 애정 어린 기억을 많이 갖고 있다. 그런데 어른이 되자 이런 말이 들렸다. "우리 아기가 결혼한다니 믿어지지 않아" 또는 "우리 아기가 다른 지방으로 이사한다니 믿을 수가 없어" 이 정도는 그래도 괜찮은 편이다. 하지만 이런 말을 듣는다고 생각해보라. "벌써 무슨 결혼을 한다는 거야?" 또는 "가족한테서 떨어져서 혼자 살 수 있겠어?" 때로는 다른 사람들이 우리에 대해 알고 있는 이야기 때문에 원하는 삶을 추구하는 데 방해가 될 수 있다.

태어난 순간부터 우리는 성장과 함께 세상에서 어떤 역할을 할지 배워나간다. 남들이 생각한 것보다 더 크게 성장할 수도 있다. 가장 좋은 건 함께 성장해나가는 것이다. 누군가에게 죄책감을 유발해 그대로 머물게 만들면서 성장을 가로막는다면, 그는 은밀히 또는 애정 어린 지지 없이 변화를 시도할 것이다.

기대치를 낮추라

당신은 어떤 바운더리를 갖고 있는가? 사실 어떤 게 정말 도움이 되는 방법이고 어떤 게 대가를 필요로 하는 방법인지 당신은 알고 있다. 누군가를 돕고 싶다면 결정하기 전에 자신의 바운더리에 관해 깊이 생각해보라. 그리고 그 사람을 돕는 방법이 많다는 사실을 떠올리고, 직접 도움을 주는 것 외에 무슨 방법이 있을지 나열해보라. 그러고 난 후 상대에게 마법의 질문을 던져라. "어떻게 도와줄까?" 아마도 상대는 다른 방법을 원할 것이다. 그러므로 도움을 건네기 전에 먼저 묻는 습관을 들여라. 이렇게 다짐해보자.

"나는 누군가 내게 고민을 털어놓으면 도와줄 생각부터 하기 전에 일단 그냥 들어줄 것이다. 문제를 해결해주는 건 내 역할이 아니다. 누구나 스스로 해결할 수 있다. 만일 도움이 필요하다면 부탁하라고 말해줄 것이다. 그리고 도와달라고 하면 내 삶에 문제가 되지 않는 선에서 도움을 줄 것이다." 상호의존적 관계 때문에 힘들 때는 다음 문장을 따라 해라.

- "나는 거절할 줄 안다."
- "내가 도와주지 않아도 사람은 누구나 스스로 자신을 보살필 수 있다."
- "나는 타인과 나를 분리할 수 있다."
- "나는 나 자신을 위해 한계를 설정할 수 있다."
- "나는 남의 문제에 과도하게 관여하지 않는다."
- "누구나 인생을 알아서 꾸려나갈 수 있다."
- "나는 기꺼이 한발 물러서서 상황을 지켜볼 것이다."
- "나는 마땅히 나 자신을 돌봐야 한다."
- "나를 책임지는 건 나다."

성장을 멈추게 하는 과도한 밀착

밀착은 나와 타인이 분리되지 않은 상태다. 밀착 관계는 기본적으로 모든 측면에서 관점이 같고, 같은 방식으로 살아가며, 상호 간에 거의 바운더리가 존재하지 않는다.

역기능 가정에 밀착 문제가 있으면 모든 가족 구성원의 성장이 멈춘다. 그 상태를 깨려는 사람은 불만 표출의 대상이자 규칙 위반자, 위협적 존재가 되어 버린다. 가족은 하나의 문화 체제다. 만일 누군가가 새로운 룰을 만들거나 역할을 바꾸거나 바운더리를 설정하려 하면 구성원들은 체제가 공격받는다고 느낀다.

지수는 분리된 정체성을 찾고자 하는 희수의 욕구가 쌍둥이 자매로서 두 사람이 함께 영위하고 있는 역학에 위협이 된다고 생각했다. 지수는 언니로서 두 사람의 관계를 통제해왔기 때문에, 희수가 변하자 자신의 힘이 점점 약해진다고 느꼈다. 지수는 더 자율성을 원하는 희수의 욕구로 인한 관계의 변화에 익숙해질 필요가 있었다.

"가족은 하나의 문화 체제다."

예를 들면, 밀착은 다음과 같다.

- 기독교 가정에서 성장한 아이가 성년이 되어 다른 종교를 갖겠다고 하자 온 가족이 그에게 등을 돌린다.
- 다른 지역의 대학으로 진학하자 근처 학교를 선택하지 않았다며 가족들이 비난한다.
- 딸이 약혼하자 엄마가 딸의 의사나 욕구와 상관없이 약혼 이후에 따라올 모든 상황을 계획한다.

성인 구성원으로 이루어진 가족 관계에서 자율성을 찾고자 할 때 우리는 종종 가족의 문화 체제에 저항한다는 죄책감에 휩싸인다. 그런 갈등을 겪고 있다면 다음 사항에 유의하자.

가족을 사랑하는 동시에 화를 내도 괜찮다

두 감정 모두 옳다. 그리고 관계란 대체로 복잡하다. 다양한 감정이 존재할 수 있다는 가능성을 받아들이면 관계의 긍정적, 부정적 측면을 인정하는 일이 조금 쉬워질 것이다.

부모님을 사랑하는 동시에 그 방식에 화가 날 수 있다

종종 사랑하는 사람에게 화가 나거나 실망할 수 있다. 누군가를 사랑한다는 건 상처받기를 기꺼이 감수하는 일이기도 하다.

가족에 대해 바운더리를 설정해도 괜찮다

모든 건강한 관계에는 바운더리가 있다. 친구나 연인, 직장 동료, 소셜 미디어, 가족은 물론 정신 건강에 영향을 미치는 모든 영역에서 한도와 기대치를 설정하라.

자기주장은 무례한 게 아니다

인스타그램에서 실문조사를 실시했다. "뭘 했을 때 다른 사람들이 무례하다고 하던가요?" 그랬더니 다음과 같은 대답이 나왔다.

"돈을 빌려달라고 하길래 없어서 못 빌려준다고 했더니 무례하다고 하더군요."

"친구가 의견을 묻길래 솔직하게 말했더니 무례하다고 하더군요."

무례란 고의로 기분을 상하게 하려고 취하는 행동이다. 예를 들어

누군가 당신을 뒤따라 들어오려고 하는데 그걸 보고도 문을 닫는 행위, 그런 게 무례다. 때로 우리는 솔직하거나 제한을 두거나 부탁하거나 다르게 생각하거나 자기주장을 하기만 해도 무례하다고 생각한다.

원가족과 관점이 달라도 배신이나 과시가 아니다

당신의 행동을 모욕하거나 통제하려는 목적으로 부당한 딱지를 붙이는 경우가 있다. 기분 나쁘게 만들어 당신을 변하게 만들려는 것이다.

당신의 의견에 동의하지 않는다고 당신이 틀린 것은 아니다

자신이 옳다는 걸 증명할 필요는 없다. 오해받는 상황이 힘들긴 하겠지만 당신을 이해하지 못하는 사람도 있다는 사실을 받아들여야 한다. 사랑하는 사람이라도 당신과 의견이 다를 수 있다.

건강한 인간 관계를 유지하기 위해서는, 자신이 할 수 있는 일은 통제하되 절대 상대나 그의 삶의 방식을 통제하려 해서는 안 된다. 누군가를 사랑하면 그 사람에게 뭐가 최선인지 안다는 생각이 들 수 있다. 하지만 당신은 그들을 통제할 수 없다.

자율성은 관계를 건강하게 유지시키는 요소다. 다른 사람을 지지하는 방법은 그가 자신의 모습을 그대로 유지할 수 있도록 허용하는 것이다. 사람들을 도울 방법이 여러 가지라는 사실을 알면 인간 관계에서 어떻게 하는 게 좋을지 자신만의 방법을 찾을 수 있을 것이다.

1   가정에서 상호의존이나 밀착이 어떤 식으로 나타나는가?

2   원래의 방식에 반대하는 구성원이 있을 때 당신 가족은 어떻게 반
    응하는가?

3   역기능에 관해 서로 의견을 공유하는 가족 구성원이 있는가?

중독, 방임, 학대

성희는 혼자서 세 자녀를 키우고 있다. 아들 훈이는 어릴 적 밝고 사려 깊으며 활발한 아이였다. 훈이는 둘째였고, 늘 관심을 받고 싶어 했다. 그러다 성희가 남편과 이혼하자 중학생이었던 훈이가 엇나가기 시작했다. 엄마에게 대들었고, 수업을 빼먹었으며, 성적이 곤두박질쳤다. 형제들과도 툭하면 싸우려 들었다. 하지만 이혼 후 거의 만나지도 않는 아버지한테는 천사가 따로 없었다.

8학년이 되었을 즈음 훈이는 처방약을 남용했다. 성희는 이혼 후 아이에게 제대로 관심을 주지 못한 자신을 책망했다. 하지만 혼자 세 아이를 돌보면서 스트레스를 받고 있었다. 자신의 정신 건강을 챙기는 것만으로도 힘겨웠다.

나머지 두 자녀는 제 몫을 해내는 성인으로 자랐다. 하지만 훈이는 여전히 어려움을 겪고 있었다. 다른 두 자녀는 어머니가 늘 훈이만 신경 쓰고 자신들에게는 무관심하다며 불평했다. 훈이와의 관계도 좋지 않았다. 그래서 훈이와는 아무것도 함께 하고 싶지 않았다. 훈이는 거짓말에다 늘 시비를 걸고 다녔다. 십대 청소년 시절엔 형제들의 물건을 훔치기까지 했다. 이 모든 것이 성희에게 큰 스트레스였다.

성희는 종종 훈이의 월세를 보태주었다. 그리고 혹시 다른 문젯거리는 없는지 늘 확인했다. 다른 두 자녀한테는 그러지 않았다. 그 아이들에게는 자신이 필요 없어 보였다. 성희는 직장생활 25년째 되는 날 은퇴하고 싶었다. 하지만 훈이에게 계속 돈이 들어가고 있었기 때문에 계획대로 살 자신이 없었다.

한편 훈이의 아버지, 즉 전 남편은 전혀 도움이 되지 않았다. 그는 아들에 대해 '다 큰 애'라고 말하며 이혼 때문에 훈이가 받았을 충격에는 전혀 책임을 지려하지 않았다.

성희는 훈이에 대한 책임이 자신에게 있다고 믿었다. 자기 외에는 아무도 훈이를 돌봐줄 것 같지 않았다. 훈이가 약물 중독으로 인해 결국 감옥에 가거나 노숙자가 될까 봐 그게 가장 걱정이었다. 자신이 도와주지 않으면 불가피하게 그런 미래를 맞이할 상황이었다. 그래서 훈이를 보호하려고 애썼다. 그걸 두 자녀가 왜 그렇게 불평하는지, 왜 아무도 자신을 도와주지 않는지 성희는 도저히 이해할 수 없었다. 그녀는 아들 하나를 구하려 애쓰느라 자기 자신은 물론 다른 두 자녀와의 관계까지 망치고 있었다.

우리는 타인을 구원할 수 없다

죄책감을 느끼는 부모는 타당하고 적절한 수준 이상의 보살핌을 자녀에게 주려고 한다. 이런 부모는 "내가 ○○했더라면, 이런 일은 없었을 텐데" 또는 "내가 ○○하지 않았더라면, 이런 일은 일어나지 않았을 텐데"라고 되뇌곤 한다. 하지만 진실은, 미래는 아무도 예측할 수 없으며 과거를 바꿀 수 없다는 것이다. 어린 시절 훈이에게 심리적으로 무슨 일이 있었는지 성희는 정확히 모른다. 다만 자신이 주요 원인이었을 거라고 짐작할 뿐이다. 그래서 훈이를 바로잡을 책임이 자신에게 있다고 생각했다. 하지만 성희는 아들을 구할 수 없다. 약물 남용 문제 정도를 도와줄 수 있을 뿐이다.

약물 중독으로 힘들어하는 가족을 지켜볼 수밖에 없는 건 분명 슬프고 가슴 아픈 일이다. 하지만 당신이 해줄 수 있는 게 없다는 사실을 깨달으면 자유로워진다. 할 수 있는 건 그저 정신 차리기를 '바라는' 것뿐이다. 종종 약물 중독 문제는 가정의 온 가족 구성원에게 영향을 미친다. 흔히 말하듯 약물 중독은 가족의 병이다.

성희는 어린 시절의 아들 모습이 그리웠다. 그러느라 아들을 스스로 도움을 청할 수 있는 어른으로 대할 여유가 없었다. 중독의 심각성을 축소했고 훈이에게 살아가는 데 필요한 수단을 제공했다. 훈이는 자신의 행동이 어떤 결과를 불러오는지 경험할 기회가 없었다. 밑바닥을 경험할 필요까지는 없어도 최소한 약물 중독이 자신의 인생에 어떤 악영향을 미치는지는 알 필요가 있다.

중독은 어떤 문제를 야기하는가?

중독Addiction은 마약이나 알코올, 도박, 쇼핑 등 어떤 행동을 자기 의지로 멈출 수 없는 것을 말한다. 생명에 영향을 미치거나 인간 관계와 정신 건강에 문제를 일으키는 행동을 마음대로 중단할 수 없거나 그 행동을 하지 않고는 일상생활이 불가능한 경우, 중독일 수 있다. 새로운 연구 결과가 계속 나오고 있지만, 약물이나 알코올, 도박, 쇼핑 중독은 뇌 기능 문제라는 것이 널리 알려진 사실이다. 캐나다 신경과학회Canadian Association for Neuroscience에서는 한 연구를 통해 "가능한 선택지의 가치를 평가하는 뇌 기능에 장애가 생기면 해로운 행동을 선택할 수 있다"라고 밝혔다. 이 연구의 결론에 따르면, 중독을 유발하는 건 건강하지 못한 의사결정 패턴이다.

알코올과 약물의 경우 중독이라는 말이 불러오는 사회적 낙인 때문에, '중독'이라는 용어 대신 '물질 남용substance abuse', '무질서한 알코올 또는 마약 사용disordered alcohol or drugs use', '물질 오남용substance misuse'이라는 말이 흔히 사용된다. 설명하고자 하는 내용에 따라 다음과 같이 다양한 용어를 사용할 수 있다.

알코올 중독 문제

가정 내에서 나타나는 마약이나 알코올 중독 문제는 다음과 같다.

○ 살림이나 아이를 제대로 돌보지 못한다

예) 예서는 저녁마다 자신을 스스로 챙겨야 했다. 엄마는 일과 후 집에 오면 취할 때까지 술을 마셨다.

○ 일상적인 가족생활에 악영향을 미친다

예) 예서는 길 아래쪽에 사는 친구네 차를 타고 학교에 가야 했다. 엄마가 음주운전으로 두 번이나 적발되는 바람에 더는 예서를 태워다줄 수 없었다.

○ 인간 관계에 문제가 생긴다

예) 예서의 엄마는 독이 되는 연인 관계를 반복했다. 매번 술만 마시면 데이트 상대와 언쟁을 벌였다. 그러고 나면 상대는 지쳐서 떠나버렸다.

○ 끊임없이 일을 부담시킨다

예) 예서는 평일에 엄마를 깨워 출근을 시켜야 했다. 엄마는 숙취 때문에 알람 소리를 거의 못 들었다.

○ 가정 경제에 타격을 준다

예) 집에 수도나 전기가 끊어지는 일이 잦았다. 열 살이었던 예서는 돈을 벌어 집안 살림에 보탬이 될 수 있게 빨리 열다섯 살이 되면 좋겠다고 생각했다.

○ **가족의 정신적, 정서적 건강을 해친다**

예) 예서는 엄마가 집에 없으면 혹시 무슨 일이 생겼거나 위험에 처한 건 아닌지 걱정스럽고 불안했다.

약물이나 알코올 오남용 문제

약물이나 알코올 오남용 문제가 있는 가정의 아이들이 일반적으로 겪는 문제는 다음과 같다.

· 학업 부진
· 성인기에 친밀한 관계를 맺지 못함
· 정신 건강 문제. 주로 불안과 우울
· 자신의 감정을 인지하고 소통하는 일이 어려움
· 비밀이 많으며 쉽게 수치심을 느끼고 남을 믿지 못함

부모가 둘 다 알코올 중독인 경우, 일반적으로 둘 중 한 사람만 알코올 중독인 경우보다 자녀에게 끼치는 악영향이 크다. 필요를 충족시켜줄 주 양육자가 없는 상태로 문제가 있는 양쪽 부모로부터 영향을 받기 때문이다.

인간 관계 문제

중독자가 있는 가정에서 자란 아이들이 성인이 되었을 때 흔히 겪는 문제는 다음과 같다.

- 지극히 정상인데도 음주나 약물 사용에 문제가 있는 건 아닌지 의심한다.
- 사람을 믿지 못한다.
- 지나치게 의존한다.
- 통제하려 든다.
- 감정 표현을 힘들어한다.
- 요구하기를 힘들어한다.

도박 중독 문제

가정 내에서 나타나는 도박 중독 문제는 다음과 같다.

○ 저축해둔 돈을 도박에 가져다가 쓴다

예) 형석은 그간 모아둔 대학 학자금 저축으로 학비를 충당할 생각이었다. 하지만 학교를 정할 때쯤 아버지가 학자금을 빼서 쓴 걸 알게 되었다.

○ 도박을 자제하고 있다고 거짓말한다

예) 형석의 아버지는 근처 카지노에서 정기적으로 오랜 시간을 보내면서도 자신에게 도박 문제가 있다는 사실을 절대 인정하지 않았다.

○ 빚을 져서 가족의 안전을 위험에 빠트린다

예) 형석의 아버지는 집안의 재산을 거의 다 탕진하고는 사채업자에게 돈을 빌리기 시작했다.

쇼핑 중독 문제

가정 내에서 나타나는 쇼핑 중독 문제는 다음과 같다.

○ **스트레스 문제가 있을 때 쇼핑으로 해소하려고 한다**

예) 선영은 어머니가 세상을 떠난 후 점점 더 비싼 물건을 흥청망청 사들이기 시작했다. 옷을 사놓고도 입지 않을 때가 많았다. 쇼핑은 그녀를 슬픔에서 벗어나게 해주었다.

○ **분수에 맞지 않는 생활을 한다**

예) 선영은 쇼핑에 많은 돈을 쓰고 있지만 이런저런 생활 요금도 제대로 내지 못하고 있는 상태다.

○ **경제적 어려움으로 인한 죄책감을 덮으려 과소비를 한다**

예) 요금을 제때 내지 못해 죄책감이 늘자 선영은 그 문제에서 벗어나기 위해 또 흥청망청 물건을 사들였다.

○ **소비를 자제하지 못한다**

예) 선영의 남편은 대부분의 살림 비용을 자신이 내고 있는데도 선영의 신용카드 대금을 갚을 돈까지 빌려줘야 하는 상황이 불만스럽다.

또 어떤 중독이 있을까? 휴대전화, 섹스, 카페인 등에도 중독 가능성이 있다. 사람은 뭐든 자신의 삶에 좋지 않은 방향으로 물질을 오용할 수 있다. 하지만 일상적으로 사용하는 모든 게 다 중독으로 이어지는 것은 아니다. 예를 들어, 어떤 사람이 매일 술을 마신다고 해서 알코올 중독이라고 말하지는 않는다. 사용 빈도가 중독 여부를 판단하는 기준은 아니라는 얘기다. 중독은 습관이 부정적 결과를 유발하고 있음에도 불구하고 그만두지 못하는 것이다. 악습이라고 해서 다 문제가 되는 건 아니다. 중요한 건 자신이 하는 행동이 자신의 삶과 인간 관계에 어떤 영향을 미치고 있는지 알아야 한다. 그리고 부정적인 영향이 있다면 그 행동을 그만둘 수 있어야 한다.

가정에서 물질을 오남용하는 행동

앞서 예로 든 가정에서, 훈이의 물질 오남용 문제는 가족 구성원 모두에게 악영향을 끼치고 있다. 중독이 가정환경의 일부를 차지할 때, 그 구성원들은 약물 오남용에 대한 반응으로 다음과 같은 문제를 보일 수 있다.

방어적인 태도 Defensiveness
문제가 있지만 대처할 준비가 되어 있지 않을 때 사람은 방어적인 태도를 보인다. 화제를 돌리거나 터무니없는 변명을 꾸며내기도 한다. 예를 들면, "음주 운전 안 했어. 신호 대기 중에 차 안에서 그냥 잠든 거라니까." 오로지 책임을 모면하려는 목적으로 방어적인 태도를 보이는 사람을 설득하기는 힘들다.

부정Denial

'부정'은 약물 오남용 문제를 겪는 당사자뿐만 아니라 그 가족 구성원에게서도 나타날 수 있다. 마주하고 싶지 않은 문제가 있을 때 부정하면 그 순간은 편하기 때문이다. 나머지 가족 구성원이 중독 문제에 대해 목소리를 높이면 갈등은 불가피하다. 특히 약물 문제로 직장을 잃는 등 확실한 문제의 증거가 있을 때 식구들은 불만과 좌절을 느낀다. '부정'은 역기능 체제를 변화시키기보다는 그대로 유지하고자 할 때 쓰이는 건강하지 못한 대응 기제다.

비난Blaming Others

타인을 비난하는 사람은 자신의 삶에서 일어나는 일을 전혀 책임질 생각이 없다. 어떤 일이 일어나면 우리는 영향을 받을 수밖에 없지만, 어떻게 삶을 살아갈지는 선택할 수 있다. 방어적이거나 남을 비난하는 태도를 보이거나 사실을 부정하는 사람은 다음과 같은 말을 자주 한다.

- "그럴 생각은 아니었어."
- "너도 마찬가지잖아."

- "너 너무 예민하다."
- "왜 맨날 뭐가 문제야?"
- "나만 그랬어? 저 사람들도 그랬잖아. 그런데 왜 나한테만 화를 내는 거야?"
- "고의는 아니었어."
- "큰일도 아닌데 그렇게까지 화낼 필요 없잖아."
- "유난스럽게 굴지 마."

정서적 미성숙Emotional Immaturity

정서적 나이는 실제 나이와 같지 않다. 어떤 사람은 정서적으로 성숙해지거나 지혜로워지는 것과 상관없이 나이만 먹기도 한다. 약물 중독을 겪는 사람은 그런 문제를 겪지 않는 동년배와 같은 방식으로 행동하지 않는다. 술에 취해 있지 않을 때도 성숙함과는 거리가 멀다. 알코올 중독 부모를 둔 아이는 이렇게 말한다. "우리 엄마 아빠는 왜 책임감이 없는 걸까요? 어른이면 철이 들어야 하는 거 아닌가요?" 이런 아이를 도우려면 그 부모나 양육자의 생물학적 나이보다는 행동 연령을 고려해야 한다. 그 부모의 실제 나이는 65세라도 정신적 정서적 나이는 12세에 불과할 수 있다.

이기적인 태도Selfishness

물질 오남용은 의도하지 않아도 주변에 피해를 준다. 약물 중독 문제와 관계가 없는 사람도 결국 부정적인 영향을 받는다. 약물 오남용은 주변 가족의 욕구보다는 자신에게 더 집중하게 만들기 때문이다. 약물 중독자들은 약물에 취해 있지 않을 때도 자신에게 초점을 맞추는 경향이 있다. 오랫동안 자신을 세상의 중심으로 알고 살아왔기 때문에 타인을 배려하는 법을 따로 배워야 한다.

"의도하지 않아도 주변에 피해를 준다."

조종Manipulation

물질 오남용 문제가 있는 사람은 필요한 걸 얻기 위해 때로 타인을 조종하기도 한다. 죄책감 유발하기나, 원하는 것을 손에 넣을 때까지 애정을 보류하기가 일반적인 전략이다. 주로 이런 식이다. "부탁할 사람이 너뿐이야" 또는 "오늘 요금 납부 안 하면 전기 끊긴대" 또는 "집세 좀 보태주면 같이 여름휴가 갈 수 있어"

정서적 방임Emotional Neglect

정서적 방임은 필요한 정서적 보살핌이나 관심을 충분히 주지 않는 것을 말한다. 의도하지 않아도 큰 영향을 끼치는 경우가 많다. 그 악영향의 정도는 고의로 방임하는 것 못지않다. 아동기 트라우마 중 흔히 나타나는 유형이다. 약물 중독이나 신체적 학대 문제를 겪는 가정에서 특히 많이 나타난다. 상처가 눈에 보이지 않기 때문에 고통받으면서도 그 원인이 방임임을 알지 못하는 사람이 많다.

자녀를 정서적으로 방임하는 부모

중요한 순간에 함께 있어 주지 않는다

아이들은 어른의 지도가 필요하다. 그럴 어른이 없다면 필요한 지식을 어쩔 수 없이 혼자 알아보거나 마찬가지로 미성숙한 또래한테서 얻어야 한다. 예를 들어, 정아는 교실에서 수업을 받는 중에 생리가 시작되었다. 생리가 시작되면 어떤 일이 생기는지, 또 어떻게 대처해야 하는지 아무도 얘기해준 적이 없었다. 그래서 생리혈을 본 순간 자신이 어딘가 다쳤다고 생각했다. 학교에서 정아의 집에 연락했을 때 정아의 엄마는 그저 생리대만 가져다주었을 뿐 자세히 설명해주지도 않았고 정아의 감정을 살펴주지도 않았다.

자녀가 자신과 똑같기를 기대한다

모든 아이는 특별하다. 양육자로부터 영향을 받기는 하지만 다른 가족들과 다를 수 있다. 남들과 다르도록 허용하면 아이는 진정한 자신감을 얻게 된다.

경민의 가족은 모두 복리후생과 안정적인 급여가 보장되는 '좋은 직업'을 갖고 있었다. 반면 경민은 예술과 연기, 춤을 좋아했다. 경민은 열정을 추구하지 않는 직업을 가지고 살아가는 삶을 상상할 수 없었다. 하지만 춤과 연극 얘기만 하면 경민의 부모는 그런 건 직업이 아니라며 그런 일을 하겠다면 지원해주지 않겠다고 꾸짖었다.

감정을 무시한다

아이들은 자신의 삶에서 어른들에 대해 감정을 느낀다. 삶에서 일어나는 일에 대해서도 감정을 느낀다. 정서적 지원을 원하는 자녀의 욕구를 무시하면 아이는 자신의 감정이 옳지 않다고 생각하게 된다. 연구에 따르면, 감정적 지원을 해주는 어른 하나만 있어도 아이의 인생에 긍정적인 영향을 끼친다.

수현은 부모가 이혼했을 때 열두 살이었다. 수현은 엄마와 함께 지냈다. 매일 만나던 아빠와는 한 달에 두 번만 만났다. 수현은 아버지의 부재로 힘들어했다. 하지만 부모의 이혼이나 그로 인해 찾아올 수 있는 감정에 대해 수현에게 말해주는 사람은 아무도 없었다.

앨리슨 디닌은 저서 《당신의 심리치료사가 남긴 말Notes from Your Therapist》에서 감정을 무시당했던 사례를 언급했다. 디닌은 어릴 때 엄마가 비행기 사고로 세상을 떠났다. 그런데 아무도 무슨 일이 있었는지 말해주지 않았다. 그냥 엄마가 원래 없었던 것처럼 삶이 계속되었다. 하지만 디닌은 아무렇지 않은 척 살아갈 수 없었다. 그러므로 설명하기 어렵더라도 반드시 자녀와 대화를 나누고 아이의 감정을 확인해야 한다.

도움이나 보호 없이 자녀가 스스로 자신을 돌보길 바란다

아이는 자신은 물론 어린 동생을 돌보기에 적합하지 않다. 혼자 있을 수 있는 나이가 되었다 하더라도 적절한 지침과 기대치를 제공하는 것이 바람직하다. 아이를 자신이나 어린 동생에 대해 너무 많은 걸 돌봐야 하는 위치에 놓는다면, 어른이 져야 할 책임을 지우는 것이다. 도움이 필요한 부모라면 당연히 큰 자녀에게 의존하고 싶겠지만, 아이는 자신만의 특별 활동이나 학업, 또는 아이답게 지낼 수 있는 시간을 제대로 누릴 수 있어야 한다.

연주는 동생들을 데리러 가야 해서 방과 후 활동에 참여하지 못했다. 주말에는 엄마가 외출해야 해서 동생들을 돌봐야 했다. 동생들을 돌보는 동안 연주는 엄마가 어른이 아닌 자신에게 아이들을 맡기는 것에 화가 났다. "나이에 비해 성숙하다"라는 말은 역기능 가정에서는 다음과 같은 의미다.

- 어른을 방해하지 않는다.
- 어른들이 위기를 극복할 수 있게 돕는다.
- 다른 사람들을 배려하고 비위를 잘 맞춘다.
- 어른에게 정서적으로 힘이 되어 준다.
- 어른의 역할을 도맡는다.
- 주변 사람들보다 말이 잘 통한다.
- 거슬리게 굴지 않는다.
- 말썽을 일으키지 않는다.
- 어린아이답지 않게 어른처럼 행동한다.

약한 모습을 허용하지 않는다

인간은 감정적인 존재다. 그리고 아이는 감정을 표현하는 게 정상이다. 화가 나면 울기도 하고 소리를 지르기도 한다. 이건 '나쁜' 행동이 아니다. 그저 감정의 표현일 뿐이다. 다른 사람이 불편하니까 감정을 억압하라고 하면 안 된다. 있는 그대로의 감정을 받아들이고 바람직한 방향으로 처리하는 법을 배울 수 있도록 도와야 한다.

영수는 열두 살 때 할머니가 세상을 떠났다. 장례식에서 큰아버지는 자신을 키워준 할머니를 막 잃은 영수에게 이렇게 말했다. "그만 울어. 이제부턴 더 강해져야지."

아이가 감정을 표현할 때 절대 그만하라고 말해서는 안 된다. 물론 너무 슬픈 나머지 소리를 지른다면 조금 차분히 감정을 표현하도록 유도할 수는 있다. 그 감정에 이름을 붙여주고 안전한 공간에서 감정을 표출할 수 있도록 해주는 게 좋다.

자녀에게 거의 또는 전혀 관심 없다

아이들은 부모의 눈에 띄고 싶어 하고 부모에게 자신을 알리고 싶어 한다. 하지만 어떤 부모는 정서적으로 미성숙하거나 자아도취에 빠져 자녀를 포함해 다른 사람들을 위할 줄 모른다.

리아의 부모는 리아가 무엇을 좋아하는지 전혀 몰랐다. 그들이 기억하는 거라고는 리아가 아장아장 걷던 시절 좋아했던 게 전부였다. 리아는 자신이 무엇을 좋아하고 싫어하는지 부모에게 끊임없이 상기시켜야 한다는 걸 알았다. 그러다 열세 살이 되자 더는 자기 얘기를 하지 않았다. 부모 마음대로 생각하게 두었다. 정서적으로 미성숙한 부모는 다음과 같다.

- 함께 있어도 외롭다.
- 관계가 일방적이다(모든 면에서 그렇다).
- 자녀의 감정을 무시하거나 과소평가한다.
- 피상적으로 관계를 맺는다.
- 자신들이 문제를 일으켜놓고는 자녀 탓을 한다.
- 매우 감정적으로 반응한다.
- 상처받을 만한 상황을 피한다.
- 규칙을 지킬 것을 강요한다.
- 바운더리를 존중하지 않는다.
- 자신들의 감정을 자녀가 추측하기를 기대한다.
- 자녀의 감정을 자극한다.
- 자기감정의 책임을 자녀에게 묻는다.
- 자신의 문제가 자녀의 문제보다 더 심각한 것처럼 군다.
- 자녀의 감정이나 문제를 품을 여유가 없다.
- 자신이 원하는 걸 하게 만들기 위해 자녀에게 죄책감이나 수치심을 유발한다.

감정적으로 거리를 둔다

감정을 표현하는 일은 아이나 어른 모두에게 바람직하다. 그리고 아이들은 어른들이 감정 표현하는 모습을 보면서 배운다. 주위 어른들이 감정을 표현하지 않으면 아이들은 자기들도 감정 표현을 하지 않는다. 또는 감정 표현에 대해 자신을 비난하게 된다. 감정의 부재는 바람직한 상태가 아니다.

태미는 가족 중 어른이 우는 모습을 본 적이 없다. 다들 잘 견디는 듯했다. 그래서 자신도 그러려고 노력했다. 그리고 감정을 표현하고 싶어도 너무 오래 그 감정에 머물러 있지 않으려고 했다.

규칙이나 체계가 없다

규칙이 없다는 건 얼핏 매력적으로 보인다. 하지만 자녀들은 그런 상황을 매우 불안하게 느낀다. 체계를 만들어 두는 것은 부모로서 자녀의 건강과 안녕에 관심이 있음을 보여주는 바람직한 방법이다. 아이들은 무엇이 자신에게 최선인지 모르기 때문에 안전을 지키기 위해서는 어른이 규칙을 만들어줄 필요가 있다.

유주의 엄마는 성관계를 비판적으로 보지 않고 우호적으로 말하는 '멋진 부모'였다. 그녀는 유주의 친구들이 집에 와서 담배와 술을 즐기며 시간을 보내도 '아이들은 뭐든 실컷 해보면서 자신의 한계를 배워나가야 하는 법'이라면서 뭐라고 하지 않았다. 하지만 정작 유주는 엄마가 친구처럼 굴기보다는 적절한 지침을 주기를 원했다.

자녀와 있을 때 딴 데 정신을 판다

휴대전화에 정신이 팔리는 건 어른도 마찬가지다. 몸이 자녀와 함께 있다고 정신적으로나 감정적으로도 함께 있다고 할 수 없다. 자녀에게 집중하고 대화를 나누는 대신 휴대전화에 빠져 있기 때문이다. 저녁 식탁에 둘러앉아 있으면서도 모두 각자 휴대전화에 빠져 있다면 서로에게 좋은 시간이라 할 수 없다. 그러므로 어른과 아이 모두 휴대전화 사용에 제한을 두는 것이 매우 중요하다.

마리의 아빠는 마리가 뭔가 이야기를 하려고 할 때마다 영상을 보거나 소셜 미디어를 둘러보느라 대부분 휴대전화에 정신이 팔려 있었다. 마리가 불쑥 뭐라도 물어볼라치면 아주 짧게 대답했다. 초조해하는 모습까지 보였다.

방임과 학대의 모습

신체적 방임

신체적 방임은 자녀에게 적절한 음식과 주거지, 옷을 제공하지 않는 것이다. 준수는 외투 없이 겨울에 학교에 다녔다. 준수의 선생님이 분실물 보관함에서 주인 없는 외투를 가져다 준수에게 주었다. 신체적 방임의 경우는 다음과 같다.

· 날씨에 맞는 옷이 없다.
· 전기나 가스, 수도가 끊겼다.
· 식사를 제때 못한다.
· 적절한 치과 치료를 받지 못한다.
· 안전하게 지낼 곳이 없다.
· 안정적인 거주지가 없다.

- 적절한 보호와 관찰이 이루어지지 않는다.
- 안전이 보장되지 않는다.
- 신체적 요구가 충족되지 않는다.

신체적 학대

자녀를 때리는 행위는 신체적 학대에 해당하며 법적 개입을 초래할 수 있다. 신체적, 성적 학대는 눈에 보이는 상처뿐만 아니라 정서적으로도 상처를 남긴다. 법이 아동을 보호하는 이유다. 그렇지만 법만으로는 피해를 충분히 막을 수 없다. 신체적, 정서적으로 학대를 당한 아동의 경우 다음과 같은 문제의 발생률이 높다.

- 자살
- 식이장애
- 만성통증
- 편두통
- 성인이 된 후 폭력적인 관계
- 중독
- 정신 건강 문제
- 심한 월경 전 증후군
- 자궁근종
- 문제 관계

정서적, 언어적 학대

언어적 학대의 형태에는 욕설, 비하, 괴롭힘, 위협 등이 있다. 비속한 말로 아동을 깎아내리는 행위 또한 언어적 학대에 해당한다. 자녀가 아무리 버릇없이 굴더라도 욕설을 하거나 심하게 꾸짖어서는 안 된다. 혀는 무기가 될 수도 있다. 지속적인 언어 학대를 당한 사람은 낮은 자존감과 무능감에 시달린다. 정서적, 언어적 학대의 경우는 다음과 같다.

- 무시
- 자신의 감정을 다른 사람 탓으로 돌리기
- 자신이 원하는 걸 얻기 위해 조종하기
- 고의로 수치심 유발하기
- 감정을 표현했다는 이유로 조롱하기
- 감정이나 생각을 표현하면 무시하기
- 위로가 필요하다는 요청에 반응하지 않기
- 감정을 강요하기
- 가스라이팅(자신의 생각을 의심하게 만들기)
- 소통 시도 무시하기

어린 시절에 정서적 학대나 방임을 겪은 사람은 다음의 문제가 나타날 수 있다.

- 자신이 느끼는 감정이 정상인지 의심할 가능성이 크다.
- 자신의 부모를 용서하기 힘들어할 가능성이 크다.
- 바운더리 설정을 두려워할 가능성이 크다.
- 아무도 자신의 진정한 모습을 모른다고 생각하며, 외로움을 느낄 가능성이 크다.
- '왜'에 대한 답을 끊임없이 찾을 가능성이 크다.
- 정신 건강 문제를 겪을 가능성이 크다.
- 자주 불안감을 느낄 가능성이 크다.
- 무의식적으로 자해행위를 할 가능성이 크다.
- 부모가 되는 것을 걱정할 가능성이 크다.
- 안전한 애착 형성에 문제가 있을 가능성이 크다.
- 인생이 잘 풀리면 마치 사기꾼이 된 것처럼 느끼게 될 가능성이 크다.
- 역기능 가정의 패턴을 반복할까 봐 걱정할 가능성이 크다.

사람들은 가족 관계에서는 학대나 방임, 유기 등의 폭력이 자행되어도 무시하거나 쉽게 용서할 것으로 기대한다. 하지만 학대나 방임이 일어나는 관계를 오래 겪은 사람은 종종 분노와 화, 불만, 슬픔, 두려움을 경험한다. 더는 학대나 방임을 당하지 않는다고 그 영향을 극복한 것은 아니다. 또한 성인이 되어서도 관계에 어려움을 겪는다. 예를 들어, 자녀가 어릴 때 약물을 남용한 부모는 그 자녀가 성인이 된 후에도 여전히 약물을 남용하고 있을 가능성이 크다. 트라우마를 유발한 가해자와의 관계를 지속하는 것은 우울증과 불안, 외상 후 스트레스 장애, 양극성 장애 등의 정신 건강 문제를 악화시킬 수 있다. 많은 성인이 어린 시절 자신에게 해를 끼친 가족과의 관계에서 어려움을 겪는다. 잊는 일 같은 건 없다. 무시하고, 부정하고, 압박할 수는 있지만, 많은 사람이 어린 시절의 트라우마를 결코 잊지 못한다. 실제로 기억하지 못한다고 하더라도 몸과 신경계가 트라우마에 반응한다.

중요한 건 학대나 방임이 경제적인 문제가 아님을 인지하는 것이다. 부유한 가정의 자녀들도 학대나 방임, 중독의 문제를 겪는다.

"잊는 일 같은 건 없다."

약물 중독 부모를 둔 자녀는 종종 다음과 같은 생각을 한다.

· "엄마 아빠는 나보다 마약을 더 좋아한다."
· "엄마 아빠는 나보다 술을 더 좋아한다."

하지만 중독은 선택이 아니라 무력감의 문제다. 당신의 부모는 당신을 사랑하면서도 마약이나 술 문제를 겪을 수 있다. 중독은 당신에 대한 공격이 아니라는 얘기다. 자녀를 사랑하지만 바람직하지 못한 행동을 멈출 수 없을 뿐이다. 종종 약물 중독 문제를 겪는 부모를 둔 자녀는 이렇게 생각한다. "나를 사랑한다면 끊어야죠." 진실은, 멈추지 못하는 게 중독자의 특징이다. 그들은 그만둘 수가 없는 것이다.

일단 부모의 행동이 당신에 대한 공격이 아님을 이해하면, 스스로 통제할 수 없는 문제를 가지고 고군분투하는 그들의 모습이 눈에 들어온다. 부모와의 관계를 해결하려면 그들의 문제를 인간적으로 바라볼 필요가 있다. 그들이 멈추지 못한 건 그럴 수가 없었기 때문이다. 또 그들이 멈추지 않는 건 그럴 수가 없기 때문이다. 당신은 이미 존재만으로도 충분하다. 부모가 됐든 누가 됐든 중독은 당신 잘못도 아니고 당신과 관련 있는 것도 아니다.

오늘의 질문

1 약물 오남용이 가족에게 어떤 영향을 미치는가?

2 어린 시절 당신에게 해를 끼친 가족과 계속 관계를 맺고 있는가?

3 가족 중 어린 시절 당신에게 문제를 일으킨 당사자와 그 문제에 대해 논의한 적이 있는가?

반복되는 사이클

정우는 할머니 손에서 자랐다. 정우와 엄마의 관계는 모녀 관계라기보다는 오랫동안 떨어져 자란 자매 같았다. 정우는 여섯 살 때 할머니에게로 보내졌다. 엄마가 일하며 자신의 삶을 사느라 딸을 돌볼 수 없어서였다.

10년 후 정우의 엄마는 결혼해 네 자녀를 두었다. 그리고 그 아이들 중 정우가 결국 할머니와 살게 되었다. 아이들은 각각 엄마와 나름의 관계를 맺고 있었다. 하지만 부모와 자녀로서 관계를 맺고 있는 아이는 아무도 없었다.

정우의 엄마는 한 번도 정우를 다시 데려가려고 하지 않았다. 할머니에게는 정우가 딸이었다. 할머니는 계속 그렇게 정우를 키울 생각이었다. 정우의 인생에는 아빠도 존재하지 않았다.

정우와 마찬가지로 정우의 엄마 역시 조부모의 손에서 자랐다. 정우의 가족에게는 익숙한 일이었다. 결혼하지 않은 상태일 때 특히 그랬다. 정우의 할머니는 젊은 시절 '제멋대로' 산다는 소리까지 들었다. 더 나이가 들어 결혼하고 난 후에야 정신을 차렸다. 경제적으로도 안정을 찾았다. 직접 자녀들을 키우지 않았기 때문에, 딸을 위해 손자들을 키우는 게 자신의 의무라고 믿었다. 손자들에게 그 엄마가 주지 못하는 삶을 줄 수 있다고 생각했다.

정우가 성인이 되자, 정우의 엄마는 정우와 더 가까운 관계로 지내고 싶어 했다. 하지만 인생 대부분을 자신을 위해 멀리 떨어져 지낸 엄마와 관계를 구축하기는 어려웠다. 정우의 엄마는 자신이 직접 아이들을 키우지 않은 것에 전혀 신경 쓰지 않는 듯했다. 하지만 정우는 엄마의 부재를 용서하고 받아들일 수 없었다. 알코올 중독이나 병에 걸린 상태도 아니었으면서 엄마가 왜 자신들을 키우지 않았는지 정우는 궁금했다. 엄마가 가까이 다가오려 할수록 정우는 더욱 분노를 참을 수 없었다. 정우의 엄마는 이런 정우의 감정을 이해할 수 없었다. 힘든 시기를 거치긴 했어도 정우의 엄마는 정우의 할머니와 건강한 관계를 맺고 있기 때문이었다.

왜 건강하지 않은 가족 패턴을 반복할까?

심리치료사로 일하기 시작한 초기에, 나는 첫 가족 상담에서 한 모녀를 만나게 되었다. 딸은 엄마의 남자 형제, 즉 삼촌에게 성추행을 당했다. 엄마 역시 십대 청소년 시절 그에게 성추행을 당했던 사실을 털어놓았다. 그 역기능적 행동 패턴이 반복되는 현실을 마주한 그 엄마를 지켜보면서 나는 마음이 아팠다. 누구든 그런 사이클의 반복을 원치 않을 것이기 때문이었다.

패턴이 존재해도 누구나 이를 깨닫는 건 아니다. 하지만 깨닫게 되면 그 패턴은 종종 가족의 비밀이 되어 깊숙이 숨겨진다. 어떤 이들은 그 역기능적 상황을 어쩌다 한 번 벌어진 일로 치부하고 싶어 한다. 그리고 아무도 입에 올리지 않으면 사라진다고 믿는다. 하지만 문제를 바로잡지 않으면 아무것도 달라지지 않는다.

세상에는 시간이 흘러도 나아지지 않는 게 존재한다. 중요하지만 별로 언급되지 않는 문제가 있다. 어린 시절 필요한 사랑을 얻지 못하면 성인이 되어서도 필요한 사랑을 받지 못한다는 사실이다. 비록 우리는 다른 사람을 바꿀 수 없지만 바꾸고 싶은 유혹을 크게 느낄 수 있다. 그리고 사실상 우리 일이 아닌데도 해야 한다고 느낄 수 있다. 어린 시절의 당신에게 중요했던 사람이 여전히 당신에게 필요한 걸 줄 수 없다는 사실을 아직 받아들이지 못했다면, 자신에게 아주 많은 시간을 주어야 한다.

모르는 게 약이다. 모르면 변해야 한다는 의무감도 느낄 필요 없다. 가족 내의 갈등과 추한 현실을 마주하는 어려움을 피하고 싶다면 진실을 모르는 척하는 게 더 편할 수 있다. 건강하지 못한 가족의 행동 패턴은 고립에 대한 두려움과 현 상태에 대한 만족, 또는 변화에 필요한 수단의 결여로 인해 오랫동안 지속될 수 있다.

"모르는 게 약이다.

모르면 변해야 한다는 의무감도 느낄 필요가 없다."

고립에 대한 두려움

원래 우리 인간은 소속되고자 하는 욕구가 있다. 자신의 가족으로
부터 쫓겨나는 상황은 대부분 받아들이기 힘들어한다. 가족의 패턴
을 깬다는 건 가족과의 관계에 문제를 일으킬 수 있다. 실제로도 문
제를 일으킨다. 노골적으로 잘못된 행동임에도 문제의 가족은 자신
들이 하는 행동이 해롭다는 사실을 인정하기 힘들어한다. 누군가 가
족의 역기능을 수면 위로 끌어올리면, 다른 식구들이 그 문제를 애써
부인할 가능성도 있다.

바람직하지 못한 패턴에 반대 의사를 밝히는 건 용감한 행동이다.
하지만 불행하게도 많은 이들이 침묵을 선택한다. 목소리를 높였다
가 치명적인 상처를 입을 수 있다는 두려움 때문이다.

현 상태에 만족하는 경우

가정에 문제가 있어도 그게 잘못됐다는 생각을 못 하는 사람도 있
을 수 있다. 예를 들어, 가족을 험담하는 건 그런대로 용인 가능한 범
위에 든다. 험담이 농담으로 받아들여지거나 대단치 않게 느껴지는
것이다. 하지만 용인된다고 해서 그 행동이 바람직하다는 의미는 아
니다. 아무도 그 패턴을 바꿀 방법을 모른다는 의미일 뿐이다.

우리 눈에는 문제로 보여도 다른 사람 눈에는 그런대로 괜찮게 받아들여질 수 있다. 문제 상황을 모두가 문제라고 생각하지는 않는다. 그 문제를 해결하면 얼마나 삶이 개선될지 눈에 선하더라도, 다른 식구를 설득하는 건 불가능하다. 바꾸지 않으면 그들의 삶에 어떤 악영향을 미칠지, 결과적으로 자신의 삶에 어떤 영향을 미칠지 불 보듯 훤하지만, 우리가 바꿀 수 있는 건 우리 자신뿐이다. 역기능을 깨려고 뭔가를 시도하기보다는 그 상태 그대로 사는 편이 더 나을 수 있다.

변화를 이끌 방법의 부재

올바른 역할 모델이나 도움이 없으면 어디서부터 어떻게 시작해야 할지 알기 힘들다. 문제가 눈에 보여도 그걸 해결하려고 하는 순간 문제 자체보다 더 큰 불안을 유발할 수 있다.

가족 관계에서 나타나는 문제는 습관성일 때가 많다. 따라서 습관에서 벗어나려면 특정 구성원을 모임에 초대하는 방법이 있다. 초대할 사람의 명단을 바꾸려고 하면 다른 식구들이 의문을 제기할지 모른다. 가족 관계는 서로 긴밀하게 연결되어 있다. 그래서 한 관계의 본질을 바꾸려 하면 다른 관계에도 영향을 미친다. 예를 들어, 형제자매와 말을 하지 않기로 했다면 부모는 당신을 전과 다르게 대할 것이다. 이렇듯 패턴을 바꾸는 일은 시작부터 쉽지 않다. 당신의 선택이 모두에게 영향을 미치기 때문이다.

현재 진행형인 학대 문제는 어떻게 대처해야 하나?

만일 가족 중에 성폭행 가해자가 있다면 그의 행동을 그냥 두고 볼 수는 없다. 너무 많은 가정의 아이들이 가해자들 틈에 내던져진 채 살아간다. 가해자였던 사람이 나중에 안전한 사람이 되리라는 보장은 없다.

심리치료사로 활동한 지 16년, 그동안 나는 자신의 부모가 가족에게 학대당한 피해자인데 본인은 물론 다른 가족도 그 폭력적인 가해자와 계속 가족 관계를 이어가고 있다고 말하는 사람을 정말 많이 만났다. 이런 경우 아이들은 가족과 있는 게 안전하다고 느끼지 못한다. 그리고 자신이 정서적으로 방치되었다고 생각한다.

아이에게 "(가해자) 근처에 가지 말라"고 말하는 대신 안전하지 않은 사람한테서 아이를 떼어놓아라. 아이는 가해자에 맞서 자신을 보호할 힘이 없다. 잠재적인 가해자와의 관계를 억지로 유지하는 것은 아이가 감당할 만한 일이 아니다. 절대 해로운 성인 가족이 당신의 아이에게 접근하도록 두어서는 안 된다.

식구 중 누군가가 아이에게 못된 짓을 하는 게 명백하다면, 해당 아이와 다른 아이를 잠재적 피해로부터 보호하기 위한 법적 조치가 필요하다. 성인의 경우라면 자신을 보호할 책임은 자신에게 있다. 따라서 어떤 식으로 상황에 대처하고 싶은지 자신이 정할 수 있다. 성인으로서 당신이 할 수 있는 선택은 가족에게 가해자를 밝히거나, 법적 조치를 취하거나, 또는 당신에게 문제 행동을 하는 사람을 피하는 것이다.

치유되지 않은 트라우마가 다른 관계에 미치는 영향

역기능 가정에서 성장한 사람이 성인 관계에서도 문제를 겪는 경우는 흔하다. 예를 들자면 다음과 같다.

- (자신과 타인에 대한) 신뢰 문제
- 의존성 문제(반의존성 및 상호의존성)
- 통제 문제
- ('감정 표현 불능증'이라고 하는) 감정의 단절
- 필요한 걸 요구하지 못하는 문제

자신과 타인에 대한 신뢰 문제

효선의 엄마는 아들의 행동 하나하나를 비판했다. 효선이 무엇을 어떻게 하든 엄마의 기준에 못 미치는 듯했다. 늘 엄마는 흠을 찾았다. 그리고 더 잘할 수 있었는데 못했다며 아쉬워했다. 전교 우등생 명단에 들어도 엄마는 그 이상을 원했다. 대학에 들어가 독립적으로 결정을 내려야 할 때가 되자 효선은 아무것도 결정할 수 없었다. 늘 제대로 하지 못하는 것 같아 두려웠다. 잘하고 있다는 증거가 있어도 자신이 잘하고 있다는 걸 믿을 수 없었다. 효선의 엄마처럼 당신이 믿고 신뢰하는 사람이라도 다음과 같을 수 있다.

- 당신에게 해를 끼칠 수 있다.

- 당신을 배신할 수 있다.
- 당신의 감정을 상하게 할 수 있다.
- 당신을 이용할 수 있다.
- 당신을 잘못 이끌 수 있다.
- 당신을 학대할 수 있다.
- 당신을 질투할 수 있다.
- 당신을 비난할 수 있다.
- 당신을 돕지 않을 수 있다.
- 당신의 험담을 할 수 있다.
- 당신의 것을 훔칠 수 있다.
- 당신의 말을 당신에게 불리하게 사용할 수 있다.

분명한 건, 어린 시절에 가족으로부터 해를 입은 사람은 그 문제를 인정하고 치유하지 않으면 성인기에 이르러서도 타인과의 신뢰 문제를 겪을 수 있다는 사실이다.

의존성 문제(반의존성 및 상호의존성)

수아의 부모는 늘 일하느라 바빴다. 외동아이였던 수아는 어릴 때부터 자신을 스스로 돌보는 법을 배워야 했다. 모든 일을 혼자 알아서 하려는 확고한 사고방식을 갖게 되었고, 누가 도와주겠다고 해도 거절했다. 오랫동안 도움이 필요하다는 사실을 부인하고 지냈다. 그러다 보니 이제는 진심으로 모든 일을 혼자 해낼 수 있을 것 같았다.

하지만 수아는 외로움을 느꼈다. 계속 이렇게 반의존적으로 지내면 결국 필요할 때 기댈 사람이 없을 것 같았다.

역기능 가정에서 의존성 문제는 일반적으로 양극단을 오간다. 반의존성은 개인의 욕구를 부인하는 양상으로, 상호의존성은 누군가가 파국을 면하도록 불쾌한 경험으로부터 구하려는 양상으로 나타난다. 둘 다 전혀 도움이 되지 않는다. 건강한 상호작용은 그 중간 어디쯤이다.

통제 문제

혜나의 생활은 앞날을 예측하기 힘들었다. 아버지가 일을 계속할 수 없었기 때문이다. 한부모가정이어서 어머니도 같이 살고 있지 않았다. 아버지는 전기나 수도가 끊기거나 식료품이 떨어질 때면 할머니에게서 도움을 받았다. 혜나는 어른이 되면 누구의 도움을 받지 않고도 모든 경제적 욕구를 충족하는 사람이 되겠다고 다짐했다. 통제되는 상황에 있고 싶었다. 그래서 누군가를 사귈 때마다 삶의 다양한 측면, 특히 소비 성향을 통제하는 걸 우선 생각했다.

안전은 인간의 삶에 필수 요건이다. 안전이 위협받는다고 느끼면 사람은 당연히 자신의 환경을 통제하려 한다. 예를 들어, 경제적 문제 같은 민감한 영역이 있다면 그 문제에 있어서만큼은 과민해질 가능성이 크다. 하지만 통제하려고 노력하는 것이 안전한 상태를 유지하기 위한 최선의 행동처럼 보여도 실제로는 비생산적일 수 있다. 특히 위협이 실제로 존재하지 않는 상태에서 오직 긍정적이고 예측 가능한 미래를 확보하기 위해 노력할 때 그렇다. 상대를 통제하려는 사람은 다음과 같다.

- 자신처럼 생각하고 자신처럼 되라고 상대를 압박한다.
- 자신에게 아무 영향도 미치지 않는(자신과 아무 관계없는) 상대의 삶의 영역을 통제하려고 한다.
- 상대가 무엇을 할지 말지 자신이 결정하려고 한다.
- 자신을 위해 상대에게 변하라고 요구한다.
- 상대의 행동을 바꾸기 위해 상대를 조종한다.
- 상대가 인생을 어떻게 살아가야 하는지에 관한 규칙을 자신이 정하려고 한다.
- 상대에게 무엇이 최선인지 알려주려고 한다.

감정의 단절(감정 표현 불능증)

"그런 식으로 생각하지 마", "무엇 때문에 우는데?"

상우는 부모한테 이런 말을 자주 들었다. 마흔이 된 지금 그는 두 번째 이혼을 앞두고 있었다. 곧 전처가 될 그의 아내는 그가 결코 자신의 감정을 표현한 적이 없다면서 한 번도 남편의 기분을 알았던 적이 없다고 말했다. 자신조차 자신의 감정을 알지 못했기 때문에 그는 아내의 말에 동의하지 않을 수 없었다.

결혼 생활을 끝내고 싶지는 않았다. 하지만 상우는 어떻게 아내가 바라는 만큼 감정 표현을 할 수 있을지 확신이 서지 않았다. 감정의 단절은 대개 이혼으로 이어진다. 감정이 단절되지 않은 상대방은 배우자와의 관계에서 소외되고 외로운 기분을 느끼기 때문이다.

감정을 구분하고 표현할 수 없는 상태를 '감정 표현 불능증 Alexithymia'이라고 한다. "나도 내 기분을 모르겠다"라는 게 이런 증상을 겪는 사람의 전형적인 불평이다. 설사 어떤 기분인지 알아도 다른 사람들에게 그것을 표현하는 것은 이들에게 무척 힘든 일이다. 감정 표현이 허락되지 않는 가정에서 성장한 사람은 시간이 흐르면서 감정이 단절되어 자신의 기분을 표현하지도 않고, 표현할 수도 없게 된다. 감정 표현 불능증을 관리하는 방법 6가지는 다음과 같다.

1. 자신의 기분을 이해하기 위해 감정을 기록한다(얼굴 그림을 이용한다).

2. 감정 기록표mood tracker를 이용해 하루 동안의 감정 변화를 가늠한다.

3. 감정에 관해 기록하는 연습을 한다. 한 가지 감정을 골라 언제 그런 기분을 느꼈는지 적는다.

4. 단계적으로 일상의 대화에서 감정을 표현하는 말을 사용해본다. 처음에는 어색하겠지만 차츰 자연스럽게 느껴질 것이다.

5. 다른 사람들이 감정을 표현하는 방식을 주의 깊게 보고 감정에 대해 질문한다.

6. 치료는 감정을 구분하고 연결하고 처리하는 방법을 배우는 데 도움이 된다.

필요한 걸 요구하지 못하는 문제

영임의 부모는 나이가 많았다. 영임이 어렸을 때 형제자매들은 이미 성인이었다. 부모는 영임에게 스스로 알아서 모든 걸 해결하도록 요구했다. 그래서 영임은 그렇게 했다. 아무도 귀찮게 하고 싶지 않았기 때문에 도움이 필요해도 혼자 해결하려고 노력했다. 그러다 발목이 골절되었다. 샤워나 집안을 돌아다니는 등의 기본적인 활동을 하는 데에 도움이 필요해졌다. 하지만 영임은 도움이 필요하다는 말을 누구에게도 하고 싶지 않았다. 스스로 해보려고 애썼다.

인간은 누구나 도움이 필요하다. 도움이 필요하다고 반드시 나쁜 것만은 아니다. 물론 "알아서 해결하라"라는 말을 들으며 자랐다면 남에게 부담을 주고 싶지 않을 것이고, 도움을 요청하는 것 자체가 힘들 수 있다. 하지만 무슨 말을 들으며 자랐든 모든 일을 다 혼자서 처리할 수 있는 사람은 없다. 누구나 도움이 필요하다는 걸 인정하자. 도움이 필요하다는 걸 부인한다고 어려움이 사라지지는 않는다. 다만 해결되지 않은 채로 남을 뿐이다.

인스타그램에서 실시한 "깨고 싶은 가족 패턴이 있는가?"라는 실문조사에서 가장 많이 나온 20개 항목은 다음과 같다(순서는 무작위다).

· 알코올 중독
· 상호의존성
· 중요한 일을 숨기고 말하지 않는 것
· 역기능적 관계를 지속하는 것

- 반의존성
- 가족 구성원에 대해 험담하는 것
- 언어적 폭력
- 감정의 단절
- 가스라이팅
- 심각한 문제를 모르는 척하는 것
- 뚱뚱하다고 조롱하는 것
- 경제적 불안정
- 체면 때문에 겉치레하는 것
- 과한 밀착 관계
- 정서적 미성숙
- 바운더리의 결여
- 정서적 방임
- 수동공격성
- 남들 비위 맞추느라 애쓰는 것
- 아이를 때리는 것

어떤 가정에서는 이 중 여러 항목이 동시에 일어난다. 하지만 어릴 때 한 가지만 경험하더라도 성인기 인간 관계에 악영향을 미칠 수 있다.

아동기 문제가 이후 연인 관계에 미치는 영향

하빌 헨드릭스 박사Harville Hendrix, Ph.D.와 헬렌 라켈리 헌트 박사Helen LaKelly Hunt, Ph.D.는 어린 시절 받은 상처로 인해 배우자와 관계를 맺는 데 어려움을 겪고 있는 부부들을 돕기 위해 이마고 치료법Imago Relationship Therapy(IRT)을 개발했다. 배우자가 어린 시절에 상처를 받은 사람이라면 현실적인 부부관계를 기대하기 어려울 수 있다. 그런 배우자와 겪는 문제는 대개 그가 어린 시절 처음 겪은 문제와 같다. 따라서 이런 문제를 해결하고자 하면 정서적 반응성이 높아진다.

예를 들어, 수철은 어릴 때 엄마에게 버림받았다. 성인이 된 수철은 자기도 모르게 부정을 저지르고 애정을 억제하는 식으로 연인 관계를 망치곤 했다. 애착 관계를 형성하고 스스로 상처받기 쉬운 상태가 되는 것이 수철은 겁이 났다. 버림받을까 봐 두려워서였다. 차라리 깊은 관계를 맺지 않는 편이 안전하다고 생각했다.

배우자는 어린 시절 받은 깊은 상처를 직접 치료해줄 수는 없어도, 치료를 받게 해줄 수 있는 사람이다. 하지만 반대로 상대의 익숙한 트라우마 경험을 재현함으로써 상처를 자극하는 배우자도 있다. 예를 들어, 화가 나면 아무 말도 하지 않고 무시하는 부모 밑에서 자란 사람의 경우, 배우자가 비슷하게 행동하면 버림받았다는 느낌을 받을 수 있다. 이 사이클을 깨기 위해서는 어린 시절의 문제가 성인이 된 현재의 관계에서 어떤 식으로 다시 불거지는지 인식하는 연습을 하는 게 중요하다.

건강한 조손가정을 위해

부모가 아니라 조부모가 가장인 가정을 '조손가정'이라고 한다. 세계적으로 많은 아이들이 조손가정에서 자라고 있다. 부모가 약물 중독이나 열악한 주거 환경, 기타 사회적 문제를 겪고 있거나 군 복무 중인 경우다.

조부모나 삼촌, 이모 등의 친족들 또한 다정하고 힘이 될 수 있다. 하지만 친부모의 역할은 아무도 대신해주지 못한다. 비록 부모와 함께 살고 있지 않을지라도 부모의 역할은 분명하다. 친부모가 없는 아이들은 깊은 상실감을 끌어안은 채 근근이 살아간다. 아이의 안녕을 위해 가족이나 양부모가 지극히 바람직한 환경을 마련한다고 하더라도, 아이들은 여전히 친부모가 누군지 알고 싶어 하고 그들과 관계를 맺고 싶어 한다.

조부모가 아이를 직접 양육하는 경우와 양육에 필요한 도움을 주기만 하는 경우에도 분명한 차이가 있다. 조부모가 직접 양육하는 경우는 다음과 같다.

- 아이의 건강관리를 책임진다.
- 아이와 관련된 모든 의사결정을 처리한다.
- 아이에게 안전한 환경을 제공한다.
- 경제적으로 아이를 지원한다.
- 아이에 대한 기대치를 직접 설정한다.

조부모가 양육에 필요한 도움을 주기만 하는 경우는 다음과 같다.

- 필요할 때 보육을 돕는다.
- 과외 활동을 함께 한다.
- 선물을 사준다.
- 필요할 때나 부탁을 받았을 때만 길잡이 역할을 한다.
- 부모가 설정한 기대치에 맞춘다.

보통은 친족의 돌봄을 받는 경우가 위탁 가정에서 돌봄을 받는 경우보다는 낫다. 아이들은 친부모에게 애착을 갖기 마련이다. 코로나 19 감염병이 한창일 때, 노인이 양육하는 아이들에 대한 우려가 깊었다. 노인 인구 대부분이 감염병에 걸릴 확률과 그로 인해 입원할 확률이 높기 때문이다. 아동의 복지는 지원을 통해 향상될 수 있다. 따라서 조부모는 아동의 인생에 바람직한 도움을 줄 수 있다. 하지만 부모가 없는 경우, 아이들은 종종 유기abandonment에 대한 두려움에 힘들어한다. 일반적으로 조손가정의 조부모는 건강 문제와 우울증을 겪기 쉬우며, 제한된 수입으로 인해 경제적 어려움에 시달리는 경우가 많다.

당신에게 무슨 일이 있었나요?

자각은 우리를 반복되는 패턴에서 구해준다. 자신의 이야기를 이해하는 건 시간이 걸리는 과정이다. 그러는 동안 이야기는 끊임없이 진화한다. 완전히 성인이 되었을 때, 나는 라이프타임 무비 네트워크(LMN) 채널에서 십대 청소년의 데이트 폭력에 관한 영화를 보다가 예전에 겪은 충격적인 일이 떠올랐다. 가족 중 하나가 십대였을 때 남자친구가 모는 차에 치이는 장면을 목격한 기억이었다. 어찌나 선명한지 믿기 힘들 정도였다. 그 기억은 아마도 내가 깨닫지 못한 방식으로 내게 영향을 미쳤을 것이다. 누군가 조금이라도 목소리를 높이면 뜬금없이 예민해지곤 하는 것도 그것 때문일 수 있었다. 당신의 이야기는 무엇인가?

"자각은 우리를 반복되는 패턴에서 구해준다."

오늘의 질문

1 어떤 패턴을 반복하고 있는가?

2 깨고 싶은 패턴이 있다면 무엇인가?

3 감정을 말로 표현하기 힘들었던 경험이 있는가?

대물림되는
트라우마

지후의 집안에는 알코올 중독 환자가 많았다. 할아버지와 아버지, 삼촌들, 이제는 본인까지 알코올 중독이었다. 처음 술을 입에 댄 건 열두 살 때였다. 지후가 알기로 음주는 집안 문제를 잊고 편안해질 수 있는 유일한 방법이었다. 그의 가족은 나름대로 각자 복잡한 문제를 안고 있었다. 그래서 그가 열일곱 살이 될 때까지 매일 술을 마셔 대도 아무도 알아채지 못했다.

지후에게 아버지는 언제나 가까이하기 어려운 사람이었다. 하지만 술친구가 되고 술이라는 공통된 흥밋거리가 생기자 두 사람은 급속히 가까워졌다.

그러다 지후의 현재 아내가 알코올 중독 치료를 받지 않으면 지후를 떠나겠다고 압박하는 일이 일어났다. 지후는 아내와 함께 부부 심리치료를 시작했다. 안타깝게도 그는 자신에게 문제가 있다는 아내의 생각에 동의할 수 없었다. 자신이 비록 술은 마시지만 '자기 역할에 충실한' 사람이라고 생각했다. 자신은 경제적 책임을 다할 뿐만 아니라 저녁과 주말에만 술을 마셨고, 삼촌 같은 실업자나 아버지처럼 내내 술을 달고 살지는 않는다는 것이었다.

지후는 언제든 자기가 원하면 술을 끊을 수 있다고 믿고 있었다. 하지만 집안에서 문제가 되고 있는데도 아직 음주를 중단할 생각이 없었다. 시간이 날 때마다 아버지의 집이나 친구들을 만난 자리에서 술을 마셨다. 심리치료를 진행하는 동안 그가 아내와 아이를 사랑한다는 걸 알 수 있었지만 진정한 친구, 즉 알코올과 헤어지기는 힘들어 보였다.

아내가 위협 끝에 아이를 데리고 집을 나간 후에야 지후는 진지하게 자신의 음주 이력과 술의 관계를 돌아보기 시작했다. 그러면서 다음과 같은 질문을 자신에게 던졌다.

· 음주는 얼마나 내 인생에 영향을 미치는가?
· 우리 가족의 알코올 남용 가족력은 어떻게 되는가?
· 음주의 문제는 무엇인가?
· 나 혼자 음주 습관을 고칠 수 있는가, 아니면 도움이 필요한 상황인가?
· 음주가 문제 해결에 도움이 되는가?

나무에서 떨어지지 않는 사과도 있다

《우울은 전염된다Depression Is Contagious》에서 저자 마이클 D. 얍코 박사Michael D. Yapko, Ph.D.는 우울한 부모의 자녀는 우울증에 걸릴 확률이 3배나 높다고 말한다. 부모는 자녀의 모델이며, 자녀는 부모의 긍정적인면과 부정적인 면을 모두 보고 배운다. 삶의 문제를 처리하느라 여념이 없는 부모는 종종 아무런 지침 없이 자녀가 스스로 자기 일을 해결하도록 방치한다. 딴 데 정신이 팔린 부모의 자녀는 만성적으로 외로움을 겪는다. 지후의 경우 아버지와 친해지는 유일한 방법은 술을 통하는 것뿐이었다.

심리치료를 시작한 초기에 위탁 가정의 아이들과 그 부모들을 상담한 적이 있었다. 중독의 강도, 그리고 부모가 얼마나 치료에 협조하느냐에 따라 아이들이 집으로 돌아갈지 아니면 위탁 가정에 남을지가 결정되었다. 집을 떠난 아이들 가운데 평균 39퍼센트가 약물이나 알코올 중독 문제를 겪는 가정의 아이들이었다.

많은 경우 부모의 약물 오남용 문제는 대부분 외상 후 스트레스장애Post Traumatic Stress Disorder, PTSD와 우울증 등 트라우마와 정신 건강 문제를동반하고 있었다. 외상 후 스트레스 장애 증상을 가진 이들은 약물남용의 가능성이 3배 높았다. 그리고 우울증을 겪는 사람 중 3분의 1이 물질을 오남용할 가능성이 있었다. 그래서 물질 오남용 장애를 치료하는 심리치료사들은 가족, 문제 대처, 트라우마, 정신 건강 문제도 함께 치료해야 할 때가 많다. 물질 오남용 문제를 겪는 가정의 아이는 종종 그것을 문제 대처 전략이라고 믿는다. 역기능 가정에서는 정신적 고통을 잊거나 무시하기 위해 물질을 오남용함으로써 혼란스러운 상황을 관리하는 경우가 많다. 12개월의 기간 내에 다음의 항목 중 두 가지를 충족하는 경우 물질 사용 장애라고 진단한다.

1. 계획한 양 또는 안전하다고 여겨지는 양보다 많이 섭취한다.
2. 물질 사용을 줄이고 싶지만 마음대로 안 된다.
3. 물질의 습득과 사용, 그로부터의 회복에 많은 시간이 든다.
4. 물질을 사용하고자 하는 갈망이나 충동을 제어할 수 없다.
5. 물질 오남용으로 인해 가정이나 학교, 직장에서 제 역할을 못한다.
6. 심각한 결과를 겪고 나서도 문제 있는 사용을 반복한다.
7. 물질 오남용으로 인해 건강한 취미 활동과 일, 사회 활동을 줄이거나 그만둔다.
8. 물질을 습득하기 위해 자신과 타인을 위험에 빠뜨린다.
9. 물질로 인한 인지적, 심리적 문제에도 불구하고 사용을 지속한다.
10. 원하는 효과를 얻기 위해 점점 많은 양의 약물을 사용한다.
11. 금단 증상이 있으며 물질을 다시 사용해야만 완화된다.

〈정신 장애의 진단 및 통계 매뉴얼The Diagnostic and Statistical Manual of Mental Disorders〉에 기재된 이 항목들을 기준으로, 2~3개에 해당하면 경증,

4~5개에 해당하면 중등도, 6개 이상에 해당하면 중증으로 진단한다.

가족 트라우마를 해결하지 못한 부모는 종종 고의로 또는 의도치 않게 자신의 트라우마를 자녀에게 옮긴다. 인식의 부재는 사이클이 만드는 악순환의 온상이다. 유전적, 환경적 영향 모두 물질 사용과 정신 건강 문제 발생 가능성을 증가시키는 요인이 될 수 있다.

> "인식의 부재는 사이클이 반복되게 만드는
> 악순환의 온상이다."

트라우마의 대물림이란 무엇인가?

홀로코스트 생존자의 후손은 높은 수준의 스트레스 유발 호르몬을 경험하는 것으로 밝혀졌다. 트라우마가 제대로 치유되지 않으면 다음 세대로 그 파급 효과가 이어질 수 있다. 반복되는 해로운 행동과 부적응적 대처 기술은 대물림된 트라우마가 원인인 경우가 많다.

트라우마를 겪은 사람은 종종 스트레스에 대해 높은 반응성을 보인다. 원인이 반드시 생물학적인 것은 아니다. 환경과 학습, 모델링도 원인이 될 수 있다. 누구든 트라우마의 대물림에 취약할 수 있지만 인종적 차이, 학대, 방임 문제를 겪는 가족의 경우에는 그 확률이 더 높다.

트라우마의 대물림은 과잉경계나 불안, 공황, 감정 기복, 우울 등의 외상 후 스트레스 장애 증상으로 나타날 수 있다. 어린 시절 심각한 트라우마를 겪은 부모의 자녀는 행동 문제를 겪을 확률이 높다. 유전자 발현의 변화를 연구하는 후생 유전학에 따르면, 자가면역 질환을 비롯한 만성 질환 역시 트라우마의 대물림과 관련이 있다. 최근에는 유전자 외적 요인이 트라우마 생존자에게 어떻게 유전적 각인을 남기고 세대를 이어 전해지는지 연구 중이다. 트라우마의 대물림으로 이어질 수 있는 문제 유형은 다음과 같다.

- 정서적 또는 신체적 방임
- 성적 또는 신체적 학대
- 부모화(자녀가 부모 역할을 함)
- 잦은 이사
- 중독자 부모가 있는 가정에서 성장
- 친부모와 떨어져 성장
- 가정 폭력
- 안전하지 않은 이웃 환경
- 경제적 불안
- 독이 되는 (이혼 후) 공동 양육

'외상 후 노예 증후군Post Traumatic Slave Syndrome, PTSS'은 조이 디그루이 박사Dr. Joy DeGruy가 개발한 이론으로, 노예의 후손들이 겪는 증상을 설명한다.《외상 후 노예 증후군: 상처를 견디고 치유하는 미국의 유산Post

Traumatic Slave Syndrome: America's Legacy of Enduring Injury and Healing》에서, 드그루이 박사는 노예 경험에서 생겨난 외상 후 스트레스 장애가 해결되지 않은 상태로 세대를 거쳐 전해지면서 당대의 인종적 편견(예를 들면, 일상에서 벌어지는 미묘한 인종 차별)과 만난 결과라고 '외상 후 노예 증후군'에 대해 설명한다. 이는 심리적, 정신적, 정서적, 행동적 증상으로 나타난다. 그리고 결국 자존감 결핍과 지속적인 분노, 인종차별적 신념의 내면화를 초래한다. 트라우마가 후대로 이어질 때 발현 가능한 양상은 다음과 같다.

- 물질 사용 문제
- 위험한 성행위
- 수치심
- 역기능적 가족 패턴
- 가정 폭력
- 건강하지 못한 인간 관계
- 자해
- 수면 문제
- 건강하지 못한 바운더리
- 정신 건강 문제
- 상호의존
- 정서적 건강 문제
- 식이 장애

흔히 대물림되는 역기능 패턴

언어폭력Verbal Abuse

유리는 사촌의 집에서 열리는 가족 만찬에 가고 싶지 않았다. 사촌은 성인이 된 자녀들을 마치 남의 자식 말하듯 했다. 게으르고 멍청하다며 악담을 늘어놓았고, 때로는 소리를 지르며 싸우기도 했다. 아무도 싸움을 말리지 않는 상황이 편치 않았다. 그러고 보니 어렸을 때부터 할머니와 고모들도 자기 자녀들에게 잔인한 악담을 서슴지 않았다.

중상모략Backstabbing

현희의 엄마와 이모는 서로를 무척 싫어했다. 자신은 여동생과 그렇게 지내고 싶지 않았다. 하지만 안타깝게도 현희의 여동생은 심술궂었고, 다른 가족들과 현희 사이를 이간질했다. 엄마는 둘을 보고 있으면 종종 자신과 여동생의 관계가 떠오른다고 말했다.

뒷담화Gossiping

선미네 가족은 모이기만 하면 누군가 자리를 비울 때마다 그 사람의 체중이나 인간 관계 상황 등 비판할 거리만 있으면 뭐든 험담하는 게 보통이었다. 서로 뒤에서 험담하는 게 일상적이다 보니 만나기만 하면 가족 간에 어떤 대화를 나눌지 예상될 정도였다. 선미는 사촌들과 모였을 때 최근 교도소에 수감된 오빠 얘기를 꺼내는 것에 반발했다. 그러자 분위기가 어색해졌다. 그때 친척은 물론 식구들의 행동에 대해 이러쿵저러쿵 떠벌리던 엄마의 모습이 떠올랐다.

감정 표현의 어려움

재인은 아버지한테서 한 번도 "사랑한다"라는 말을 들어보지 못했다. 할머니는 복잡한 사람이어서, 어린 시절 대부분 할머니를 만난 적도 거의 없었다. 재인은 할머니가 아버지에게 어떤 엄마였을지 짐작할 뿐이었다. 대물림되는 또 다른 트라우마의 양상은 다음과 같다.

- 중독
- 한부모 가정
- 부족한 대처 능력
- 만성적인 건강 문제
- 모녀 관계 문제
- 부자 관계 문제
- 형제 관계 문제
- 성적, 신체적, 정서적 학대 또는 방임

계속 이어지는 사이클

대물림되는 사이클은 세대를 거쳐 여러 가족 구성원이 겪는 문제다. 당신은 고모나 삼촌, 사촌들이 자기 부모의 건강하지 못한 가족 패턴을 똑같이 반복하는 모습을 봤을 것이다. "우리는 오직 자신에게 있는 것만 줄 수 있다"라는 유명한 말은 패턴의 대물림을 극복하기 위해 부모가 어떻게 고군분투해야 하는지를 설명한다. 우리는 교육을 통해 새로운 관습과 통찰력, 방법을 배우고 행할 수 있다. 하지만 참고서 같은 건 없어서, 처음 부모가 되는 사람들은 그 방법을 찾는 게 어려울 수 있다. 어떤 부모는 자녀를 양육하고 지지하는 방법도 알지 못한다. 아이를 돌보는 일은 종종 '상식'으로 통하지만 이런 상식은 일반적인 것과는 거리가 멀다.

서점에 가면 적어도 한 쪽 통로는 육아서로 가득 채워진 걸 볼 수 있다. 부모는 그 역할에 필요한 일을 해내기 위한 도구와 대처 전략이 필요하다. 적절한 도구가 없으면, 아는 대로 따라 하다가 자기 부모의 역기능적 패턴을 반복하게 된다. 한번은 어떤 여성이 스파게티 소스에 설탕을 넣는다고 말한 적이 있다. 이유를 묻자 어머니가 하던 방식이라고 대답했다. 그녀는 어머니에게 이유를 물었다가 '어머니의 어머니(할머니)'가 그렇게 했다는 대답을 들었다. 스파게티 소스에 설탕을 넣는 이유는 아무도 모른다. 나중에 나는 설탕이 토마토의 신맛을 줄여준다고, 일반적으로 많이들 그렇게 한다고 말해주었다. 하지만 이 사례로 알 수 있는 것은, 어떤 행동의 타당성에 의문을 제기하지 않는 한 가족 모두를 해치는 행동도 영속화될 수 있다는 사실이다. 설탕을 넣는 건 목적이 있지만, 우리가 모방하는 행동 중에는 아무 목적이 없는 것도 있다.

축소하거나 부정함

축소하거나 부정하는 방식으로 트라우마의 대물림에 대처하는 경우는 아주 흔하다. 대개 건강하지 못한 대처 기술을 사용해 트라우마에서 벗어나려고 한다. 하지만 고통을 무시하는 방식은 현 세대의 문제를 더 심각하게 만든다. 뿐만 아니라 미래 세대에 파괴적인 패턴을 초래하게 된다. 축소의 양상은 다음과 같다.

"별일 아니야."

"너만 그런 일 겪는 거 아니야."

"우리한텐 별일 아니었어."

"그럴 수도 있지."

"강해져야지. 이 일은 그냥 넘어가자."

"과거는 과거로 남겨두자."

"어제 문제를 뭐하러 오늘까지 걱정해."

부정의 양상은 다음과 같다.

"아무 일 아니야."

"그 얘기는 하지 말자."

"그 얘기는 하고 싶지 않아."

"기억 안 나."(상황을 모면하기 위해)

수치심 극복하기

수치심은 부정하고 축소하게 만드는 가장 흔한 이유다. 사람들은 수치심 때문에 침묵을 지킨다. 자신에게 일어난 일이 자신이 누구인지를 반영한다고 믿기 때문이다. 그래서 학대나 방임 등의 트라우마 문제를 털어놓기 곤혹스러워 한다. 하지만 목소리를 높일수록 치유 가능성이 커진다. 죄책감과 수치심에는 결정적인 차이가 있다. 수치심은 자신 자체가 문제가 있다고 믿을 때 생기고, 죄책감은 자신의 행동에 문제가 있다고 믿을 때 생긴다. 수치심을 느끼는 사람은 종종 학대의 대상이 된다. 그 이유는, 자신에게 문제가 있음을 다른 사람들이 안다고 생각하고 당연히 학대를 받을 만하다고 믿기 때문이다.

수치심은 자신에 대해 느끼는 방식과 세상과 관계 맺는 방식에 안 좋은 영향을 미친다. 인생이 순조롭게 흘러가도 가족의 비밀이 드러날까 봐 불안해하고, 남들이 자기 얘기를 이해하지 못할까 봐 걱정하게 된다.

수치심을 극복하기 위한 긍정의 말을 다음과 같이 해보자. "나는 환경에 좌우되지 않는다", "나를 만드는 건 지금 내가 하는 선택이다", "환경의 영향을 전혀 받지 않을 수는 없겠지만, 어떤 사람이 되고 싶은지는 내가 결정한다", "나는 환경에 굴하지 않는다", "쉽지 않아도 결국 나는 해낼 것이다"

1 가족의 어떤 비밀을 축소하거나 부인한 적이 있는가?

2 대물림된 트라우마의 영향을 받은 적이 있는가?

3 가족사에 관해 수치심을 느낀 적이 있는가?

Part 02

치유하기

역기능 충동을
억제하는 방법

윤미는 오빠 윤형과 사이가 좋지 않았다. 오빠는 상처 주는 말을 잘했다. 원하는 게 있으면 얻기 위해 식구들을 조종했다. 게다가 마치 자신이 뭐라도 되는 양 굴었다. 나머지 형제들은 윤형과 연을 끊었다. 윤형이 있는 자리에는 오지도 않을 정도였다. 하지만 윤미는 자신마저 등을 돌리면 윤형에게 아무도 남지 않게 된다는 생각에 차마 관계를 끊지 못했다. 화나는 상황이 반복되고 있었지만 언젠가는 오빠가 달라지리라 믿었다.

심리치료를 통해 윤미는 '오빠가 자신을 학대하고 있다는 사실'도 잘 알고 '관계를 끊는 게 윤미 자신에게 나은 선택이라는 사실'도 잘 아는데 왜 오빠와 절연할 생각만 하면 마음이 아픈지 탐색했다. 윤미는 오빠에게 자신의 행동이 어떤 문제들을 일으키는지 돌아보라는 말을 하고 싶었다. 하지만 오빠는 모든 문제의 원인이 자신일 수도 있다는 사실을 받아들이려 하지 않았다. 윤미가 다른 의견을 말할 때마다 그는 공격적인 말을 퍼부었다. 그리고 더는 대화를 나누려 하지 않았다.

윤미와 윤형은 나이도 비슷했고 서로 공통점도 많았다. 하지만 어른이 되자 상황이 달라졌다. 윤미는 윤형이 문제 행동을 하는 게 아버지 없이 성장한 탓일지도 모른다고 생각했다. 윤미는 학교생활을 썩 잘하지 못했고, 직장생활도 힘겹게 유지하고 있었다.

윤미는 윤형과 관계를 끊은 다른 형제들이 부러웠다. 한 부모에게서 태어나지 않았더라면 윤형 같은 사람과 인연을 맺을 일은 없었을 것이다. 하지만 윤형이 전화로 괴롭히고 조종하려 할 때마다 두려움에 움츠러들면서도 죄책감 때문에 관계를 끊지 못하고 있었다.

변화는 어렵지만 가치가 있다

상황이 흘러가는 대로 두는 게 더 편하게 느껴질 때가 많다. 하지만 변화를 꾀하지 않는다면 계속 그 상황에 갇히게 된다. 문제를 인지했다면 빙산의 일각을 발견한 것이고 앞으로 갈 길이 멀다는 의미다. 일반적으로 변화는 지칠 만큼 지쳐서 뭔가 다른 것을 시도하고 싶어질 때 일어난다. 어떤 관계에서 좌절과 분노, 피로를 느낀다고 해서 달라지는 건 없다. 그건 그저 그런 감정을 느끼는 상태에 불과하다.

관계의 역학을 바꾸는 건 습관을 바꾸는 과정과 비슷하다. 윤미의 변화 과정은 다음과 같을 수 있다.

- 윤형의 전화를 음성사서함으로 가게 두었다가 대화를 나눌 준비가 되었을 때 답한다.
- 다른 사람들과 윤형 사이의 문제 상황을 이해하고 있지만, (그들과) 다른 얘기도 나누고 싶다고 윤형에게 말한다.
- 윤형을 도울 사람이 윤미 자신뿐이라는 생각을 고쳐먹는다.
- 대신 해결해주지 않고 윤형 스스로 문제를 해결하게 둔다.
- 형제자매나 부모에 대한 불평과 같은 주제는 금기임을 알린다.

이제 타인에 대한 인내심을 더 기를 게 아니라 더는 견디고 싶지 않은 문제를 바꾸자. 종종 남의 싫은 행동을 계속 참아야 하는지 묻는 이들이 있다. 그 질문 유형은 주로 다음과 같다.

"엄마가 나를 질투해요. 어떡하죠? 좋은 소식을 전하면 칭찬하면서 은근히 비꼬는 듯해요."
"언니가 나를 애 취급하는데 어떡하죠?"
"가족 모임 때마다 아빠가 술에 취한 상태로 오시는데 어떡하죠?"

'어떡하죠?'라는 말을 들을 때마다 그가 견디기 힘든 걸 견디느라 애쓰고 있음이 느껴진다. 하지만 바람직하지 못한 행동을 견뎌봤자 얻는 건 인내심이 아니라 억울함이다. 우리는 어떤 방법으로도 절대 다른 사람을 바꿀 수 없다. 그래서 많은 이들이 그냥 되는 대로 산다. 자신이 변하는 것보다 그편이 수월하게 느껴지기 때문이다.

> "바람직하지 못한 행동을 견뎌봤자 얻는 건
> 인내심이 아니라 억울함이다."

변화의 다섯 단계

사람들이 치료실을 찾을 때는 일반적으로 숙고 전 단계pre-contemplation stage에 있을 때다. 자신의 삶을 어지럽히는 문제를 감지하고 그 원인을 찾으려고 애쓰는 단계다. 많은 경우에 정신적 증상의 기저에 무엇이 자리하고 있는지 이해하지 못하는 상태에서 불안, 우울 등 정신 건강 문제를 겪는다.

심리학자 제임스 프로차스카James Prochaska와 카를로 디클레멘테Carlo DiClemente는 역기능 가족 관계 내의 변화 과정을 연구했다. 그리고 결국 사람들이 어떻게 오랫동안 지속해온 패턴에서 벗어나게 되는지 설명하는 모델을 개발했다. 다음과 같이 그 모델을 정리해보았다.

숙고 전 단계Pre-contemplation

숙고 전 단계에서는 일반적으로 문제를 의식하지 못한다. 그러나 문제가 있음을 보여주는 지표가 있다. 이 단계에서는 흔히 억울함과

변화의 다섯 단계

1 숙고 전 단계	2 숙고 단계	3 준비 단계
° 문제를 인식하지 못한다.	° 변화할 만한 가치가 있다고	° 작은 것에서 변화를 모색한다.
° 문제를 숨긴다.	생각한다.	° 변화의 노력이 지속적이지 않다.
° 변명한다.	° 복잡한 감정을 느낀다.	° 상대를 변화시키려고 한다.
	° 죄책감을 느낀다.	° 문제에 대해 더 많이 언급한다.

절망감, 무기력함을 느끼며 문제를 부정하고 변명 거리를 찾는다. 자신이 처한 상황에 절망을 느끼거나 체념하고 있기 때문이다. 가족이 숙고 전 단계에 있음을 보여주는 지표는 다음과 같다.

· 바뀐 게 전혀 없는데도 상대의 변화를 기대한다.
· 상대에게 달라질 기회를 여러 번 준다.
· 상대가 깨닫길 바라며 같은 말을 되풀이한다.

숙고 전 단계에서는 다음과 같은 말을 주로 한다.

· "동생한테 이용당한 기분이야. 걔는 늘 그런 식이라니까."
· "부모님은 '진짜' 내 모습을 감당하시지 못할 거야. 보고 싶은 모습만 보시니까."
· "언니는 늘 나를 애처럼 대해. 내가 다 컸다는 걸 이해하지 못

114

4 실행 단계	5 유지 단계
° 요구 사항을 강력하게 밝힌다. ° 상대를 변화시키려 하기보다 자신이 할 수 있는 한도 내에서 변화를 꾀한다.	° 일관성 있게 변화를 지속해나간다. ° 더는 감정에 휘둘리지 않는다.

하나 봐."

· "할머니가 비난조로 말씀하시는데 별 뜻 없는 건 알지만 어떻
게 좀 해봐야겠어."

숙고 단계 Contemplation

문제를 인식하는 단계이다. 상황을 제대로 직시하기 시작한다. 이
제 양가감정과 죄책감, 수치심, 후회 등의 상반되는 감정을 유발하는
문제가 무엇인지 의식하고 있다. 그리고 변화를 시도하면 상대방과
나 자신, 그리고 둘의 관계에 어떤 이점이 있을지 또 관계가 얼마나
더 좋아질 수 있을지 탐구하기 시작한다.

역기능 관계에 있다면, 누구든 자신의 행동이 건강하지 못하다는
말에 선뜻 동의하지 않을 것이다. '부정'이 삶을 지속해나가는 유일
한 방법일 때도 있다. 유감스럽지만 사람들은 대개 가정의 평화를 유
지하기 위해 문제가 있어도 모른 척한다. 문제를 인식하는 건 두려운

일이다. 상황을 다르게 보고 변화를 시도해야 할 것 같은 압박감이 들기 때문이다. 바람직하지 않은 관계를 지속하는 이유 10가지는 다음과 같다.

1. '좋은 때'가 다시 오길 기다린다.
2. 상대가 바뀌길 기대한다.
3. 상대가 없는 삶은 상상도 할 수 없다.
4. 상대를 떠날 경제적 능력이 없다.
5. 무슨 일이 있어도 곁을 지키는 것이 상대에 대한 의리라고 생각한다.
6. 자신 없이는 상대가 살아갈 수 없을 거라고 믿는다.
7. 잘못된 선택을 할까 봐 두려워한다.
8. 상대가 먼저 관계를 끊을 때를 기다린다.
9. 누구에게도 상처를 주고 싶지 않다.
10. 아직 못 견딜 정도로 지치지 않았다.

많은 이들이 숙고 단계에서 심리치료실을 찾는다. 그리고 흔히 숙고 단계에서 떠난다. 변화, 특히 가족 내의 변화를 고민하는 일은 실제로 변화를 시도하는 것보다 쉽다. 그래서 심리치료를 받으며 숙고 단계에만 몇 년씩 머물기도 한다. 실망스러운 현실이다. 하지만 심리치료사들은 내담자들이 실제로 행동을 취할 준비가 될 때까지는 함께 고민을 나누는 수밖에 없다.

심리치료사가 된 지 얼마 되지 않았을 때는 내담자가 숙고 단계에 갇혀 있으면 기분이 좋지 않았다. 하지만 이제는 많은 이들이 그렇다는 걸 잘 안다. 그리고 그런 이들을 숙고 단계에서 더 나아갈 수 있도록 돕는 게 나의 일이다.

사실상 가족이 연관되면 양가감정이 발목을 잡는다. 그로 인해 자신은 물론 가족 전체의 상황을 개선할 바람직한 변화를 시도하지 못한다. 숙고 단계에서 주로 하는 말은 다음과 같다.

"오빠는 그럴 자격이 있어."
"부모님은 날 사랑하니까 진짜 내 모습을 아셔야 해."
"난 이제 애가 아니라고."
"할머니 말 기분 나빠."

만일 숙고 단계에 갇혔다고 느껴진다면 다음과 같은 질문을 던져보자.

· 변화가 정신 및 정서 건강에 어떤 도움이 될까?
· 현상을 유지하기 위해 나는 무엇을 포기하고 있는가?
· 내가 변하지 않으면 누가 가장 혜택을 누리는가?
· 욕구를 부정함으로써 나는 어떻게 자신을 해치고 있는가?

준비 단계Preparation

이 단계에서 사람들은 작은 변화를 시도하기 시작한다. 예를 들어 당신이 어릴 때 친구 집에서 침대에 오줌 싼 얘기를 하며 오빠가 놀리면 이렇게 말하는 식이다. "그 얘기 좀 그만해. 당혹스럽고 재미도 없으니까." 관계 내의 역할과 다른 이들에 대한 허용치를 바꾸려 하다 보면 일관성이 없게 느껴질 수 있다. 변화는 쉽지 않다. 하지만 당신에게 좋을 수 있다.

이 단계에서는 일반적으로 문제를 더 상세히 파악하고, 심리치료사를 만나며, 친구나 지원을 아끼지 않는 가족 구성원과 자신의 경험을 나누기 시작한다. 이 모두가 경험을 검증하고 복잡한 변화를 이뤄나갈 에너지를 채울 좋은 방법이다. 문제점에 대해 자신의 목소리를 더 높이면서, 다른 이들의 변화를 촉구할 수 있다. 그러면 모든 일을 혼자 다 하지 않아도 된다(다시 한 번 말하지만 우리는 다른 사람을 변화시킬 수 없다. 하지만 그들이 스스로 변하도록 용기를 북돋을 수는 있다). 준비 단계에 들어서면 다음과 같은 말을 한다.

"형이 돈을 빌려달라고 하면 기한을 정할 거야. 제때 돈을 갚지 않으면 다 갚을 때까지 더 빌려주지도 않을 거고."

"부모님이 나를 어릴 때와 비교하려 하면 지금의 내 모습을 있는 그대로 인정해달라고 말할 거야."

"누나가 또 나한테 청하지도 않은 조언을 하려고 들면, 이래라저래라 하기 전에 내 말부터 들어보라고 할 거야."

"할머니가 또 나한테 삐쳤다고 뭐라고 하면, 그런 말 하지 마시라고 할 거야."

실행 단계Action

이 단계에 이르면 사람들은 더 이상 무엇이 문제이고 무엇을 어떻게 바꾸고 싶은지 말로만 하지 않는다. 상대가 바뀌지 않아도 자신의 삶을 바꾸는 건 자신에게 달려 있음을 받아들인다. 생각에 그치지 않고 실행에 옮기며, 희생자 역할에서 벗어나 강력한 힘을 발휘한다. 그리고 훨씬 적극적이고 일관적인 태도로 변화를 만들어간다. 이 단계에서는 생각을 명확하게 정리하고 감정을 처리하며 계속 변화를 시도할 수 있도록 지지가 필요하다. 실행 단계에 들어서면 다음과 같은 말을 한다.

"다시는 형한테 이용당하지 않겠어."

"나는 나야. 부모님이랑 상관없어."

"언니 앞에서 절대 아이처럼 굴지 않겠어."

"할머니가 나를 계속 비하하게 놔두지 않을 거야."

유지 단계Maintenance

이 단계에 이르면 사람들은 더 높은 단계의 변화를 시도한다. 그리고 건강한 관계를 택하는 데 전념한다. 여전히 죄책감이나 수치심, 양가감정과 같은 불편한 감정이 남아 있을 수 있다. 하지만 변화하겠다는 의지를 꺾지는 못한다. 예전의 관계 패턴으로 돌아가고 싶은 유혹을 느끼더라도 변화된 행동을 계속함으로써 그 유혹을 극복할 수 있게 된다.

변화된 행동을 반복해서 실행한 결과 역기능 가정 내에서의 역기능적 습관은 달라진 상태다. 물론 변화란 계속되므로, 할 일은 여전히 남아 있고 계속 진화한다.

변화를 이루었다 하더라도 때때로 과거의 생각과 행동을 다시 하게 될 수도 있다. 그럴 때는 이해심을 가지고 느긋하게 현재의 자신을 반겨라. 패턴을 극복하기는 쉽지 않다. 예전 습관에 다시 빠지지 않으려면 엄청난 노력이 필요하다. 명심할 것은, 늘 올바른 결과가 얻어지는 건 아니라는 사실이다.

윤미를 예로 들자면, 그녀는 윤형과의 관계에서 숙고 단계에 있다고 볼 수 있다. 반면 다른 형제들은 유지 단계에 머물러 있다.

변화가 어려운 이유

각 단계마다 통과하는 데 필요한 시간이 정해져 있지는 않다. 특정 단계에 계속 머물러 있을 수도 있다. 윤미의 경우에는 다음과 같은 고민을 드러냈다.

가족들이 어떻게 생각할까요?

가족들이 어떻게 생각할지 두려워 원치 않는 상황에 머무는 일은 흔하다. 일부 문화권에서는 가족 내에서 부당한 대우를 주고받는 게 용인된다. 따라서 당신의 결심을 밝히는 건 고통스러운 과정일 수 있다. 바람직한 선택임에도 불구하고 가족 중 누군가는 받아들이지 않을 거라는 두려움도 있을 것이다.

하지만 당신이 가족 중 누군가와 맺고 있는 관계에 대해 가족들이 비판한다면, 그건 당신의 경험과는 다른 그들의 경험을 기준으로 할 뿐이다. 그들은 각자의 렌즈로, 그리고 나름의 배움과 성장 과정을 통해 키운 관점과 믿음으로 가족 규범을 본다.

나 아니면 누가 오빠를 도와주죠?

상대를 도울 사람이 자신밖에 없다는 생각이 든다면, 계속 그렇게 유일한 지원자로 남게 될 가능성이 크다. 누구나 자신만의 지원 체제를 구축할 책임이 있다. 상대를 위해 모두 해주면 그걸 방해하는 셈이 된다. 명심하라. 한걸음 물러서라. 당신이 물러선다면 그동안 당신이 과하게 지원하는 상대를 위해 다른 사람들이 스스로 나설 것이다.

친오빠와 말을 안 하고 지낼 수는 없어요

상대가 누구건 당신은 그를 사랑할 수도 있고 당신에 대한 학대를 거부할 수도 있다. 형제자매건 부모건, 친척이건 조부모건 사촌이건,

아무도 당신을 함부로 대할 권리는 없다.

명심하라. 당신의 인생에서 아무리 중요한 역할을 하는 사람이라 하더라도 학대는 건강한 행동이 아니다.

어떤 어른이 될지 스스로 결정하라

어린 시절 나는 드라마 애청자였다. 〈한 번뿐인 인생One Life to Live〉이라는 드라마는 피보 브라이슨이 부르는 "우리 인생은 한 번뿐이니까요Cause we only have one life to live!"라는 노래로 시작된다. 맞는 말이다. 우리 인생은 한 번뿐이다. 따라서 우리는, 우리 자신만큼은, 자신의 인생에 만족해야 한다. 어른으로서 내려야 할 결정은 다음과 같다.

- 어떤 직장을 얻을지
- 누구와 일할지
- 어떤 음식을 먹을지
- 누구를 집에 들일지
- 시간을 어떻게 보낼지
- 아이를 어떻게 기를지
- 누구와 관계를 맺을지

어릴 때 내가 가장 힘들다고 느꼈던 건 뭐든 어른한테 허락을 받아야 한다는 점이었다. "영화 보러 가도 돼요?"라고 매번 물어야 한다는 건 정말 분통 터지는 일이었다. 언제든지 허락을 받지 않고도 영화를 보러 가거나, 친척 집에 가기 싫다고 말하고 싶었다.

선택은 자유다. 가족과 함께 살면서 자유가 없다고 느끼겠지만, 사실은 그렇지 않다. 물론 선택이 어렵게 느껴질 수도 있다. 그러나 아무 행동을 하지 않는 것도, 수동적이긴 하지만, 선택이다. 어른이 되면 자신의 원하는 삶의 유형과 관계를 선택할 수 있다. 어떤 인간관계를, 어떤 삶의 유형을 원하는지는 자신의 선택에 달려 있다. 우리는 매일 온종일 우리 자신과 함께 살아간다. 인생에서 가장 많은 시간을 함께 보내는 사람은 바로 자기 자신이다. 가족과 시간을 보내기로 했으나 그들과의 관계가 편치 않다면 다음을 기억하라.

- 다른 사람을 있는 그대로 받아들이되 건강하지 못한 행동을 참을 필요는 없다.
- 다른 사람과 얼마나 많이, 얼마나 오래 교류할지는 자신이 선택하는 것이디.
- 나누고 싶지 않은 주제가 있다면 사람들에게 밝힌다.
- 나누고 싶지 않은 주제를 꺼내는 사람이 있다면 당장 그만두게 한다.
- 격한 대화나 논쟁, 수다에 굳이 끼지 않아도 괜찮다.

두려움에 휘둘리지 마라

"아이를 원치 않아요. 나처럼 힘들어하면서 살까 봐 두려워요."
어린 시절 내내 엄마 숙희 때문에 공포에 떨었던 지원이 말했다. 그
녀는 자신도 자녀에게 똑같은 존재가 될까 두려워했다. 아이를 낳지
않겠다고 결심한 이유였다.

사람들은 자신이 알지 못하는 것, 통제할 수 없는 것, 그리고 '만
일의 경우'에 대한 공포 때문에 건강하지 못한 패턴에 갇혀 있는 경
우가 많다. 문제를 인지하면 반복되는 사이클을 막을 수 있다. 하지
만 '만일의 경우'에 대해 부정적인 짐작 대신 긍정적인 상상을 하면
어떨까? 부정적인 짐작은 다음과 같다.

"아이가 생기면, 예전 우리 엄마처럼 나도 아이한테 못되게 굴지
몰라."
"이모랑 있었던 문제를 나에게 구구절절 말하지 말라고, 더 이상
듣기 싫다고 말하면 엄마가 화낼지도 몰라."
"일요일마다 모이는 가족 식사 자리에 가지 않으면 건방지다고
생각하겠지."

긍정적인 상상은 다음과 같다.

"아이를 낳으면 내가 당한 것 같은 학대는 하지 않겠어."

"엄마한테 이모와의 문제를 나한테 와서 말하지 말라고 해야지. 그러면 내가 사랑하는 가족에 대해 부정적인 감정을 느끼게 하는 말을 들을 필요가 없어질 거야."

"일요일마다 모이는 가족 식사 자리에 가지 않으면, 내가 만나고 싶은 가족과 1대 1로 만날 수 있을 거야."

변화를 결심하는 이유

자신에게 좋지 않은 행동을 더는 견디기 힘들어지면 우리는 변화를 결심하게 된다.

지칠 만큼 지쳤을 때

사람들은 주로 지칠 만큼 지쳤을 때 변화를 결심한다. 특정한 느낌에 지쳤을 수도 있고, 매번 같은 문제를 언급하는 일에 지쳤을 수도 있고, 다른 사람의 행동이나 변화의 부재에 지쳤을 수도 있다. "지긋지긋할 정도로 지긋지긋하다I'm sick and tired of being sick and tired"라는 말이 있다. 사람은 기본적으로 자신이 처한 상황에 지칠 만큼 지치면 변화를 꾀하기 시작한다.

마침내 값비싼 교훈을 제대로 얻었을 때

흔히들 말하듯 "경험은 최고의 선생님"이다. 더 이상 새로울 게 없다는 사실을 깨달으면 변화만이 유일한 출구가 된다. 그 변화의 대상은 상대가 아니라 지금까지 고통을 감수해온 자신이다. 이로써 사이클에서 벗어난다.

현상 유지가 삶의 질에 악영향을 미칠 때

이럴 때는 나 자신을 택하는 것이 원하는 삶을 사는 유일한 방법이다. 어느 순간부터는 현상 유지가 결국은 역기능을 택하는 것임이 분명해진다.

변화를 촉구하는 중요한 사건이 일어났을 때

부모가 되고 자녀에게 자신과 같은 고통을 겪게 하고 싶지 않아서 변화를 결심하기도 한다. 세대를 잇는 사이클을 끊어내는 일은 당신에게 상처를 주고도 전혀 변화가 없는 이들에게서 당신의 자녀를 보호하는 일이기도 하다. 상처를 유발한 원천으로부터 자녀를 보호하면 자녀가 그 사이클을 끊어낼 수 있다. 또한 헌신적인 연인 관계가 가족과의 관계에 대한 관점을 바꿔놓기도 한다. 가족이 당신의 결혼이나 우정, 자녀와의 관계, 직장 생활 등 침해받고 싶지 않은 관계에 영향을 미치는 경우, 그 관계들을 지켜내기 위해 부득이 가족과의 관계를 바꿀 생각을 하게 되는 것이다. 역기능적 체계를 벗어나지 못하는 흔한 이유는 다음과 같다.

"가족과는 바운더리를 정할 수 없다."

"피는 물보다 진하다."

"어떤 경우에도 내 곁을 지키는 사람은 가족뿐이다."

"가족보다 나를 사랑해주는 사람은 없다."

"네 ○○(동생이든 엄마든 바람직하지 못한 식구)잖니. 관계를 끊으면 안 된다."

"집안에서 일어난 일은 집안에서만 얘기하자."

"하나밖에 없는 ○○(동생이든 엄마든 바람직하지 못한 식구)잖니. 어쨌든 네가 참아야지."

위의 말은 모두 죄책감과 수치심을 유발한다. 건강하지 못한 관계와 해로운 신념에서 벗어나지 못하게 만드는 것이 목적인 말이다. 가족 관계가 어떻게 정신 건강 문제를 일으키고 성장을 방해하는지 전혀 고려하지 않고 있다. 누구든 '가족'이라는 이유로 학대를 견디라고 하는 사람이 있다면, 그는 당신의 요구 사항을 고려하지 않고 있다. 가정이라는 체계의 요구를 더 중요하게 생각하거나, 아무 문제없어 보이는 상태를 유지하고자 노력하는 것이나.

가족은 대부분 문제를 갖고 있다. 이는 건강한 가족도 예외가 아니다. 건강한 가족 역학과 건강하지 못한 가족 역학의 차이는 문제를 어떻게 다루느냐에 달려 있다. 문제가 있을 때 은폐하거나 무시하거나 침묵하거나 함구하게 만든다면, 그 시스템은 건강하다고 볼 수 없다. 반면 문제를 찾아 고심하고 누구든 책임지며 결국 해결해낸다면, 그 시스템은 건강하다고 할 수 있다.

문제가 하나도 없는 관계는 없다. 하지만 문제가 '심각'한 관계는 있다. 인간은 모두 다르며 각자 나름의 어려움을 겪으며 살아간다. 하지만 그 어려움이 학대나 방치, 지속적인 피해일 필요는 없다.

오늘의 질문

1 가족의 건강하지 못한 행동을 옹호하거나 받아준 적이 있는가? 있다면 어떻게 했는가?

2 당신의 가족 관계는 앞서 제시된 변화의 단계 중 어디에 해당하는가?

3 당신이 가족과의 관계를 바꾸게 된 이유는 무엇인가?

'성장'과 '생존'의
갈림길

"저는 한 사람을 오래 사귀는 게 힘들어요."

선우가 말했다. 서른두 살인 그녀는 그런 자신의 패턴을 바꾸길 원했다. 누굴 사귀든 급속도로 깊은 관계가 되었고, 3개월이 지나기도 전에 동거를 시작하곤 했다. 하지만 1년이 되어갈 즈음이면 관계에 싫증을 느꼈고, 벌써 새로운 사람을 바라봤다. 마음속으로는 '운명의 짝'을 찾길 바라면서도 실제로는 오랫동안 한 사람에게 헌신하는 상황을 꺼렸다.

언제나 사귄 지 6개월쯤 지나면 상대는 진지하게 미래를 계획하기 시작했다. 하지만 선우는 슬슬 관계에서 발을 뺄 궁리를 했다. 상대에게는 자신의 의도를 솔직하게 밝히지 않았다. 선우의 연애는 늘 격한 감정싸움으로 갑작스럽게 끝나기 일쑤였다.

선우의 부모님은 그녀가 어릴 때부터 큰 소리로 자주 다퉜다. 그러다 결국 선우가 열여섯 살이 되던 해에 이혼했다. 그리고 지금까지도 서로를 미워했다. 선우는 가까워졌다 멀어졌다를 반복하는 부모님에게서 건강한 동반자관계를 배우지 못했다. 엉망진창인 그들의 관계를 몹시 싫어하면서, 이제 자신도 관계를 엉망으로 만들어나가고 있었다.

그때 사라를 만났다. 사라는 선우의 헛소리를 받아주지 않았다. 그녀는 이전 애인들과는 다른 요구를 했다. 관계 또한 천천히 진전시키고 싶어 했다. 사라와 사귀면서 자신의 새로운 면을 알게 된 선우는 두렵고 겁이 났다. 그렇지만 관계를 끝내고 싶지는 않았다.

선우는 자신의 부모님이 아닌 다른 역할 모델을 찾아야 한다는 걸 깨달았다. 어머니는 선우에게 종종 "지 아빠랑 똑같다"라고 말하곤 했다. 정말 듣기 싫었지만 영 틀린 말은 아니었다. 선우는 지금까지 거짓말과 속임수, 수동적 공격 등의 기술로 관계를 유지해왔다. 하지만 더는 효과가 없었고, 이제 새로운 기술을 배워야 했다.

변화를 계속해나가려면 도움이 필요했다. 선우는 심리치료를 받기로 했다. 지금까지는 관계에 문제가 생길 때마다 상대방을 탓했지만, 심리치료를 받으면서 자신에게도 문제가 있음을 인정하기 시작했다. 자신이 건강하지 못한 역학 관계를 모방하고 있다는 사실을 알게 된 선우는, 역기능적인 행동 양식에서 벗어나 건강한 연인 관계를 유지하는 법을 배우기 시작했다. 모든 면이 가족 내에서 늘 해오고 경험해왔던 것과 달랐다.

살아남기 vs. 멋지게 성장하기

화초를 키우는 사람은 자신이 돌보는 화초가 잘 자라고 있는지(예상보다 튼튼하고 풍성하게 크고 있는지), 아니면 겨우 살아만 있는 상태인지(시들시들한 모습으로 그럭저럭 버티며 근근이 목숨을 부지하는 중인지) 보기만 해도 안다. 역기능적인 가정에서 자란 사람은 집안 문제에 발이 묶인 채 겨우겨우 살아갈 수도 있고, 처한 환경과 상관없이 멋지게 성장할 수도 있다. 앞장에서 우리는 사람이 '어떻게', 그리고 '왜' 역기능에 굴복하고 변화에 필요한 과제 앞에서 좌절하는지 살펴봤다. 사람들은 종종 누군가를 보고 역기능적인 가정에서 '살아남았다'라고 말하지만, 그런 가정에서도 멋지게 성장할 수 있다는 건 좀처럼 인정하지 않는다.

맞다. 멋지게 성장하려면 환경의 역할이 중요하다. 하지만 환경을 뛰어넘는 게 있다. 개개인의 특성과 투지, 본성이 그것이다. 다른 환경에서 성장했다면 얼마나 다른 사람이 되었을지 우리는 절대 알 수 없다. 하지만 어떤 사람들은 환경과 상관없이 자신이 처한 역경에 낭당하게 맞선다.

사이클, 즉 악순환의 고리를 끊어내면 '살아남을' 수 있다. 하지만 거기서 한발 더 나아가 새로운 유산과 궤도를 만들어내면 멋지게 '성장'할 수 있다. 멋지게 성장해나갈지, 아니면 살아남는 데 그칠지는 의식적인 자각과 노력에 달려 있다. 의식적으로 노력하면 인생을 다르게 살 수 있다는 얘기다. 이런 사람을 '사이클 브레이커'라고 한다.

"새로운 유산과 궤도를 만들어내면
멋지게 성상할 수 있다."

사이클 브레이커

최초의 사이클 브레이커 되기

사이클 브레이커란 가정 내의 역기능을 의도적으로 깨부수는 사람이다. 가정에서 최초로 사이클 브레이커 역할을 하는 사람은 가정의 규범에 도전하기 때문에 다른 가족 구성원들로부터 심한 반발을 살 수 있다.

따라서 최초의 사이클 브레이커가 되는 일은 쉽지 않다. 성공하는 데 필요한 많은 것들을 혼자 익혀야 하기 때문이다. 지침도, 가족의 지원도 없이 완전히 다른 사람이 되는 법을 배워야 한다. 사이클 브레이커들은 인생에 도움이 되지 않는 문제들을 기꺼이 잊는다. 그리고 열의를 가지고 상자 밖으로 나와 자신에게 맞는 삶을 창조한다. 사이클 브레이커는 다음과 같은 일이 어려울 수 있다.

· 일관성을 갖고 자신에게 득이 되는 결정을 내리는 일
· 살아남은 자로서 갖게 되는 죄책감이나 후회를 감당하는 일
· 가면 증후군을 극복하는 일
· 건강한 지원 시스템을 구축하는 일

- 비난받을 수도 있다는 걸 알면서도 자신의 이야기를 솔직하게 털어놓는 일
- 비슷한 경험을 한 사람들을 찾아 공동체를 만드는 일
- 잊지 않고 자신을 돌보는 일
- 과거의 습관을 고집하는 가정에서 자란 사람들과 어울리는 일
- 겪어보지 않은 환경에 적응하는 일
- 다른 사람들을 얼마나 어떻게 도울지 정하는 일

스스로 달라지겠다고 결심했다면, 절대 달라지지 않는 사람이나 바람직하지 않은 행동을 고수하는 사람과 거리를 둬야 할 수도 있다. 하지만 본인과 뜻이 다르다는 이유로 사랑하는 가족을 멀리하기는 쉽지 않은 일이다. 가족 내에서 따돌림을 당할 수도 있다.

당신의 달라진 모습으로 인해 주변 사람들이 자신을 바라보는 방식 또한 달라질 수 있다. 사이클 브레이커는 가족 관계를 중요하게 생각한다. 그들은 자신이 멋지게 성장하기 시작하면 가족과의 관계가 달라지리라는 것을 알고 있다. 만일 당신이 가족들 가운데 유일한 사이클 브레이커라면, 나머지 가족들은 당신의 변화를 받아들이기 힘들어할 가능성이 크다. 왜냐하면 그들은 당신이 자신에 대해 알기 이전의 모습을 아는 사람들이기 때문이다. 그들은 자신들이 알고 있는 당신의 모습을 내려놓느라 힘든 시간을 보낼지도 모른다. 당신이 자아를 찾아가면 찾아갈수록, 오로지 자신이 아는 방식으로 당신을 보고자 하는 이들은 힘들 수 있다.

역기능 가정에서는 변화를 기분 나빠 한다

더 나은 가정환경을 위한 선택일지라도, 변화는 타협을 거부한다는 뜻으로 받아들여지기도 한다. 당신이 달라지면 나머지 식구들도 달라져야 함을 암시하므로, 이는 분열된 체제에 위협이 될 수 있다. 이는 사실이다. 당신이 달라지면 실제로 주변 시스템이 달라진다. 최소한 당신이 그 시스템을 보는 시각이 달라진다. 만일 당신이 변화시도에 거부감을 느끼는 사람이라면 이런 말을 할 가능성이 크다.

"넌 네가 우리보다 낫다고 생각하는구나."
"너 그런 식으로 자라지 않았잖아. 지금 와서 왜 그러는 건데?"
"그거면 너한테 충분하잖아."
"너 지금 되게 웃겨."

다른 식구들이 당신의 변화를 기분 나쁘게 받아들이더라도 기분 나빠할 필요 없다. 변화란 원래 어려운 것이다. 누군가 변화에 거부감을 느끼는 사람이 있다면 당신을 비난할 수 있다는 것도 각오하라. 가족의 문제를 솔직히 드러내는 데는 많은 용기가 필요하다. 유감스럽지만 타인에게 그런 용기를 강요할 수는 없다.

통제권을 갖느니 피해자가 되겠다?

피해자가 아닌데 피해자인 척하는 경우가 있다. 누가 무슨 짓을 하든 당신 인생이 반드시 그 영향을 받을 필요는 없는데, 피해자는 자신이 무력하다고 믿는다. 자신에게 절대적인 힘이 있는데도 그렇다. 언젠가 이렇게 말하는 한 40세 여자를 만난 적이 있다. "난 절대 대학에 가지 않을 거예요. 부모님이 한 번도 나한테 대학 얘기를 꺼낸 적이 없거든요." 그녀는 자신의 인생을 책임질 능력을 거머쥐고 있지 못했다. 마흔이나 먹고도 스스로 결정할 수 있는 일에 여전히 부모 탓을 하고 있었다.

당신은 환경의 피해자가 아니다. 환경에도 불구하고, 혹은 환경의 영향을 받아 그렇게 하기로 선택한 것뿐이다. 트라우마를 겪을 수는 있다. 하지만 그 트라우마가 당신 자체는 아니다. 역기능이 자신감과 변화 시도 욕구에 악영향을 미칠 수 있지만, 당신은 노력을 통해 얼마든지 자신감을 얻을 수 있다. 피해자는 다음과 같은 말을 주로 한다.

"부모님은 한 번도 나한테 ○○를 가르쳐준 적이 없어. 그래서 나는 ○○를 못 해."
"○○하는 법을 배우지 못한 건 내 잘못이 아니야."
"부모님이 나를 이런 식으로 키우셨으니 어쩔 수 없지."
"내가 지금 이렇게 된 건 내 책임이 아니야."

피해자 패턴을 끊어내는 방법은 다음과 같다.

· 자신이 통제할 수 있는 일에 핑계 대지 않는다.
· 무슨 일이 있어도 마음먹은 대로 추진한다.
· 억울해하지 않는다.
· 자신이 완벽한 존재가 아님을 인정한다.
· 배운 것을 탐구한다.
· 자기주장을 연습한다.
· 타인과의 비교를 멈춘다.
· 자신을 더 잘 돌볼 방법을 찾아본다.
· 자신의 감정을 이해하고 표현하는 방법을 익힌다.
· 자기연민을 최소화하거나 그만둔다.
· 자신이 (자기 힘으로) 통제할 수 있는 게 무엇인지 찾아본다.

피해자라는 위치를 벗어나 스스로 자신의 인생을 책임지는 가장
좋은 방법은 경험에서 배운 것을 떠올려보는 것이다. 예를 들면 다음
과 같다.

· 부모님이 일 중독자였기 때문에 나는 부모님 역할을 대신 해주
  는 다른 어른과 가까운 관계를 맺었다.
· 부모님이 일 중독자였기 때문에 내가 말을 너무 자세히 늘어놓
  으면 짜증을 냈다. 그래서 나는 빠르게 요점만 말하는 법을 배

웠다.

앞서 언급한 선우의 경우에는 다음의 생각을 통해 자기 인생을 책임질 수 있을 것이다. "부모님은 내게 건강한 관계 맺는 법을 가르쳐주지 않았다. 나는 책을 통해, 건강한 관계를 맺고 있는 또래들을 통해, 그리고 심리치료를 통해 배워나갈 예정이다."

한 번도 배운 적 없는 것을 혼자 익혀나가는 일은 사이클 브레이커가 되는 가장 강력한 방법이다.

최고의 선생님은 바로 자기 자신

객관적으로 그 안을 들여다보라

먼저 자신의 가족 역학에서 제대로 작동하지 않는 것을 알려면 그 안을 들여다봐야 한다. 무엇이 옳지 않고 무엇이 자신에게 좋지 않은지 자신이 알고 있다고 믿어라. 다른 사람이 확인해줄 때까지 기다릴 필요가 없다.

당신이 답해야 할 가장 중요한 질문은 '나는 내 인생에서 무엇을 원하는가?'다. 지금 당신이 원하는 건 집안에 없다는 사실을 명심하라. 어쩌면 당신은 식구 중 처음으로 다음과 같은 일을 행하는 사람일 수 있다.

- 건강한 관계를 선택한다.

- 스스로 결정을 내린다.

- 바운더리를 설정한다.

- 사람들에게 책임을 묻는다.

- 대학에 다니지 않는다.

- 대학에 다닌다.

- 다른 종교를 믿는다.

- 종교를 믿지 않는다.

- 현 상태에 만족하지 않고 문제를 제기한다.

- 결혼하지 않는다.

- 결혼한다.

- 성 소수자라는 사실을 솔직하게 밝힌다.

- 심리치료를 받는다.

- 트라우마를 치료하려고 애쓴다.

자신이 역기능적인지 의심스러울 때 예방법

역기능 가정에서 성장하면 무엇이 역기능적인지 알아채기 힘들다. 모른다고 자신을 탓하지 말라. 노력하면 알아차릴 수 있다. 그러고 나면 무엇을 바꿔야 할지 바로 보인다. 따라 하고 싶지 않은 사람의 행동을 무심코 따라 하는 자신을 발견하기도 한다. 이런 경우에는 정확히 무엇을 고쳐야 할지 쉽게 알 수 있으므로 곧바로 변화로 이어진다. 하지만 인식만으로는 아무것도 달라지지 않는다. 오직 행동만

이 자신을 바꿀 수 있다.

환경의 영향을 받는 자신을 변화시키려면 어떤 면을 바꾸고 싶은지 확인하라. 자신에게 있는 가족 역기능 패턴이나 문제를 목록으로 정리하면 유용하다. 목록을 살펴본 후 그 문제들이 현재 자신에게 어떤 영향을 미치고 있는지, 그리고 어떤 행동을 고치고 싶은지 생각해보라.

자신에게 문제가 있음을 인정하되 자신을 비난하지 말아라. 과거에는 자신이 무엇을 모르는지 알지 못했다. 이제 알게 되었으니 달라질 기회를 잡아라. 사실, 가족은 당신에게 안 좋은 영향을 끼쳤다. 하지만 당신이 변화하지 않는다면 계속 현 상태를 계속 유지하겠다는 것이나 다름없다. 바꿀 수 있는데 바꾸지 않는 것이다. 문제의 원인은 이제 그들이 아니라 당신이다.

나아지기 위해 작은 변화부터 시도하라. 한 번에 완전히 인생을 바꾸려는 건 바람직하지 않다. 말이나 생각, 행동 등 작은 것부터 시작하라. 어린 시절을 건강하지 못한 가정에서 보냈어도, 성인이 된 당신은 다음과 같은 일을 할 수 있다.

· 사랑이 넘치고 힘을 주는 사람(친구, 이웃, 주변 어른)들과 가족을 맺는다.
· 주변인들의 행동을 어디까지 허용할지 바운더리를 설정한다.
· 원가족 관계 중 유지할 만한 가치가 있는 관계를 선택한다.
· 가족 외에 역할 모델을 찾아 배운다.

- 과거 어린 시절의 기억 중 바람직한 부분을 제외하고 나머지는 버린다.
- 치유 중인 사람들로 구성된 공동체를 찾아본다(당신은 혼자가 아니다).

가족의 내부고발자가 되어라

일반적으로 가족 내의 문제를 밝혀내는 건 기꺼이 변화를 꾀하고자 하는 사람이다. 용감해져라. 당신이 세상에 폭로하는 내용은 다른 식구들과는 수준이 다를 것이다. 그렇게 함으로써 부모 역할 잘하는 방법과 자가 치료 없이 감정 처리하는 방법, 금전을 관리하는 방법을 깨닫게 될 것이다. 사람들에게 변화를 굳이 촉구하지 않아도 그들의 어떤 행동이 당신에게 효과가 없는지 알려줄 수 있다. 역기능 가정에서 시도해볼 만한 작은 변화는 다음과 같다.

- 예주는 엄마한테 사랑한다는 말을 들어본 적이 없다. 하지만 어른이 되고 엄마에게 사랑한다고 말하기 시작했더니 몇 달 후 엄마도 그녀에게 "나도 사랑한다"라고 말하기 시작했다.
- 어릴 때 지석은 종종 조금만 잘못해도 볼기를 맞았다. 그래서 자녀에게는 절대 매를 들지 않기로 했다. 식구들은 그의 '새로운' 육아 방식에 반발했다. 그래도 지석은 자신은 다른 방식으

로 키우겠다며 신념을 굽히지 않았다.

· 순철은 아버지 때문에 겨우 열두 살이었을 때부터 술을 마시기
시작했다. 순철의 아버지는 아이도 가끔 맥주 정도는 마셔도
괜찮다고 생각했다. 스물세 살 이후 순철은 더는 아버지와 술
을 마시지 않는다.

세상을 가르쳐줄 선생님이 가족만 있는 것은 아니다. 세상에는 많
은 선생님이 있다. 건강하게 살아가는 방법을 배우고 싶다면 기꺼이
밖으로 눈을 돌려라. 가정에서 배우지 못했다면 다른 곳에서 배우면
된다. "아무도 가르쳐주지 않았어요"라는 말은 변명이 될 수 없다.
가족 말고도 배울 곳은 얼마든지 있다.

· 책이나 신문, 잡지

· 팟캐스트

· TV

· 다른 사람들이 가족과 소통하는 모습

· 다른 문화 공부

· 여행

· (개인이나 부부, 또는 그룹) 심리치료

· 소셜 미디어

가족 관계가 복잡한 사람이 흔히 겪는 심리 상태는 다음과 같다.

이상적인 가족 관계에 있는 사람들이 부럽다?

당신이 원했던 삶을 사는 누군가를 지켜보기 괴로울 수 있다. 당신이 당신 가족을 선택하지 않았듯 그 사람 또한 가족을 선택하지 않았음을 기억하는 게 중요하다. 질투심이 치솟는다면 자신의 에너지에 집중하라. 자신을 친절하게 대하고 질투에 휩싸이지 않도록 주의하라.

다른 경험을 했더라면 다른 삶을 살고 있을지 궁금하다?

'만약에'라는 생각을 자주 하다 보면 통제할 수 없는 공상에 빠질 수 있다. 자제하라.

사람들이 이해하지 못 할 테니 가족 얘기는 하지 않는다?

물론 당신이 어떤 유년기를 보냈는지 사람들은 모른다. 그러면서 이런저런 충고를 늘어놓을 것이다. 그냥 무시하는 게 가장 간단하지만, 생각보다 쉽지 않다는 걸 우리는 잘 알고 있다. 그러니 차라리 맞받아쳐라. 그런 조언은 환영하지 않는다는 걸 표현해라. 가족에 대한 당신의 생각에 대해 부정적으로 말하는 사람에게는 이렇게 말하라.

"당신 가족이랑은 좀 다르죠. 당신의 관점을 이해합니다. 그러니 제 관점도 이해해주면 좋겠네요."

"모든 가정이 다 같을 수는 없으니까요."

"내 가족 문제에 이래라저래라 하지 말아 주세요."

"이게 내가 가족 문제를 처리하는 방식입니다."

관계를 좋게 유지하기 위해 큰 문제가 있어도 못 본 척한다?

평화로운 관계를 위해 심각한 문제가 있어도 모른 척한다. 하지만 상대만 편안할 뿐 당신은 불편하다면 그건 평화로운 관계가 아니다. 시간이 갈수록 문제만 더 심각해질 뿐이다.

실은 그렇지 않은데 괜찮은 척한다?

많은 가정이 겉으로 보이는 모습을 중요하게 생각한다. '평범'해 보이기 위해 사실에 근거해 행동하기보다는 의무감에서, 또는 사회적 기준에 맞춰 행동한다. 겉치레는 죄책감이나 수치심을 낮추기 위한 대처 전략이다. '괜찮아 보이면 다 괜찮은 것'이라며 자신을 설득한다. 엄마와 완벽한 관계인 척 사진이나 글을 온라인에 게시하기도 한다.

가족과 정반대로 살아가려고 노력한다?

가족과 완전히 정반대되는 삶을 살고자 노력하는 것이 늘 최선은 아니다. 왜냐하면 아무리 역기능 가정이라 하더라도 몇 가지는 괜찮은 경우가 많기 때문이다. 준희는 말했다. "엄마는 일 중독이었지만 나와 형제들이 잠자리에 들 시간에는 꼭 옆에 있어 주셨어요." 사람에게는 여러 면이 있다. 나쁜 면만 있지는 않다는 말이다. 당신 가족에게도 당신이 본받을 만한 건강한 모습이 조금은 있을지도 모른다.

가족과 정상적인 관계를 맺으려고 애쓴다?

어린 시절, 아니 성인이 되어서도 자신에게 해를 끼치는 특정 식구와 평화롭게 공존할 방법을 찾기가 어려울 수 있다. '정상적'인 가족은 어때야 한다고 딱 꼬집어 정의해주는 말은 없다. 관계마다 적절하다고 느끼는 바가 다를 수 있다. 자주 연락하지 않는 것이 정상이라고 느끼는 가정도 있고, 식구들과 매일 연락하고 지내야 정상이라고 느끼는 가정도 있다.

오늘의 질문

1 원가족의 습관과 닮은 습관이 있는가? 있다면 어떤 습관인가?

2 가족들과 사소한 변화라도 시도해본 적이 있는가? 있다면 그건 무엇인가?

3 '정상적인 가족'에 대한 당신의 정의는 무엇인가?

변화를 거부하는
사람들과의 관계

어린 시절 현서는 엄마 수경이 늘 경제적 문제에 시달리는 모습을 보며 자랐다. 살던 집에서 쫓겨나기 일쑤였고 전기나 가스, 수도가 끊기는 일도 부지기수였다. 식구들은 여러 집을 전전하며 다양한 가족 구성원들과 함께 지내야만 했다. 가장 자주 신세를 지며 도움을 받았던 사람은 외할머니였다. 하지만 외할머니는 10년 전 돌아가셨다.

그러자 엄마를 돌보는 일은 현서의 차지가 되었다. 7년 동안 그들의 삶은 롤러코스터와 다름없었다. 엄마는 잠깐씩 집을 구해 나갔다가 집세 낼 돈이 없어 몇 달 만에 돌아오곤 했다. 정규직으로 일하고 있었지만 돈 관리 능력은 좋지 않았다. 현서는 그런 엄마를 늘 경제적으로 돌봐야 한다고 생각해왔다. 하지만 이미 두 아들을 홀로 키우고 있었기 때문에 이 상황이 화가 났다.

아르바이트하며 공부를 하던 대학 시절에도 현서는 엄마가 집에서 쫓겨날까 봐 때때로 돈을 보내곤 했다. 이런 성장 과정을 거친 결과 현서는 자신의 엄마와는 정반대로 살고 있었다. 지출을 최대한 절제했고, 재정을 샅샅이 관리했으며, 제때 고지서를 납부하고, 은행에 돈을 저축했다. 용감하게도 현서는 재정적으로 독립적인 역할을 하고자 했다. 자신과 아이들을 위해 다르게 살고 싶었다.

하지만 현서는 엄마를 도와야 한다고 느꼈다. 한 번도 곁에 있어 주지 않았고 경제적 도움도 주지 않았던 아빠와 달리, 적어도 엄마는 늘 곁에 있어 주었으며 현서가 생각하기에 꽤 괜찮은 부모였다. 현서는 엄마를 받아들이고 엄마의 소비 습관을 고쳐주려고 노력했다. 하지만 현서의 기대를 만족시키기에는 역부족이었다.

현서는 엄마가 늘 경제적으로 무책임하다는 사실을 잘 알았다. 하지만 다만 자신의 현명한 조언을 듣지 않아서 그렇다고 생각했다. 엄마가 자기 내면의 장벽과 싸우고 있는 건 깨닫지 못했다. 그저 화를 내지 않고도 엄마를 도울 수 있는 방법을 찾고 싶을 뿐이었다.

중요한 건 두 가지가 동시에 사실일 수 있음을 깨닫는 것이다. 가족을 사랑하지만 바로 그 사랑하는 가족 때문에 깊은 상처를 입을 수 있다. 현서는 엄마를 사랑하는 동시에 엄마 때문에 상처를 받을 수밖에 없는 이중적인 상황을 받아들일 필요가 있었다.

부모는 그냥 자녀를 둔 사람일 뿐이다

자녀가 없었을 때의 부모를 떠올려보라. 부모가 된다고 해서 바로 그 즉시 더 책임감 있고 현명하며 너그럽고 화를 덜 내게 되는 건 아니다. 부모는 말 그대로 자녀가 있는 사람이라는 뜻이다.

어른이 된다는 의미에는 부모를 부모라는 역할 외에 하나의 인간으로 볼 수 있다는 것도 포함된다. 수경은 현서의 엄마가 되기 전에는 '자녀가 없는 수경'이었다. 아마 누군가를 돌봐야 한다는 의무 없이 혼자였을 때는 그런 소비 습관이 크게 해롭지 않았을 것이다. 육아에 비용을 쓰는 것이 수경의 생활방식과 맞지 않았을 수 있다. 그렇다. 수경은 아이를 돌봐야 했지만, 자신과 아기 둘 다 부양하기는 어려웠다.

우리는 부모가 본래의 자신보다 더 나은 사람이 되어 우리를 돌보길 바란다. 하지만 변화를 시도하기 전까지 그들은 그저 본래의 모습으로 살아갈 뿐이다. 수경에게 변화는 불가능한 일은 아니었다. 하지만 변화는 자기 의지가 있어야만 가능한 일이었다. 인간은 복잡한 존재다. 자신을 변화시킨다는 건 쉽지 않은 일이다.

우리는 타인을 변화시킬 수 없다

누군가를 있는 그대로 받아들이기는 어렵다. 하지만 할 수만 있다면 삶을 좀 더 평화롭게 살 수 있다. 만일 어떤 문제에 대한 해답이 "그들이 바뀌어야 한다"라면, 문제는 결코 해결될 수 없다. 우리는 우리가 걷고 있는 쪽의 길만 통제할 수 있다. 반대쪽 길을 걷고 있는 사람에게 이쪽 길의 잔디를 깎게 하거나 쓰레기를 줍게 할 수는 없다. 우리는 관계 내에서 자신이 맡은 부분에 대해서만 권한이 있다. 그래야 변화의 의지나 의향이 없는 이들과도 공존할 수 있다. 관계를 유지하고 싶다면 상황을 있는 그대로 받아들여야 한다.

사람은 레고가 아니다. 우리는 상대를 만들고 싶은 모양으로 만들 수 없다. 받아들인다는 것은 상대가 마음에 들든 안 들든 있는 그대로 수용한다는 의미다. 이는 포기와는 다르다. 이미 존재하는 것에 순응하며 자신의 평화를 찾는 것이다. 받아들이기를 거부하면 끊임없이 갈등이 일어난다. 수용은 자신에게 악영향을 미치는 행동을 참고 견디는 것이 아니다. 다른 사람에 대해 자신이 바꿀 수 없는 것을 어떻게 처리할지를 선택하는 것이다.

"우리는 자신이 걷고 있는 쪽의 길만 통제할 수 있다."

중학생 때였다. 학기 초에 선생님은 교실 내에서 어떤 다툼이 일어나도 끼어들지 않겠다고 선언했다. 그 말을 듣고 내가 처음에 한 생각은 "다들 교실에서 싸우기 바쁘겠군"이었다. 하지만 실상은 정반대였다. 일 년 내내 소란이 일어난 건 단 한 번뿐이었다.

아이는 아무리 싸워도 어른이 말려줄 거라고 기대한다. 싸워도 신경 쓰지 않겠다고 선생님이 말했을 때, 우리는 과연 혼란에 아무도 개입하지 않는 상황이 괜찮은 건지 고민에 빠졌다. 중학생은 말려도 싸우기 마련이라는 사실을 받아들인 선생님은 우리에게 스스로 행동을 개선할 기회를 주었다. 어떻게 달라지라고 지시하지 마라. 스스로 달라질 기회를 주어라.

변화시킬 수 없을 때는 바운더리를 설정하라

사람은 필연적으로 자기 본연의 모습으로 살아간다. 우리가 바꿀 수 있는 건 그들을 대하는 반응뿐이다. 그래서 선생님은 "괜히 참견했다가 내가 다칠 수도 있으니 참견하지 않겠다"라는 방침을 내세웠다. 현서가 건강한 바운더리를 설정한다면 다음과 같을 것이다.

· 엄마가 육아에 도움을 줄 수 있다면 집에 머물러도 좋다고 한다.
· 매달 엄마를 위한 예산을 별도로 책정한다.
· 왔다 갔다 하지 말고 그냥 내 집에 있으라고 말한다.
· 심리치료를 통해 내면의 화를 다스린다.

현서의 경우 다음과 같은 바운더리는 건강하다고 볼 수 없다.

· 엄마에게 돈을 저축하라고 강요한다.
· 지출이 과하다고 잔소리를 한다.
· 수치심을 유발해 행동 변화를 꾀한다.

수치심은 긍정적인 변화를 가져오지 못한다

아이에게 긍정적인 훈육 대신 창피를 주면 공격성이 강해진다는 연구 결과가 있다. 아이든 어린이든, 수치심을 유발하는 방법은 상대의 자존감을 꺾고 부정적인 행동을 강화하는 결과를 낳는다. 사실 뚱뚱하다고 조롱하면 오히려 체중이 더 늘어난다는 연구 결과는 흔하다. 따라서 수치심 유발은 목적이 무엇이건 효과적인 수단이 될 수 없다. 하지만 사람들은 여전히 타인을 변화시키기 위해 이 방법을 사용한다.

영화 〈풀 메탈 재킷Full Metal Jacket〉에는 뚱뚱한 몸과 낮은 지능 때문에 상사와 동료들로부터 조롱당하는 훈련병이 등장한다. 이런 조롱은 결국 정신적 붕괴로 이어지고, 살인과 자살을 불러온다. 더 나은 군인으로 만들고자 했던 상사가 의도했던 목표는 확실히 아니다.

다시 말하지만 수치심은 변화를 일으킬 수 없다. 다만 자신을 끔찍하게 느끼도록 만들 뿐이다. 사람은 변할 수도 있고 변하지 않을 수도 있다. 우리는 이 사실을 직시해야 한다. 따돌림을 당하는 사람은 자신이 변할 수 있는지 없는지, 어떤 벽을 마주하고 있는지, 내면에 어떤 장애물이 만들어지고 있는지 제대로 판단하기 어렵다. 누군가에게 변화를 강요하는 건 스스로 변화할 기회를 막는 것이다.

자신이 할 수 있는 일을 하라

건강하지 않은 관계를 그대로 유지하며 계속 힘들게 싸우는 사람이 많다. 관계를 개선할 방법을 모르기 때문이다. 이들은 '상대'가 달라지는 것만이 유일한 방법이라고 믿는다.

당신은 상대의 능력에 대한 기대를 수정하고, 상대에 대한 요구치를 다시 정하며, 힘들지만 관계 변화에 영향을 줄 만한 대화를 솔직하게 나눠볼 수 있다. 하지만 아무리 힘들게 노력해도 누군가를 변화시킬 수는 없다. 설사 다른 누구 때문에 변화된 사람이 있다 하더라도 그런 변화는 대개 오래가지 않는다. 그냥 달라진 척할 뿐 오랫동안 지속할 수는 없기 때문이다.

남이 자신에게 원하는 바를 자신도 원하는 척 연기하는 건 어려운 일이다. 지구상의 모든 인간은, 그게 당신의 엄마든, 아빠든, 형제자매든, 누구든, 자신이 원하는 방식으로 살 권리가 있다. 당신이 해야 할 일은 스스로 변화하기를 바라는 것이다. 받아들이기 어렵겠지만, 당신이 원하는 모습과 다르다는 이유로 상대와 싸우는 일은 그만둘 필요가 있다.

상대가 바뀌지 않을 때 당신이 바꿀 수 있는 것

상대방의 능력에 대한 기대

좋아하는 경제서 중에 제이슨 비툭Jason Vitug이 쓴 《인생은 한 번뿐You Only Live Once》이라는 책이 있다. 사고방식에 중점을 두고 금전 관리 원칙에 관해 풀어낸 책이다. 현서는 엄마의 사고방식을 바꿔주려 노력하고 있지만, 수경은 자신의 소비 습관으로 인해 고통을 겪고 있으면서도 전혀 바꿀 생각이 없다. 아직 바뀔 준비가 되지 않은 것이다. 현서에게는 다음과 같은 조언이 도움이 될 수 있다.

- 금전 관리는 쉽지 않다. 시중에 관련 책이 많이 나와 있는 이유다.
- 오래된 습관은 익숙해서 좀처럼 바꾸기 어렵다.
- 지금까지와 다른 시도를 하는 일은 생각보다 쉽지 않다.

상대방 자체에 대한 기대

'기대'는 건강한 것이지만 상대방의 역할이 아닌 상대방 자체를 기준으로 두어야 한다. 부모가 된다고 해서 자동으로 금전 관리법을 알게 되는 건 아니다. 그저 부모가 되는 것만으로 금전 관리 기술을 장착하게 되는 것도 아니다. 현서에게는 다음과 같은 조언이 도움이 될 수 있다.

"엄마는 돈을 관리하기 위해 나름대로 애쓰고 있어."
"엄마가 자신의 관점을 바꾸고 싶어 하지 않는 건 당연한 일이야."
"엄마는 잘하는 일도 많아. 단지 금전 관리를 못 하는 것뿐이야."

대화 방식과 말투

이제부터는 다 괜찮은 척 연기하지 말고, 평화로운 관계를 유지하기 위해 침묵하지도 마라. 건강한 관계를 위해서는 험한 대화, 엄한 바운더리가 필요할 때도 있다. 현서에게는 다음과 같은 조언이 도움이 될 수 있다. 엄마를 돕고 싶을 때는 다음과 같이 한다.

"난 엄마가 언제까지 머무셔도 상관없어요."
"일 년 정도는 여기 계셔도 괜찮아요. 그 이후에는 머물 곳을 찾으셨으면 좋겠어요."

자신이 기대하는 바를 전하고 싶을 때는 다음과 같이 한다.

"여기 사시는 동안 전기세는 엄마가 내셨으면 좋겠어요."
"생활비를 일정 수준으로 유지하는 게 우리 둘 모두에게 좋을 것 같아요."

바운더리가 지켜지지 않을 때는 다음과 같이 말한다.

"전기세는 엄마가 내기로 하셨는데 기한이 지났네요. 금요일까지 저한테 주시면 돼요."
"화요일은 육아 도와주기로 하셨잖아요. 다음엔 약속 지켜주세요."

변하지 않는 사람에 대한 전략

직접 나서서 돕기 vs. 알아서 하게 놔두기

누군가를 돕고자 할 때는 직접 나서서 돕는 것과 알아서 하게 놔두는 것의 차이를 반드시 알아야 한다. 사실대로 말하자면, 도와주는 건 해롭지 않지만, 알아서 하게 놔두는 건 해로울 수 있다. 다음은 오히려 해로운 결과를 불러오는 사례들이다.

- 나쁜 선택을 해도 봐준다.
- 문제가 있어도 못 본 척해준다.
- 스스로 할 수 있는 일을 대신해준다.
- 스스로 해결하게 놔두지 않고 대신 답을 찾아준다.
- 여의치 않은 상황임에도 불구하고 돈과 자원을 제공해준다.
- 상대가 자신의 행동으로 인해 벌어진 결과를 감수하게 놔두지 않는다.
- 사람들을 도울 때 바운더리를 정하지 않는다.

거리를 둬서 대처하는 전략

관계를 유지하는 것에 대해 상반된 감정을 동시에 느낀다면, 그리고 관계를 끝낼 준비가 되지 않았다면, 상대와 거리를 두는 것도 괜찮은 방법이다. 거리를 두는 것은 전략적 행동이다. 그 시작은 상대에게 자신을 이용할 기회를 덜 주는 것이다.

역기능 가정에서 개인 공간을 요구하는 경우 결과는 두 가지다. 요구가 받아들여지거나, 관계가 손상되거나. 과거에 어떤 반응을 보였는지 떠올려보면, 식구 중 당신의 요구에 논의를 걸어올 사람은 누구일지, 직접 설명하지 않고 공간을 차지해도 되는 사람은 누구일지 알 수 있을 것이다. 다음에 해당한다면 그 상대와는 거리를 두는 편이 좋다.

- 상대를 만나면 에너지가 고갈된다.
- 상대와 함께 있으면 쉽게 좌절감이 들거나 걸핏하면 화가 난다.
- 바운더리를 존중받지 못하는 느낌이다.
- 상대 앞에서 본래의 내 모습을 보이는 게 편치 않다.
- 서로 인생의 계절이 다르다.

우선 고려해야 할 문제와 관심사가 달라지면 주변 사람들도 달라진다. 예를 들어, 식물에 관심이 생겼다면 비슷한 관심사를 가진 사람들을 만나고 싶어질 것이다. 마찬가지로 결혼 생활을 잘해나가려고 노력하는데 친구들이 전부 이혼 절차를 밟는 중이라면, 그 친구들을 만나는 게 불편해질 것이다. 잠시 멀어져서 자신에게 필요한 일에 집중하는 게 좋다.

하지만 거리를 둔답시고 무시하면 안 된다. 두 경우 모두 자신만의 공간이 필요하다는 건 같지만, 무시는 수동적이며 의도가 분명하지 않다. 거리두기는 관계를 유지하기 위해 의도적으로 행하는 것이다. 거리두기의 사례는 다음과 같다.

· 상대의 전화를 곧바로 받지 않고 음성사서함으로 넘겼다가 통화할 기분이 되었을 때 전화를 건다.
· 대화 중 편치 않은 주제는 피한다.
· 초대를 받았을 때 곧장 거절한다.
· 인생의 어떤 부분에 참여해달라고 상대에게 요구하지 않는다.

무시의 사례는 다음과 같다.

· 대꾸하지 않는다.
· 아예 멀리한다.
· 뭔가를 부탁해오면 에둘러 거절한다.

상대와 거리를 두면, 상대가 그 바운더리를 존중해주는 한 적당한 간격을 유지하면서도 관계를 지속할 수 있다. 물론 바운더리를 존중해주지 않는 상대와의 폭력적인 관계라면 거리두기는 선택 사항이 아니다. 그래도 유지하고 싶다면 접촉을 줄이는 것이 하나의 방법일 수 있다.

역할에 변화를 준다
사람들이 당신을 특정 방식으로 대한다고 계속 그렇게 지낼 필요는 없다. 현재에 맞춰 역할에 변화를 줄 수 있다. 한때 책임을 도맡았다고 해서 늘 책임을 도맡는 사람일 필요는 없다는 의미다. 조용한 사람이라고 늘 조용해야 한다는 법은 없다. 사람들이 생각하는 모습 말고 진짜 당신의 모습은 무엇인가? 역할에 변화를 주려면 가족들 사이에서 진정한 자신의 모습을 먼저 찾아라.

처음에는 당신의 변화된 모습을 보고 다들 놀랄 것이다. 하지만 그냥 놀라게 둬라. 당신이 지금 되고자 노력하고 있는 그 모습에 맞지 않는 예전 모습으로는 절대 돌아가지 마라.

받아들이면 평화가 찾아온다

받아들인다는 것은, 상대가 당신에게 거슬리게 굴지 못하도록 반복해서 요청하는 일도 포함된다. 상대가 바뀌려 하지 않는다면 그를 대하는 당신의 반응을 바꾸면 된다. 현서의 경우, 그녀는 엄마의 소비 습관에 더는 충격받지 않기로 다짐했다. 그렇게 평화를 찾았다. 물론 현서가 엄마의 나쁜 습관을 못 본 척하거나 엄마로 인한 피해를 계속 감수했다는 의미는 아니다.

"상대가 바뀌려 하지 않는다면
그를 대하는 당신의 반응을 바꾸면 된다."

어떻게 반응해야 할지 모르겠다면, 달갑지 않은 행동에 과거에는 어떻게 대처했었는지 떠올려보라. 그리고 조금 다르게 대처해보라. 익숙하지만 건강하지 못한 과거의 패턴으로 돌아가는 대신에, 어떤 식으로 반응하는 게 이상적일지 생각해보고 자신에게 편안하게 느껴지는 방식을 찾아 다르게 반응하라.

당연히 마음이 불편할 것이다. 괜찮은 척할 필요 없다. 상대를 받아들이는 것만으로도 불편했던 마음이 조금 나아질 것이다.

바뀌려 하지 않는 사람과의 관계를 계속 유지하고 싶을 때, 변화를 시도할지 말지는 당신의 선택이다. 이때는 상황을 받아들이고 자신의 통제력 밖의 일에 대해 인내심을 가져야 할 것이다. 특정 문제 행동을 해결하느냐 마느냐는 선택의 문제다. 필요한 관계라는 이유로 계속 관계를 유지하겠다면, 상대를 대하기가 아무리 힘들어도 참겠다는 선택을 하는 것이다.

가족은 선택할 수 없지만, 살면서 맺는 관계는 선택할 수 있다. 성인이 된 이후의 모든 관계는 선택이다. 건강하지 못한 관계를 맺으로고 누구도 강요하지 않는다. 애써 바꾸지 않는다면 매번 같은 문제에 직면하게 될 것이다.

스스로에게 이렇게 말하라. "어떤 관계든 나는 이 관계를 지속하기로 한다. 나는 억지로 잡혀 있지 않고, 무기력하지도 않다. 선택은 내가 한다."

"성인이 된 이후의 모든 관계는 선택이다."

1 가족을 변화시키기 위한 시도를 해보았는가? 어떤 방법이었는가?

2 고쳐야 할 문제 행동이 있는가? 그러기 위해서는 어떤 변화를 시도해야 하는가?

3 관계에 있어서 당신이 통제할 수 있는 건 어떤 부분인가?

변화 가능성이 없는
관계는 끝내라

성민의 부모는 결혼한 사이가 아니었다. 아버지 정혁은 성민의 삶에 나타났다 사라지기를 반복했다. 정혁은 외상 후 스트레스 장애와 우울증 증상이 있었다. 하지만 정식으로 진단을 받지는 않았다. 종종 불안증과 피해망상증을 보였고, 움츠러들거나 공격적인 말을 내뱉었다. 그래서 사람들과 잘 지내지 못했다. (정혁 자신을 제외한) 모든 이들은 그가 정신 건강 문제로 어려움을 겪고 있다는 사실을 받아들였다. 정혁은 가족 행사가 있을 때마다 다투고 소란을 피워 이목을 끌기 일쑤였다.

결과적으로 성민은 지속적인 난동에 지쳤다. 그래서 아버지와 관계를 끊을 준비를 했다. 자신을 바꿔보기도 하고, 상황을 받아들여보기도 하고, 아버지의 공격적인 행동을 무시해보기도 하면서 여러 전략을 시도했다. 하지만 성민이 어떻게든 용서하고 받아들여서인지 정혁의 행동은 점점 심해지는 것 같았다.

몇 주 동안 성민은 아버지에게 심리치료를 받아보라고 설득했다. 하지만 아버지는 방어적인 태도로 일관했고, 자신의 문제를 남들 탓으로 돌렸다. 때로는 자신이 자란 환경을 탓하기도 했고, 어떨 땐 자신을 학대했다며 타인을 비난하기도 했다. 성민이 중요한 얘기를 꺼내려고 할 때마다 아버지는 입을 닫은 채 몇 주나 몇 달 동안 나타나지 않았다.

성민은 아버지와 관계를 끊으면 나머지 가족들에게 어떤 영향을 미칠지 생각했다. 하지만 그는 지쳤고, 평화를 원했다. 그저 자신이 아버지와 연을 끊더라도 가족들에게 최대한 피해가 가지 않기를 바랐다.

정신 건강이 가족 관계에 미치는 영향

사람은 누구나 정신적 기복을 겪는다. 하지만 어떤 사람은 그 정도가 지나쳐 건강한 관계 유지에 어려움을 겪는다.《우울증은 전염된다Depression Is Contagious》에서 저자 마이클 얍코Michael Yapko는 부모의 정신 건강이 자녀에게 미치는 영향을 다뤘다. 예를 들어, 엄마가 우울증을 앓는 경우 자녀와의 애착에 악영향을 미칠 수 있다. 자녀에게 거는 말수가 줄어들고, 비협조적이며, 정서적 교감을 나눌 수 없는 상태가 되기 때문이다.

대부분의 정신 건강 관련 통계 자료는 정식으로 진단받은 환자들을 대상으로 한다. 하지만 정식으로 진단을 받지 않았어도 관계에 지장을 초래할 정도의 심각한 정신 장애를 겪는 사람이 많다. 많은 역기능적 관계에서 정신 건강 문제는 쉽게 간과된다. 하지만 치료하지 않고 방치하는 한 문제는 결코 해결될 수 없다. 물론 진단이 관계의 유지와 향상을 보장해주지는 않는다.

어떤 역기능 가족은 정신 건강 문제를 가진 식구를 돕기보다 그냥 수용한다. 성장 과정에서 나는 치료가 필요한 정신 건강 문제가 있더라도 그냥 수용하라고 배웠다. '그냥 그런 사람'이라는 것이었다. 하지만 '그가 살아가는 그 방식'은 때로 폭력적이고, 부정적이며, 잔인하고, 파괴적이었다. 만약 우리가 그를 감싸주기를 그만두고 필요한 치료를 받도록 함께 격려한다면 어떨까?

여전히 심리치료를 금기시하는 가정이 많은 만큼 쉬운 일은 아니다. 하지만 가정이라는 울타리 안에서는 한 개인의 변화가 가족 전체에 영향을 미치기 때문에, 한 사람이라도 치료를 받겠다고 결심한다면 온 가족의 변화를 불러올 수 있다. 반대로 누구도 치료를 받겠다는 사람이 없다면 그 가족은 계속해서 같은 문제를 붙들고 씨름해야 할 것이다. 우울, 불안, 짜증, 성격 문제 등 다양한 정신 건강 문제는 종종 관계에 균열을 불러오는 주요 원인이다.

우울증

우울증은 사람마다 겪는 정도가 다르다. 어떤 사람들은 우울증이 있어도 일상생활을 해나간다. 반면 어떤 사람들은 우울증으로 인해 전혀 세상에 참여하지 못한다. 인간 관계에서 볼 수 있는 우울증의 양상은 다음과 같다.

- 이유 없이 자주 운다.
- 한때 좋아하고 즐겼던 일에 흥미를 잃는다.
- 잠수를 탄다(관계와 의무를 저버리고 갑자기 사라진다).
- 사람들하고 있을 때 위축된다.
- 쉽게 짜증을 낸다.
- 끊임없이 분노를 느낀다.
- 우울할 때가 잦다.
- 할 일을 미룬다.
- 정서적 교감이 불가능하다.

불안

대인기피증, 외상 후 스트레스 장애, 그리고 일반적인 불안증 또한 관계에 해로운 영향을 미친다. 두서없이 휘몰아치는 생각을 멈추지 못하고 과거나 미래에 관한 걱정에 사로잡히는 증상도 불안에 해당한다. 불안은 심지어 설사나 피부 발진과 같은 신체적 증상으로 나타나기도 한다. 대부분 누구나 불안을 경험하지만, 어떤 이들은 불안으로 인해 삶에 심각한 방해를 받는다. 관계에서 불안이 나타나는 양상은 다음과 같다.

- 사교 모임에 참여하지 않는다.
- 일관성 없는 모습을 보인다.
- 만성적으로 정신적 고통에 시달린다.
- 주제넘게 선을 넘는다.
- 약속을 해놓고 제대로 지키지 않는다.
- 자신 또는 타인을 공격한다.
- 다른 사람의 말이나 행동에 편집증적 반응을 보인다.

성격 문제

경계선 인격장애, 자기애성 인격장애, 의존성 인격장애는 관계에 가장 큰 악영향을 미친다. 그리고 불안이나 우울과 달리 광범위하게 나타난다. 성격에 문제가 있는 사람들은 가족뿐만 아니라 친구나 연인, 동료와의 관계도 유지하기 힘들 수 있다. 관계에서 성격 문제는 다음과 같이 나타날 수 있다.

- 남을 탓한다.
- 과한 반응을 보인다.
- 사실을 꾸며낸다.
- 버릇처럼 남들을 조종하려 든다.
- 바운더리를 존중하거나 이행하지 못한다.
- 바람직한 의사결정을 하지 못한다.
- 변덕스럽게 행동한다.

- 자신 외에는 관심이 없다.

하지만 정식으로 진단을 받지 않은 상태에서 정신 건강 문제라고 판단하는 게 항상 도움이 되는 건 아니다. 대신에 눈에 보이는 행동과 그들이 당신과의 관계를 어떤 식으로 방해하는지에 초점을 맞추어라. 그렇지만 상대의 정신 건강 문제에 관여하기는 힘들다. 심리치료를 받는다고 하더라도 변화가 여전히 기대에 미치지 못하거나 생각보다 오랜 기간이 걸릴 수 있다. 당신이 할 수 있는 최선은 어떤 상황에서든 자신의 정신 건강을 돌보는 일이다.

가족끼리는 학대해도 괜찮다는 생각을 버려라

"무슨 일이 있어도 가족을 사랑해야 한다"고 말하는 사람은 그 '무슨 일' 때문에 거리를 두거나 관계를 끊을 수도 있다는 사실을 이해하지 못한다. 가족이라고 해서 모든 일에 면죄부가 주어지는 건 아니다. 가족 관계라도 해를 끼칠 수 있다.

어쩌면 특정 가족 구성원과 사랑하는 관계로 잘 지낼 수 있는 유일한 방법은 사랑하되 거리를 두는 것일 수 있다. 이는 자신을 보호하고 사랑하는 방법이다. 복잡하기는 하지만 가장 바람직한 방법이다. '사랑'은 동사라는 걸 기억하라. 관계를 지속하려면 행동이 필요하다. 관계를 지탱하는 데 도움이 되는 행동 없이는 관계를 유지하기 힘들다. 따라서 관계를 유지하는 게 힘들다면 관계를 끊는 것도 하나의 선택일 수 있다.

심리치료사로서, 나는 사람들이 가족과의 건강하지 못한 관계를 유지하려 애쓰다가 우울과 불안 등 심각한 정신 건강 문제를 겪는 모습을 많이 봐왔다. 우리는 이런 관계를 끊거나 그 관계에 대처하는 자신의 모습을 바꾸고 싶어 하지 않는다. 다만 변화가 일어나기를 바라며 관계를 고수한다. 따라서 관계를 그만 끊고 싶어졌다면 그동안 이미 관계 유지를 위해 할 수 있는 건 다 했을 가능성이 크다.

기억하라. 가족이라는 이유로 학대를 받아줄 필요는 없다. 시간을 공유했다는 이유로 건강하지 못한 관계를 계속할 필요도 없다. 건강한 관계란 사랑과 상호 존중, 친밀감에 뿌리를 둔 관계다. 자신에게 물어보라. 내가 추구하는 가치와 내가 인생에서 얻고자 하는 것을 생각할 때 이 관계가 과연 득이 되는가?

의절이라는 방법

한 명 이상의 가족 구성원과 유대 관계를 끊는 것을 '의절'이라고 한다. 의절은 생각보다 흔하다. 잠시 멈추는 의미로 단기간 이루어지기도 하고, 화해할 계획 없이 장기간 이어지기도 한다. 의절의 유형은 두 가지로, 의도적인 감정적 분리와 모든 접촉을 중단하는 물리적 분리가 그것이다.

때로 갑작스럽다고 느껴지지만, 의절은 대체로 관계를 끊는 사람이 더는 참을 수 없을 때까지 기다렸다가 이루어지는 경우가 많다. 실제로 갑자기 일어나는 일이 아니라 수년간 비판과 의견 차이, 불신, 혼란, 트라우마가 쌓여 있다가 드러난 결과다.

가족의 분열은 가족의 서사나 이미지를 애써 관리해온 이에게는 수치스럽고 당황스러운 일일 수 있다. 《첨예한 대립: 분열된 가정과 그 치유법Fault Lines: Fractured Families and How to Mend Them》의 저자 칼 필레머 박사Dr. Karl Pillemer는 의절이 발생하는 가장 큰 이유 여섯 가지를 다음과 같이 정리했다.

1. 어린 시절부터 지속되는 관계 문제
2. 이혼으로 인한 분노와 적대감, 한쪽 부모를 택해야 하는 내적 갈등
3. 빚, 상속 등 금전 다툼
4. 욕구불만, 반복되는 바운더리 침해
5. 신념과 생활방식, 가치관의 차이
6. 인척과의 지속적인 갈등

예를 들어, 모녀 사이에 의절이 발생하는 주요 원인은 가치관의 차이다. 이혼한 엄마는 자녀들과 의절하는 경우가 있는데, 전 배우자와의 관계가 자녀에게 부정적인 영향을 미치기 때문일 가능성이 크다.

의절 이후 마음을 다스리는 법

위탁 가정에서 생활하는 아이는 최악의 환경에 처해 있을 때도 가족과 함께 지내길 원한다. 그저 '가족'이라는 이유로 자신을 학대한 사람을 용서한다. 아이는 아무리 건강하지 못한 가정이라도 함께 살고 싶어 한다. 학대 가정이라도 가족에 대해 유대감과 신의를 느낀다. 따라서 관계를 끊으면 식구들이 받아들이지 않으리라는 걸 알고 있을 가능성이 크다.

이런 상황에서 가장 먼저 고개를 드는 감정은 죄책감이다. "피는 물보다 진하다"라는 말이 통하는 사회에서 살고 있으니 당연하다. 가족으로 인해 트라우마와 학대, 역기능을 견디는 이도 예외가 아니다. 어떤 사람은 관계를 끊는 이가 냉정하다고 생각할지 모르지만 사실 그는 상처받은 사람이다. 결정을 내리기까지 마음의 갈등이 없지 않았겠지만, 그에게 자신의 결정은 정당하다. 의절 이후 죄책감을 유발할 가능성이 있는 순간들은 다음과 같다.

- 명절 연휴에
- 생일에
- 꿈을 꿨을 때
- 옛날 가족 사진을 볼 때
- 기일이나 가족 행사 때
- 이상적인 가족 관계를 맺고 있는 사람을 볼 때

사람은 누구나 자신의 관점으로 주변을 본다. 건강한 가족 관계를 맺고 있는 사람은 왜 가족 관계를 끊는지 이해하지 못한다. 하지만 얼마나 참고 견뎌야 하는지 누가 대신 결정할 수 없다. 어려운 가족 관계를 맺고 있다면 다음을 기억하라.

- 당신은 혼자가 아니다. '완벽한 가족' 같은 건 존재하지 않는다.
- 해로운 가족과 관계를 지속해야 할 의무는 누구에게도 없다.
- 모든 식구를 좋아할 필요는 없다.
- 건강한 관계를 갖는 데 관심이 없는 사람과는 건강한 관계를 맺기 어렵다.
- 자신의 속마음을 밝혀도 괜찮다. 그건 배신이 아니라 자신을 존중하는 것이다.
- 다른 가족과 달라도 괜찮다.
- 피를 나눈 사람만 가족이 될 수 있는 건 아니다.

"해로운 가족과 관계를
지속해야 할 의무는 누구에게도 없다."

수아는 수년간 신체적 정서적 학대를 당한 후 엄마와 관계를 끊었다. 친구들은 종종 '엄마는 세상에 단 한 사람'이라는 말을 하곤 했다. 이런 말은 수아를 끝없는 죄책감 속으로 몰아넣었다. 자신이 옳은 선택을 한 게 맞는지 고민을 되풀이했다. 하지만 엄마가 없는 삶은 훨씬 편안했고 일상도 덜 혼란스러웠다. 수아에게 유용할 만한 표현 몇 가지는 다음과 같다.

- "너는 엄마와의 관계가 나랑은 달라. 내 관계는 내가 알아서 할게."
- "오랜 고민 끝에 엄마하고 관계를 끝내기로 한 건, 그게 나에게 가장 건강한 선택이기 때문이야."
- "상황이 달랐으면 좋았겠지만 그렇지 않잖아. 네가 아무리 좋은 조언을 준다고 해도 나한테는 도움이 되지 않아."

관계에 대해, 특히 해로운 사람과의 관계에 대해 함부로 조언하지 말라고, 전혀 도움이 되지 않는다고 말해도 괜찮다. 누구든 가족과의 관계를 끊기로 했을 때는 한 가지만 원인인 경우가 거의 없을뿐더러, 쉬운 결정도 아니다. 수없이 용서하고 노력해도 희망이 보이지 않기 때문에 관계를 끊는 것이다. 마음의 평화를 방해하고 정신적, 정서적 스트레스를 유발하는 관계를 끊기로 마음먹은 사람을 만난다면 조언하지 말고 응원해라. 의절을 선택한 가족과의 관계를 묻는다면 이렇게 대답할 수 있다.

- "잘해보려고 많이 노력했지만 결국은 아빠와 관계를 이어나가지 않기로 했어요."
- "더 이상 연락을 하지 않아서 엄마가 어떻게 지내시는지 모르

겠네요."

· "지금은 만나지 않는 사이라서, 대답하기 곤란하네요."

이 주제를 직접적으로 언급하지 않을 수도 있다. 누가 "너희 엄마
는 어떻게 지내셔?"하고 물으면, 순임은 엄마와 더는 말을 나누지 않
는다고 털어놓는 대신 그냥 "잘 지내셔"라고 대답하는 편이 쉽다는
걸 깨달았다. 솔직하게 털어놓으면 "무슨 일인데? 다시 잘 될 것 같
아?" 또는 "난 엄마랑 절대 연을 끊지 않을 거야" 등의 질문이 뒤따
르기 때문이다. 일반적으로 의절은 쉽지 않은 선택이다. 하지만 어쩔
수 없다. 자신이 느끼기에 가장 편한 방법으로 대처하라.

그래도 죄책감이 든다면?

가족 관계는 단순하지 않다. 빈번히 계속해서 용서를 베풀어야 한
다면 특히 더 그렇다. 아무리 가족이라도 계속 같은 문제로 용서해야
하는 일이 반복된다면 지치는 게 당연하다. 용서하고 계속 관계를 이
어나갈지, 아니면 용서하고 관계를 놓아버릴지는 당신의 선택이다.
하지만 용서하고 잊는다고 문제 상황이 바뀌지는 않는다. 자신을 생
각하면 옳은 선택이지만 다른 가족에게는 실망스러운 선택일 경우
죄책감이 들 수 있다. 하지만 죄책감이 든다고 꼭 그 선택이 잘못된
건 아니다.

건강하지 못한 상황을 혼자서 벗어났다는 것에 대해 불편한 감정
이 드는 것은 일종의 '생존자의 죄책감 Survivor's Guilt'이다. 사람은 스스로

가 자신을 돕고자 하는 것 이상으로 남을 도울 수 없다. 해결 방안을 알고 있으면서 누군가 고통스러워하는 모습을 지켜보는 건 힘든 일이지만, 우리가 최선이라고 생각하는 걸 상대방에게 강요할 수는 없다. 상대의 자유의지를 침해하는 일이기 때문이다.

누군가에게 자신의 능력 이상의 것을 해주려 할 때 우리는 고통을 경험하게 된다. 예를 들어, 장남이나 장녀는 동생들을 혼란스러운 가정환경에 놔둔 채 혼자 떠나온 것에 때로 죄책감을 느낀다. 사랑하는 가족이 아수라장에 방치된 상황에서 혼자만 잘사는 건 고통스러운 일이다. 하지만 그들을 위해 혼란스러운 상황에 머무는 건 바람직한 선택이 아니다. 장기적으로 봤을 때 오히려 떠나는 편이 나을 수 있다. 떠나서 더 나은 입장이 되면, 형제자매들이 정말 도움을 원할 때 도와줄 수 있다.

회고록 《유리성The Glass Castle》에서 지넷 월스Jeannette Walls는 고등학교를 마치기도 전에 집을 떠난 얘기를 풀어놓는다. 동생들도 대부분 나중에 그녀의 뒤를 따른다. 막내 여동생만 홀로 남아 청소년 시기까지 부모와 함께 살기를 선택한다. 장녀였던 지넷은 동생들을 남겨두고 떠나야 하는 상황이 슬펐지만, 계속 집에 있으면 동생들을 구할 수 없음을 알고 있었다. 차라리 집을 떠나서 자신의 삶을 꾸린 후 동생들을 돕는 편이 그들과 함께 혼란 속에 사는 것보다 나을 것 같았다. 결국 막내 여동생은 구하지 못했다. 동생 자신이 자유로워지기를 원치 않았기 때문이었다.

사람이 다 같은 걸 원치 않는다는 것, 또는 지금 그들에게는 변화

를 시도할 방법이 없을 수도 있다는 걸 인정하면 죄책감에서 벗어날
수 있다.

때로 어떤 사람은 근처에만 두어도 해롭다

유나는 오빠 유성과 잘 지내고 싶어서 몇 년간 노력했다. 유성이
신분증을 훔쳐도 용서해주었고, 가족들에게 자신에 대해 거짓 소문
을 퍼뜨려도 용서해주었다. 그러자 그는 자신과 더 자주 연락하고 지
내자며 유나를 압박하기 시작했다. 유나는 그럴 수 없었다. 유성을
자주 만날수록 자신을 이용할 기회만 더 주는 셈이었다. 유나는 오빠
를 사랑했지만, 오빠에게 당하는 데 지쳐 있었다. 거리를 두는 건 효
과가 없었다. 오빠는 오히려 더 끈질기게 만날 기회를 엿보았다. 그
때 아빠가 끼어들어서 유나에게 유성과 더 자주 연락하라고 강요했
다. "네 오빠니까"라는 이유에서였다.
유나는 불안하고 화가 났으며 제대로 이해받지 못한다고 느꼈나.
이는 수면 문제와 두통, 집중력 저하로 이어졌다. 오빠와 연락을 끊
고 싶은 건 아니었지만, 그래야만 자신이 편안해질 수 있었다. 상대
가 사과할 일을 계속 반복한다면 그건 자신의 사과가 무효임을 선언
하는 것과 마찬가지다. 그러다 어느 시점이 되면 용서를 당연시한다.
유나는 아빠에게 이렇게 말하는 게 도움이 될 수 있다.

"무슨 일이 있어도 가족이 전부라는 믿음 때문에 건강하지 못한 가족 관계를 지속하라고 설득하지 마세요. 아빠는 지금 저한테 해롭고, 폭력적이며, 몹시 괴로운 상황을 계속 참고 견디라고 하시는 거예요. 억지로 강요하는 건 도움이 안 돼요. 아빠 생각이랑 다르더라도 제발 내가 최선의 방법으로 대처할 수 있게 도와주시면 안 될까요? 오빠와의 관계에서 내가 할 수 있는 건 다 해봤으니까 이제 사랑하는 마음으로 그만 관계를 끝내고 싶어요."

상대가 관계를 끝내거나 연을 끊고자 한다면 어떻게 해야 할까?

- 다시 관계를 회복하고 싶은 사람이라면 상대에게 억지로 말을 걸고 싶어질 수 있다. 하지만 연을 끊거나 거리를 두려는 상대의 바운더리를 존중하라.
- 관계가 끝난 것이 너무 슬프다면 심리치료사의 도움을 받아라.
- 다른 관계에 신경 쓴다.

독이 되는 용서

독이 되는 용서는 아무런 해를 입지 않은 척하거나 상처를 극복한 척, 또는 당한 일을 다 잊은 척하는 것으로, 건강하지 못한 방법이다. 평화를 유지하려고, 또는 다른 사람들을 불편하게 만들지 않으려고 억지로 하는 용서는 자신의 정신 건강과 인간 관계에 좋지 않다.

느긋하게 고통을 달래고, 천천히 신뢰를 다시 쌓은 후, 달리 처신해야 할지 결정하라. 용서와 망각은 앞으로 나아가기 위한 현실적인 접근법이 아니다.

우리는 대부분 진심으로 용서하거나 잊지 않는다. 다만 감정을 억누를 뿐이다. 많은 가정이 있었던 일을 처리하지 않고 그냥 살아간다. 이건 전진과는 다르며, 그 일로 인해 촉발된 감정은 처리되지 않은 상태로 남게 된다. 사람은 현재 진행 중인 감정을 처리하지 않고는 절대 '앞으로' 나아갈 수 없다.

잘못된 믿음①

일단 용서한 일은 두 번 다시 언급하면 안 된다

감정을 처리하지 않고 그냥 두는 것은 절대 바람직하지 않다. 누군가를 용서하기로 했다 하더라도 문제의 상황을 여전히 언급하고 싶을 수 있다. 트라우마를 유발할 만한 일을 겪으면 그때의 기억이 끊임없이 떠올라 괴롭다. 이런 경험을 극복하고 앞으로 나아가려면, 정신 건강 전문가를 만나 상담하거나 이런 감정을 의미 있는 방식으로 이해하고 넘어갈 수 있도록 도와줄 믿을 만한 사람과 얘기를 나누는 것이 도움이 될 수 있다.

하지만 해결하려는 노력 없이 문제점만 반복해서 언급할 거라면 친구나 가족에게 털어놓는다고 그것이 바람직한 방법은 아니다. 진심으로 전진하고 싶다면, 그림 전체를 이해하려는 노력과 감정이나 생각을 처리하려는 노력, 털고 일어나 앞으로 나아갈 방법에 대한 고민이 필요하다.

잘못된 믿음②

일단 용서했다면 건강하지 않은 관계라도 계속 유지해야 한다

용서는 화해가 아니다. 공격의 유형과 그 정도에 따라 용서는 하되 더는 유대관계를 지속하지 않을 수 있다. 용서 이후의 관계를 어떻게 할 것인지는 선택의 문제다.

잘못된 믿음③

한 번 용서했으면 앞으로도 계속 용서해야 한다

용서했다고 해서 같은 행동을 계속 허용한다는 의미는 아니다. 누구도 같은 공격을 반복할 권리는 없다. 당신은 몇 번이고 용서하면서 계속 잘 지낼지, 용서해주고 그냥 관계를 끊어버릴지 결정할 수 있다. 용서 여부, 그리고 용서 이후 어떻게 할지는 당신의 선택이다.

잘못된 믿음④

용서했으면 더는 속상해하거나 화낼 수 없다

용서했다고 해서 상대가 한 짓이나 그들의 행동 때문에 드는 감정을 무시해야 하는 건 아니다. 미시간 대학의 한 연구에 의하면, 불편한 감정을 처리하는 가장 좋은 방법은 한 발 뒤로 물러나 제삼자의 언어로 감정을 다시 돌아보는 것이다. 예를 들어 "시어머니가 체중 얘기했을 때 그 여자는 왜 그런 기분이 들었대?"라고 질문해보는 것이다. 여기서 '그 여자'는 당신이다. 경험으로부터 자신을 분리하는 경험은 자신의 감정을 객관적으로 볼 수 있게 하고, 자기 연민에 사로잡혀 앞으로 나아가지 못하는 부작용을 최소화해준다.

잘못된 믿음⑤
용서한 후에는 무슨 일이든 다 잊어야 한다

기억이나 감정은 지울 수 없으며, 그것들은 마음이 편치 않은 순간마다 불쑥 찾아온다. "용서하고 잊어라"라는 말은 그냥 표현일 뿐 실제로는 불가능한 일이다. 용서하면 충격은 덜할 수 있어도 경험 자체가 극복되지는 않는다.

내 마음의 평화를 위해 용서하기

용서하기 가장 힘든 대상은, 자신이 우리에게 해를 끼쳤다는 사실을 믿지도 않거니와 사과를 하거나 용서를 구하지도 않는 사람이다. 따라서 그를 용서할 때는 사건을 종결한다는 기분으로, 그들에 대한 부정적인 생각들을 줄이기 위해서여야 한다. 반드시 용서해야 하는 건 아니지만 용서를 통해 기분이 나아질 수 있다. 용서를 통해 자신에게 평화를 선물하는 것이다.

"용서를 통해 자신에게 평화를 선물하는 것이다."

모든 일, 모든 이가 용서받을 가치가 있는 건 아니지만, 마음 놓고 용서해도 괜찮다. 용서한다고 해도 그들이 한 짓이 옳다거나 당신에게 접근할 기회를 주는 것은 아니기 때문이다. 다만 그들이 당신의 에너지를 더는 가져가지 못하게 놓아주는 것이다. 당신에 대한 그들의 지배권을 거둬냄으로써 적어도 억울함과 화, 분노, 두려움만큼은 느껴지지 않도록 하는 것이다. 쉽거나 편안한 여정은 아니겠지만 그런 부정적인 감정을 붙잡고 있는 것보다는 낫다.

하지만 용서는 결국 선택의 문제다. 인스타그램에서 "용서할 수 없는 일이 있나요?"라는 질문으로 설문조사를 실시했을 때 '있다'라는 응답이 89%였다. '없다. 모든 건 용서가 가능하다'라고 대답한 응답자는 11%뿐이었다. 이 결과로 보아 기꺼이 모든 걸 용서하려는 사람이 있기는 해도 대부분은 그렇지 않다는 걸 알 수 있다.

사과 기다리기

잘못을 저지른 사람에게 마땅히 받아야 할 사과를 못 받을 수도 있다. 또, 사과를 받았는데도 기분이 풀리지 않을 수 있다.

· 어떤 이는 눈앞에 증거가 있어도 사과하지 않는다.
· 어떤 이는 당신에게 마땅히 사과해야 한다고 생각하지 않는다.
· 어떤 이는 당신을 비난한다(너 때문이잖아).
· 어떤 이는 말이 아니라 행동으로만 사과 의사를 표현한다.
· 어떤 이는 자존심 때문에 사과하지 않는다.

- 어떤 이는 사실을 인정하고 관계를 끊는다.
- 어떤 이는 자신의 행동을 책임질 줄 모른다.

상처를 주는 사람과 계속 관계를 유지하고 싶다면, 그가 어떤 사람인지 파악해서 그가 줄 수 있는 선에서만 받을 생각을 해야 한다.

자신을 용서하기

용서가 가장 힘들고 복잡한 대상은 바로 자기 자신이다. 너무나 폭력적인 관계를 너무나 오랫동안 유지하고 있다는 사실을 깨달았을 때, 또는 마땅히 받아야 할 대우를 받지 못하고 있음을 알았을 때, 사람은 자기혐오의 소용돌이에 빠져 허우적거리기 쉽다. 그래서 그 관계를 멀리하고자 하면 그때는 또 죄책감에 시달리게 된다. 하지만 가족과 멀어지기로 마음먹었다면 알아둘 것이 있다. 당신은 그렇게 결정하기까지 오랫동안, 어쩌면 수년간 애쓴 끝에 최선의 길을 선택했다는 점이다. 다른 선택권이 없다면 그런 어려운 결정을 해야 하는 자신을 측은히 여겨라.

다른 가족과의 관계에도 영향을 주는 의절

유나의 아버지는 자녀들이 서로 말을 하지 않아도 어색하게 지내긴 싫었다. 그래서 유나가 오빠에게 계속 학대를 당하고 있는데도 겉으로는 잘 지내주길 바랐다. 가족 중 한 사람과 관계를 끝내면 다른 가족들이 당황하고 창피하게 여길 수 있다. 또 가정 내의 역기능이 강조되고 비밀과 갈등이 전면에 드러나는 것이 싫을 수 있다. 가족 관계에는 무언의 규칙이 있어서 종종 구성원 개개인의 능력을 제한해 자신을 위한 바람직한 선택을 하지 못하게 만든다.

대부분은 당신이 행복하길 원하고 당신의 결정을 지지할 것이다. 하지만 건강하지 못한 가족 관계를 그만두겠다고 하면, 당신의 행복이 그 결정에 달려 있다는 사실을 이해하지 못할 수 있다. 그렇다면 당신의 처지를 객관적으로 보게 만들 필요가 있다. 다음과 같은 말이 도움이 될 수 있다.

- "동업자가 내 돈을 훔쳤다고 해도 관계를 계속 유지하라고 하시겠어요?"
- "만일 제가 누구한테 성폭행을 당했다면 신고하라고 하지 그 사람이랑 잘 지내보라고 하시겠어요?"
- "내가 사람들한테 절대 말하지 말라고 한 비밀을 친구가 떠벌리고 다녀도 그 친구랑 계속 친하게 지내라고 하시겠어요?"

관계를 끊을 때 흔히 겪는 일들①

가스라이팅Gaslighting

가정의 역기능적 시스템 안에서 살아가려면 문제가 있어도 신경 쓰지 않는 게 최선이다. 다들 문제를 못 본 척하는데 당신이 뭔가 건강하거나 정상적이지 않다고 해버리면 그때부터는 당신이 문제아가된다. 가족끼리는 종종 문제가 있어도 없는 척하기 때문에, 문제를드러내려는 행동은 시스템에 대한 위협으로 인식된다.

예를 들어, 학대는 심각한 문제다. 하지만 다른 사람에게 학대 사실을 알리면 그게 문제가 된다. 정서적 방임은 심각한 문제지만, 아동기 문제는 언급 자체가 문제로 여겨질 수 있다. 가스라이팅의 예는다음과 같다.

"너만 이런 일 겪는 거 아니야. 다른 사람들은 더 힘들어도 참고있어."

"다 네가 자초한 거잖아."

"왜 그런 말을 해서 다른 사람들을 힘들게 하니?"

"다 지난 일을, 굳이 들출 필요 없잖아."

"네가 극복해야지."

"별일 아니던데."

관계를 끊을 때 흔히 겪는 일들②

부정Denial

가족이 전부라는 가르침은 바람직하지 않다. 역기능적 가정에서는 더욱 그렇다. 누구도 폭력과 트라우마, 학대를 못 본 척하도록 강요받아서는 안 된다. 가족을 위해 건강하지 못한 관계를 지속하도록설득하는 건 그 사람의 정신 건강에 해를 끼치는 일이다. 특히 가족이 외부 관계에 눈살을 찌푸리는 경우 더욱 그렇다. 이는 타인과의 건강한 유대를 막는다. 사람은 건강한 가족 관계는 물론 가족이 아닌 사람들과도 건강한 관계를 맺을 수 있다. 이 두 관계가 경쟁할 필요는 없다.

매년 명절 전후가 되면 가족과 연휴를 같이 '보내야만 하는' 상황이 불안하고 우울하고 화가 난다고 말하는 사람이 많다. 때로 자신을 학대한 사람과 식사를 해야 하고, 모여 있는 내내 언어폭력을 견뎌야 하며, 자신보다 다른 형제자매가 우선적인 대우를 받는 걸 감수해야 하기 때문이다. 심각한 문제인데 못 본 척 가만히 있어야 한다면 감정이 상한다. 관계에 실재하는 진실을 무시하면, 결국 정신적으로나 감정적으로(그리고 때로는 신체적으로도) 부작용이 생긴다.

가족에 대한 기준은 낮은 것보다는 높은 게 좋다. 가족과의 관계는 그 어느 관계보다 장기적이고 영향력이 크기 때문이다. 따라서 이상적으로 말하자면 그 어떤 관계보다 건강해야 한다.

원치 않는 사람과의 관계를 다루는 방법

때로는 가족이라는 이유로 인생을 함께하고 싶지 않은 사람과 엮이는 경우가 있다. 다른 가족이 그 사람과 잘 지낼 것을 요구할 수도 있고, 어쩔 수 없이 그 사람과 함께 있어야 하는 상황에 처할 수도 있다. 예를 들어, 고모와 관계를 끊었는데 할머니의 생신을 축하해야 한다면, 축하 자리에 고모와 함께 참석하는 상황에 대처해야 한다. 그런 경우 다음과 같은 방안을 시도해보자.

- 참을 만하다면 그 사람에게 인사를 건넨다.
- 적당히 거리를 유지한다.
- 그 사람과 억지로 이야기하게 만들지 말라고 다른 식구들에게 경고한다.

특정인이 참석할 예정이라면 행사에 가지 않는 것도 방법이 될 수 있다. 내게 행사한 폭력이 어떤 유형이었는지에 따라, 다시 마주치는 일 자체가 위험할 수도 있다. 만나고 싶지 않은 사람을 억지로 만나는 경우 정신적, 감정적 문제가 다시 불거지기도 한다. 자신이 그 사람을 어느 정도 감당할 수 있을지 파악하라. 그리고 스스로 자신을 보호하라. 예를 들어서, 누굴 만난다는 생각만 해도 불안하고 우울해지거나 부정적인 행동에 연루될 것 같은 생각이 든다면, 지금 이미 위험한 상태다. 위험을 감지했다면 대책을 세워 자신을 보호하라.

인연을 끊은 사람과 자녀와의 관계를 허용해야 할까?

관계를 끊는 일은 자신에게만 영향을 미치지 않는다. 그 대상과 관계있는 내 자녀에게도 영향을 미칠 수 있다. 부모의 책임에는 자녀가 누구와 관계를 맺게 할 것인가를 결정하는 일도 포함된다. 그 결정은 당신이 그 사람과 관계를 끊은 이유가 무엇인가에 달려 있을 것

이다. 다음은 자녀와 그 사람의 관계를 허용할지 말지를 결정하는 데
도움이 될 질문들이다.

- 그 사람은 나와 관계를 끊기 전부터 내 자녀와 건강한 관계를
  맺고 있는가?
- 내 자녀와 관계를 유지하면서 내 자녀에게 나와 있었던 문제를
  발설하지 않을 수 있는 사람인가?
- 자녀가 그 사람과 관계를 지속하기를 원하는가? 그렇다면 그
  사람과 연락을 주고받아도 내 자녀가 신체적, 정서적으로 안
  전한가?
- 그 사람이 내 자녀와 함께 있어도 안심할 수 있는가?

나의 결정에 의문을 제기하거나 억지로 관계를 유지하도록 강요
하는 가족에게 어떻게 말하면 좋을까? 다음과 같이 말하라.

- "나한테는 좋은 관계가 아니에요. 그래서 관계를 끊는 거예요."
- "이해하기 힘들겠지만 내 선택이니까 존중해주세요."
- "나한테 해를 끼친 사람하고 잘 지내라고 강요하지 마세요."
- "그 상황에 대해 저는 생각이 달라요. 제 생각대로 할게요."
- "지금 나한테 좋지 않은 일을 하라고 강요하고 있는 거 알고
  있나요?"

나 자신의 행복과 안녕에 가장 충실하자

질문은 가족을 비롯한 시스템을 이해하는 건전한 방법이다. 궁금한 게 있어도 질문하는 게 허용되지 않는다거나, 질문을 해도 답이 없다면 괜찮은 시스템이 아니다. 비판적 사고는 건강하지 못한 시스템에 위협이 된다. 그리고 질문은 사람을 생각하게 만든다. 그래서 사람들은 시스템에 의문이 생기면 종종 시스템과 싸운다. 어쨌든 가장 중요하고 우선시해야 하는 충성심의 대상은 자신의 행복과 안녕이다.

오늘의 질문

1 한 가족 구성원과 관계를 끊었을 때 어떤 관계가 가장 큰 영향을 받았는가? 또는 어떤 관계가 영향을 받을 것 같은가?

2 용서를 어떻게 생각하는가? 용서가 꼭 필요하다고 보는가? 용서할 수 없는 것도 존재한다고 생각하는가? 그렇다면 그건 무엇인가?

외부에서
지지 시스템 구축하기

가족이 꼭 혈연으로 이루어져야 할까?

이준의 어머니는 워킹맘이었다. 아버지는 자주 만나지 못했다. 이준이 어렸을 때 형과 누나는 이미 충분히 성장한 나이였고 독립한 상태였다. 어머니가 직장에 있는 동안 이준은 이웃인 현우 가족과 함께 지냈다. 주말에는 그 집의 아이들과 놀았다. 현우의 아빠는 이준에게 마치 아버지 같은 존재가 되었다. 이준은 그들을 식구처럼 느꼈다.

이준의 성장 과정에서 현우 가족은 늘 인생의 중심이었다. 그들은 이준의 졸업식에도 참석했고 휴일에도 함께 했다. 이준이 결혼해 자신의 가족을 꾸리자 현우의 부모님은 이준의 자녀들에게 조부모처럼 대해주었다. 이준의 아이들에게 현우와 그 형제들은 고모, 삼촌이 돼주었다. 이준은 현우 가족이 없는 삶을 상상할 수 없었다. 이준의 아버지와 친척들은 이준이 현우 가족과 맺고 있는 관계를 이해하지 못했다. 하지만 이준에게 가족은 아내와 아이들, 어머니, 그리고 현우 가족이었다. 혈족 관계만 가족은 아니다. 다음 경우도 가족이 될 수 있다.

- 자신이 선택한 사람
- 깊은 유대감이 느껴지는 사람
- 다정하게 당신을 책임져주는 사람
- 함께 있을 때 안전하게 느껴지는 사람
- 일관되게 당신 곁에 있어 주는 사람
- 기꺼이 당신이 필요로 하는 것을 제공해주는 사람
- 당신에 대해 잘 알고 있고 당신을 깊이 사랑해주는 사람

성인이 되면 우리는 관계를 선택한다. 가족이란 그냥 혈연이 아닌 친밀한 관계를 의미한다. 이준은 자신에게 가장 가깝고 힘이 된다고 느낀 이들을 가족으로 택했다.

관계 vs. 역할

자신의 칭호에 맞는 역할은 하지 않으면서, 칭호를 계속 갖는 사람이 있다. 예를 들어, 어떤 엄마는 아이를 먹이거나 돌보거나 달래주지 않는다. 어떤 이는 자신의 형제자매를 돕거나 신의를 지키지 않는다. 그래서 누구나 칭호에 맞는 특정한 자질을 갖추고 있으리라는 생각은 정확하지 않다. 예를 들어, 누군가는 자기 형제자매보다 친구

를 더 신뢰할 수 있다. 건강한 관계가 갖추고 있어야 할 중요한 구성요소 10가지는 다음과 같다.

1. 믿음
2. 즐거운 상호작용
3. 깊은(의미 있는) 대화
4. 진실성
5. 각자의 욕구 충족
6. 건강한 의사소통
7. 친절(그리고 사려 깊은 조언)
8. 서로에 대한 감사
9. 편안함
10. (언어적 신체적) 지지

이런 구성요소는 가족이나 친구, 연장자, 동료, 멘토, 이웃 등 어떤 관계에서나 중요하다.

선택된 가족

'생물학적 가족이 전부'라는 믿음은 사람을 건강하지 못한 가족관계에 가둘 가능성이 크다. 어떤 일이든 참고 견뎌야 한다고 믿게 하기 때문이다. 누군가 "저는 식구가 별로 없어요"라고 말할 때의 의미는 때로 다음과 같다. "나는 가족 중에 일부하고만 관계를 유지하고 있어요. 어떤 식구하고는 자주 얘기를 나누지만 어떤 식구들하고는 별로 연락하지 않아요. 누구에게 내 에너지를 쓸지 의도적으로 선택한 거죠."

어떤 관계는 우리가 원하는 것 대부분을 준다. 그리고 어떤 관계는 우리가 원하는 것의 절반 정도를 돌려준다. 그리고 또 어떤 관계는 아무리 에너지를 쏟아 부어도 아주 조금만 보상으로 주거나 아무것도 주지 않는다. 건강한 관계는 50대 50이 아니다. 사람들이 모든 영역에 동등하게 공헌하는 것이 아니기 때문이다. 어떤 관계를 유지할 가치가 있는지 없는지는 자신만이 결정할 수 있다.

> "어떤 관계를 유지할 가치가 있는지 없는지는
> 자신만이 결정할 수 있다."

언젠가 내 심리치료사와 복잡한 가족 관계에 관해 얘기하고 있는데 그녀가 물었다. "왜 이 사람이랑 관계를 맺고 있어요?" 적당한 이유가 생각나지 않았다. 나 자신도 심리치료사였던 나는 그 관계가 끝날 수밖에 없음을 직감했다. "가족이니까요"라는 말 외에는 생각이 나지 않았다. 이건 관계를 지속하기에 타당한 이유가 아니다. 특히 스트레스를 주는 관계일 때는 더욱 그렇다. 물론 관계를 맺고 유지하다 보면 신경에 거슬릴 때가 있다. 그래도 우리는 그 관계에서 가치를 찾는다. 관계가 어떨 때 가치 있고, 어떨 때 그저 의무감으로 유지되는지 분명하게 파악할 필요가 있다.

이준처럼 나한테도 나이 차이가 많은 손위 형제자매들이 있었다. 초등학교를 졸업했을 때는 형제자매들이 모두 독립하여 나만 부모님과 같이 살고 있었다. 또래 중에 깊은 관계를 맺은 친구들은 놀랍게도 나처럼 나이 차이가 많은 손위 형제를 둔 막내들이었다. 우리는 거의 자매들처럼 지냈고, 덕분에 우리 가족은 고등학교와 대학 초기에 사귀었던 그 친구들을 잘 알았다. 이준이 그랬듯, 기념일에 대한 기억에는 몇몇 생물학적 가족과 내가 선택한 가족들이 함께 있다. 가족은 중요하다. 하지만 가족 같은 사람들도 정말 중요하다.

가족 관계가 건강하지 못한 사람들을 돕는 방법

그들의 경험을 축소하지 않는다

"별일 아니야"라고 말하는 건 당신의 몫이 아니다. 가족과의 관계에서 어려움을 겪는 사람에게 끝까지 참고 감내하라고 말하는 것 또한 도움이 되지 않는다. 인생에서 원하는 바를 스스로 선택할 여지를 주는 게 좋다.

관계를 개선하라고 강요하지 않는다

우리는 타인에게 무엇이 최선인지 모른다. 그들에게 어떤 관계가 어떤 악영향을 미치는지 우리가 확신할 수 없기 때문이다. 건강하지 못한 관계는 그들의 정신 건강에 해로울 수 있다.

비판받을 걱정 없이 이야기를 하도록 허용한다

중요한 건 설사 당신의 이야기와는 다르더라도 사람들이 자기 이야기를 털어놓을 수 있도록 허용하는 일이다.

내가 그 입장이라면 어떻게 할지 섣불리 말하지 않는다

모든 사람의 상황이 다르므로 매번 적절한 충고를 할 수는 없다. 당신이라면 다르게 대처할 것이고 그 대처법이 아무리 더 바람직하다 하더라도 상대는 그 얘기를 듣고 싶어 하지 않을 수 있다.

상대가 어떻게 느낄지 안다고 가정하지 않는다

감정은 복잡한 것이다. 그리고 다른 사람이 어떻게 느낄지 우리는 짐작할 수 없다. 당신이 만일 안정적인 가정에서 자랐다면, 혼란스러운 가족 관계를 판단할 기준이 당신에게는 없다.

"잘 될 거야" 하며 헛된 희망을 품게 하지 않는다

잘될지 안 될지 우리는 모른다. 다만 잘될 거라고 가정하고 그렇게 되길 바랄 뿐이다. 일이 어떻게 될지는 몰라도 괜찮다.

필요한 게 뭔지 상대에게 솔직하게 물어본다

상대에게 필요한 게 뭔지 안다고 생각하지 말고 물어라. 그렇게 하면 그들의 필요가 충족될 것이다. 그렇게 하지 않으면 상대가 청하지도 않은 것들을 하느라 쓸데없이 혼자 바쁠 수 있다.

자신을 응원하라

 혈육이나 선택한 가족에게서 응원과 격려를 받지 못하고 있다면, 받고 싶었던 대로 자신에게 해줘라. 다른 이들이 가르쳐줬으면 하는 것을 스스로 배워라. 당신이 다른 사람에게서 구하려는 것은 당신 안에도 있다. 자신을 응원하는 일은, 최고 버전의 자신이 되고자 노력하고 그 과정에서 자신에게 은혜를 베푸는 것과 비슷하다. 자신을 응원하는 방법 다섯 가지는 다음과 같다.

자신을 더 잘 알기 위해 노력하라

 자신에 대해 알면 알수록 자신에게 무엇이 필요하고 무엇을 갈망하는지, 무엇을 좋아하고 싫어하는지 더 잘 알게 된다. 그리고 그 과정에서 변화가 일어난다. 따라서 좋아하는 것이 해마다 바뀌기도 한다. 자신이 누구인지 알면, 타인에게 자신이 무엇을 좋아하고 원하는지 분명하게 알릴 수 있다.

 안내서 읽기나 워크북 활동, 심리치료, 의미 있는 대화는 자신을 더 깊이 이해할 수 있도록 해주는 멋진 도구다. 내 경우, 심리치료를 통해 내 선택의 배후에 무엇이 자리하고 있는지 알아냈다. 또 늘 최고의 선택을 하지 않아도 괜찮다고 스스로 다독였다.

자신을 방임하지 마라

 자신을 빈틈없이 돌보라. 스스로 자신을 격려하라. 따뜻한 물로

목욕하라. 정기적으로 의사를 만나 검진을 받아라. 다른 사람이 나를 방임하는 건 막을 수 없지만, 우리가 스스로 자신을 방임하는 건 멈출 수 있다.

어린 시절 내내 태미의 엄마는 충치가 심각하거나 이가 깨졌을 때를 제외하고는 태미를 치과에 데려가지 않았다. 그래서 태미는 치과는 아픈 곳이라고 생각하게 되었다. 하지만 자신을 더 잘 돌보게 되자, 위급한 상황뿐만 아니라 예방과 검진을 위해 권장 시기마다 치과를 찾기 시작했다.

자신을 믿어라

우리는 늘 최고의 선택만 하지는 않는다. 하지만 선택의 경험이 쌓일수록 점점 더 나은 결정을 하게 된다. 결정을 미루면 늘 어중간한 상태에 갇혀 보다 나은 결과를 얻을 수 없게 된다.

자신을 믿는 일의 핵심은 일이 계획대로 되지 않아도 그게 최선이었음을 알고 스스로 자신을 다독이는 것이다. 결정의 달인이라도 때로는 일을 그르친다. 다른 사람들이 얼마나 많은 실수를 지지르는지 모르기 때문에 우리 눈에 그들이 대단해 보이는 것이다. 넬슨 만델라도 말했듯이, "내가 이룬 성공으로 나를 판단하지 말고, 내가 얼마나 많은 실패를 극복하고 다시 일어섰는지를 보고 판단하라."

자신의 욕구에 집중하라

위기에 처한 타인을 돌보고 개입하는 것을 기준으로 삼으면 자신보다 남을 돌보는 일이 더 중요하다는 믿음에서 벗어나기 힘들다. 자신의 욕구가 타인의 욕구보다 중요하지 않을 수 있지만, 당신 자신에게는 '가장' 중요하다.

아이들이 어렸을 때, 나는 일찌감치 모유 수유를 하면서 모유의 양과 수유의 성공 여부가 나 자신을 돌보는 능력과 직결되어 있음을 깨달았다. 나는 휴식을 취하고 충분한 수분을 섭취하며 스트레스를 최소화함으로써 나 자신을 먼저 돌봤다. 이렇게 아기를 보살피는 과정에서 나 자신을 보살피는 것에 관해서도 배웠다. 자신의 욕구가 충분히 채워지지 않으면 아기에게 줄 수 있는 것이 많지 않다.

스스로 자신에게 필요한 사람이 돼라

상투적인 말이지만 정말 그렇다. 때로 우리는 역할을 해줄 사람을 찾지 못해 스스로 그 일을 해야 할 때가 있다. 어린 시절 만났다면 우러러봤을 그런 사람이 돼라. 가족 중에 있으면 좋겠다고 상상했던 그런 사람이 되어 스스로 자랑스러워해라.

"어린 시절 만났다면 우러러봤을 그런 사람이 돼라."

가족이 아닌 다른 관계

공동체를 구축하라

가족은 당신이 속한 공동체 중 하나일 뿐이다. 다른 공동체가 당신이 원하는 것을 채워줄 수도 있다. 만일 역기능 가정에서 성장했다면 누굴 믿어도 좋을지 판단하기가 어려울 수 있다. 아무나 믿는 건 바람직하지 못하지만, 아무도 믿지 못하는 것도 바람직하지 않다. 누굴 믿어도 좋을지 파악할 수 있어야 한다. 약한 모습을 보여도 안전하다는 신호는 다음과 같다.

- 상대가 내 이야기를 더 듣고 싶어 한다.
- 상대도 내게 자신의 약한 모습을 드러낸다.
- 상대가 내 말을 경청하고 있다는 느낌이 든다.
- 당신에 대해 긍정적으로 말한다.
- 상대가 다른 사람의 일을 얘기할 때 진실함이 느껴진다.
- 일관성 있게 당신과 만남을 이어간다.

약한 모습을 보여줌으로써 당신은 진정한 관계를 만들 수 있다. 있는 그대로의 모습으로 정직하게 자신의 기대를 명확히 한다면, 자신에게 도움이 되는 사람을 만날 수 있을 것이다.

관계가 끊어지지 않도록 노력하라

건강한 관계를 유지하는 데는 시간과 지속적인 노력이 필요하다. 건강한 관계를 구축하려면 일정 기간 연락을 유지해야 한다. 상대가 연락해오기만을 기다리는 건 당신을 위한 방식으로 관계를 유지하는 데 도움이 되지 않는다. 관계를 유지하고 싶다면 상대의 마음도 당신과 같기를 바라면서 좋은 인상을 주기 위해 최선을 다하라. 물론 이런 방법이 모든 관계에서 통하는 건 아니다. 놓아야 할 관계라면 놓아주고, 열린 마음으로 새로운 관계를 모색하라. 끝나는 관계도 있음을 예상하라. 우리가 할 수 있는 최선은 그저 비난이나 욕설 없이 평화롭게 끝나기만을 바라는 것이다.

오늘의 질문

1 가족과 다름없다고 생각되는 친구나 이웃, 멘토가 있는가?

2 생물학적 가족이 아닌 사람들과 더 깊은 관계를 맺으려면 무엇부터 시작해야 할까?

Part 03

성장하기

부모와의
문제

한수는 아버지 종권에 대한 분노를 다스리기 위해 치료를 시작했다. 종권은 20년간 아들의 인생에 없다가 갑자기 나타나 다시 관계를 이어가길 원했다. 한수는 재혼해서 두 자녀를 둔 아버지를 자신이 진심으로 다시 만나고 싶은지 확신하지 못하고 있었다.

한수는 운 좋게도 새아버지와 친밀했다. 새아버지는 한수가 8살 때 한수의 엄마와 결혼했다. 친아버지는 한수가 4살 때 어머니를 떠났다. 어떤 면에서 친아버지를 다시 만나는 일은 지금 '진짜' 아버지로 여기고 있는 새아버지에 대한 배신인 것 같았다.

내내 가까운 관계를 유지했던 친할머니가 돌아가셨을 때 한수는 할머니 장례식에서 친아버지 종권을 마주쳤다. 종권은 한수에게 연락처를 물어왔다. 처음에는 대화에 진전이 없었다. 한수는 아버지가 사과해주길 바랐다. 격주로 연락을 주고받은 지 두 달이 지났을 때, 한수는 먼저 떠날 때는 언제고 왜 다시 돌아와 만나기를 원하는지 아버지에게 물었다. 아버지 종권은 그때는 문제를 어떻게 해결해야 할지 몰랐다며 미안하다고 사과했다. 하지만 한수는 아버지가 지난 부자 관계를 회복하기 위해 노력하기까지 왜 이렇게 오랜 시간이 걸렸는지 이해할 수 없었다.

아버지와 4달 동안 연락을 주고받던 한수는 이제 더는 전화를 받지도 문자메시지에 답을 하지도 않았다. "왜 그때가 아니고 지금 이러는 거지?" 자꾸 이런 생각이 머릿속을 어지럽혔다. 이제 어릴 때만큼 아버지가 필요하지도 않았다. 화를 내는 방법도, 아버지 종권에게 마음을 여는 방법도 알 수 없었다.

치료 과정에서, 한수는 아버지에게 화가 나는 상대를 '극복'하고 자신이 아버지와의 관계를 정말 원하는지 알고 싶다고 했다. 한수에게 신의를 지키는 건 중요한 문제였다. 한수는 친아버지와 관계를 다시 맺기 시작하면 새아버지와의 유대관계가 안 좋아질까 봐 걱정하고 있었다.

감정 극복하기

종종 사람들은 불편한 감정을 극복할 수 있으리라는 희망을 품고 치료실을 찾는다. 하지만 어떤 것도 '극복'할 필요가 없다. 사실 불편한 감정을 극복하는 데는 분노나 아픔, 좌절 등의 감정을 그냥 두는 것보다 더 큰 에너지가 든다. 극복해도 과거는 바뀌지 않는다. 삶을 그냥 살아가면서 감정을 처리하는 것이 훨씬 중요하다. 사람들은 이따금 이런 말을 한다.

"할머니가 돌아가셨어요. 극복할 수 있게 도와주시겠어요?"
"너무 좋아했던 직장을 잃었어요. 이 고통스럽고 당황스러운 감정을 극복하고 싶어요."
"제일 친한 친구가 연락을 피해서 너무 슬퍼요. 어떻게 극복하죠?"

진실은, 어떤 심리치료사나 대리인, 대체제도 우리가 지금 느끼고 있는 감정을 극복하게 도와주지는 못한다는 사실이다. 뭔가를 '극복'하고 싶다는 이들에게 내가 늘 해주는 대답은 "다양한 감정을 동시에 느껴도 괜찮습니다. 제가 감정을 받아들이고 건강한 전략을 활용해 감정을 처리할 수 있게 도와드릴 수는 있어요. 극복은 힘들지 몰라도 기분은 나아질 겁니다" 상대가 듣고 싶은 대답은 아니겠지만 이게 진실이다. 힘든 감정을 '극복'하게 해주는 알약이 있다면 얼마나 좋을까 수도 없이 상상해봤지만, 그런 건 존재하지 않는다. 그리고 그런 감정을 멈추게 할 건강한 방법은 없다.

한수에게 필요한 건 소용없다거나 좋고 나쁘다는 관점 없이 솔직하게 화를 내는 일이었다. 아무 판단 없이 그 감정을 느낄 필요가 있었다. 분노는 우리 사회에서 좋지 않은 평가를 받는다. 하지만 분노 자체는 아무 잘못이 없다. 중요한 건 '화가 날 때 어떻게 반응하고 행동하는가'이다. 우리는 화가 날 때 폭력적인 행동을 하는 사람에게 초점을 맞추는 경향이 있다. 하지만 폭력이 유일하게 나타나는 반응은 아니다. 물건을 부수는 사람도 있고, 산책을 하는 사람도 있다. 건강하게 화를 다스리는 방법은 다음과 같다.

- 그대로 수용하라. 괜찮은 척하지 말고 감정을 있는 그대로 받아들여라.
- 특정 단어나 기억, 환경 등 무엇이 화를 돋우는지 파악하라. 자극 자체를 피할 필요는 없다. 하지만 감정이 소용돌이칠 때 어떻게 반응하고 싶은지 미리 생각해볼 수 있다.
- 화가 날 때 그 상황에 자신을 방치하는 게 과연 그럴 만한 가치가 있는지 생각해보라. 무엇이 자신을 자극하는지 알면 행동을 정하기가 쉽다.
- 감정의 중심에 무엇이 있는지 들여다보라. 한수는 화를 다스리는 과정에서 자신이 느끼는 실망의 핵심이 아버지로부터 버림받았다는 감정임을 발견했다. 분노의 배후에는 슬픔이나 실망, 상처가 숨어 있는 경우가 종종 있다.
- 분노를 가라앉히는 데 도움이 될 만한 표출 방법을 찾아라. 자신의 분노에 관해 얘기하고 싶다면 그 방법도 유용하다. 당신이 어떻게 느끼는지 상대가 정확히 알면 관계에도 도움이 될 수 있다. 분노를 어떤 식으로든 표출하지 않고 담아두면 수동 공격적인 행동 방식으로 나타날 수 있다.

거부된 분노는 폭행이나 수동공격, 우울, 상처를 주는 말과 행동으로 발전하게 된다. 분노라는 감정 자체는 문제가 아니다. 지극히 자연스러운 감정이며, 인정하고 가라앉히면 된다. 가장 좋은 방법은 자신의 감정에 솔직해지는 것이다.

관계를 유지할지 끝낼지 결정하기

한수는 친아버지와의 관계를 다시 시작할지, 아니면 거부할지 고민 중이었다. 자신은 물론 친아버지 종권에게도 가능한 한 최선의 해결책을 찾고 싶다는 신호였다. 최선의 해결책을 결정하는 데는 다음의 질문이 도움이 될 수 있다.

- 학대가 있었는가? 아니면, 상대가 위험한 사람인가?
- 상대가 양심의 가책을 느끼는가? 아니면 자신의 역할을 기꺼이 인정하는가?
- 해결해야 할 문제가 한 가지인가, 아니면 여러 가지인가?
- 상대가 전과 달라졌는가? 변화의 증거는 무엇인가?
- 문제를 인정하고 변화가 생겼는가, 아니면 파괴적 행동이 더 심해졌는가?
- 과거에는 어떤 해결책을 시도했었는가? 만일 효과가 없었다면 방법상의 문제였는가, 아니면 상대가 협조를 거부해서였는가?

· 그 관계가 없어도 살아갈 수 있는가?

심리치료사로 일하면서 나는 어린 시절에는 신체적 학대를 일삼았지만 뒤늦게 미안해하는 부모와 관계를 지속하고 있는 사람들을 만났다. 반대로 전혀 바뀌지 않았고 자신들의 잘못도 인정하지 않는 부모와 관계를 지속하고 있는 사람들도 만났다. 어떤 경우든 관계를 지속할지 말지는 각자의 선택이다. 종권은 후회하는 듯 보였고, 사과하고 싶어 했으며, 자신이 한 행동의 무게를 기꺼이 책임지고자 했다. 그렇지만 친아버지와의 관계를 다시 이어갈 만한 가치가 있는지를 결정하는 건 여전히 한수에게 달려 있다.

부모를 향한 증오를 멈추는 방법

부모를 향한 화를 멈추기 위해 반드시 용서하거나 잊을 필요는 없다. 관계가 실제로 어떻든지, 관계를 지속하고자 하는 욕구는 그와 별개다. 부모를 지금 그대로의 모습으로, 그들이 당신을 대하는 방식 그대로 받아들이면 된다. 부모의 인생에 무슨 일이 있었기에 당신과 그런 관계를 맺게 되었을까? 당신을 학대한 건 변명의 여지가 없는 일이다.

하지만 이해는 자비를 낳는다. 그에게 트라우마나 중독의 역사가 있을 수 있고, 혹은 당신을 키우는 데 필요한 기술이 부족했을 수도 있다. 그의 인생 경험과 건강하지 못한 대처 전략이 당신은 물론 당신과의 관계에까지 악영향을 미쳤을 가능성도 있다. 그건 당신의 잘못이 아니다. 그리고 당신은 그의 문제를 해결해줄 수 없다. 현 상황을 잠시 덮어두고 부모님을 '어머니', '아버지'라는 호칭 대신 이름으로 생각해보라. "○○의 사연은 무엇일까? 그 일은 ○○에게 어떤 영향을 끼쳤을까?"

그는 당신의 부모이기 이전에 그저 한 사람의 인간이다. 인간으로서 그도 충분히 다음과 같을 수 있다.

- 실수할 수 있다.
- 사과하기 힘들어할 수 있다.
- 정서적으로 미숙할 수 있다.
- 약속 지키기를 힘들어할 수 있다.
- 비합리적인 기대를 할 수 있다.
- 모든 답을 알지는 못한다.
- 남들에게 어떤 악영향을 끼치는지 깨닫지 못할 수 있다.
- 일이 자기 뜻대로 되기를 원한다.
- 건강하지 못한 방식으로 대처할 수 있다.
- 자신이 무엇을 모르는지 깨닫지 못할 수 있다.

어떤 사연이 있었던 걸까?

무슨 일이 있었든지 과거의 사연이 변명거리가 될 수는 없다. 하지만 부모가 왜 그렇게 행동했는지를 알려주는 중요한 정보일 수 있다. 부모가 사연을 얘기해줄 수 없다면 다른 가족에게 물어보는 방법도 있다. 부모가 트라우마로 인해 얻은 상처는 종종 자녀에게 흉터를 남긴다. 당신이 부모에게 듣고 싶은 말들은 다음과 같다.

- "네게 필요한 걸 줄 방도가 없었단다."
- "내 일을 처리하느라 바빠서 널 어떻게 키워야 할지 몰랐다."
- "내 실수로 네게 상처를 줬구나."
- "내가 지금 뭘 어떻게 하면 우리 관계를 회복할 수 있을까?"
- "처한 상황이 너무 버거워서 네게 부모 노릇을 제대로 못 했구나."
- "내 감정도 다스리기 힘들어서 네 감정을 제대로 살펴주지 못했구나."
- "나름대로 최선을 다했지만, 네가 원하는 걸 주진 못했던 것 같구나."

자신이 할 수 있는 일을 하라

관계 안에서 내가 통제할 수 있는 부분에 초점을 맞춰라. 자신에게 보살핌이 필요한 부분이 있다면 관심을 기울여라. 부모가 가르쳐주지 않은 것, 또는 가르쳐줄 수 없었던 것을 스스로 배워라. 부모를 자신이 원하는 모습으로 바꿀 수는 없겠지만, 우리는 부모와의 관계에 숨은 의미 있고 따뜻하고 건강한 부분을 인정하고 즐길 수 있다.

부모와의 문제에 대처할 때 고려할 점은 다음과 같다.

- 당신이 생각하는 바람직한 부모란 무엇인가?
- 당신의 부모는 어떤 방식으로 그들이 당신을 사랑한다는 걸 보여주었는가?
- 지금 부모와의 관계에서 겪고 있는 문제는 어떤 것인가?
- 앞으로 부모와의 관계에서 어떤 기대치가 충족되기를 바라는가?
- 부모에게 있어서, 또 부모와 당신과의 관계에 있어서 당신이 수용해야 할 점은 무엇인가?

부모에게 자비를 베풀어라

당신의 결점은 무엇인가? 당신 부모의 결점은 무엇인가? 결점이 없는 사람은 없다. 누군가의 결점이 다른 누군가의 결점보다 더 나쁘다고 딱지를 붙이는 일은 언제고 도움이 되지 않는다. 모든 걸 용서하라는 의미가 아니다. 당신의 부모는 그저 부모 노릇을 어떻게 하는 건지 몰랐을 수도 있다는 의미다.

그건 당신 탓이 아니다

부모에게도 나름의 사연이 있다. 미소의 어머니는 미소에게 언어적, 신체적 폭력을 행사했다. 그러면서 미소의 어머니 자신은 남자친구에게 성적 학대를 당했다. 미소는 이후 자녀를 학대하는 부모가 되

206

지는 않았지만, 어머니처럼 알코올 문제가 있었다. 두 사람 모두 트라우마를 겪었다. 이는 변명이라기보다는 그들에게 왜 그런 일들이 일어났는지를 설명해주는 근거가 된다.

부모가 스스로 자신의 문제를 다 해결한 후에 자녀를 갖는 건 완벽한 세상에서나 있는 일이다. 모든 사람이 건강하고 온전한 상태에서 부모가 되는 건 아니며, 많은 이들이 자녀를 양육하면서 자신의 어려움을 처리해나간다. 앞에서도 언급했듯이, 그럼에도 불구하고 부모의 문제는 절대 자녀 탓이 아니다.

문제를 소리 내어 말해라

과거의 일이 여전히 자꾸 떠오른다면 과거를 과거로만 묻어두기 힘들다. 과거의 문제를 계속 떠올리는 건 정신적으로 해롭다. 하지만 자녀가 자신들의 양육 방법에 대해 어떻게 느끼는지를 아는 건 부모에게 도움이 될 수 있다. 열린 대화는 어느 관계에서나 건강한 역할을 한다. 하지만 소통 방법이 중요하다.

이미 너무 오래된 고통스러운 기억을 다시 끄집어내는 건 위협으로 다가올 수 있다. 그렇다고 한없이 미뤄만 둔다면 불안만 커질 것이다. 부모가 어떻게 반응할지를 우리가 통제할 수 없는 건 사실이지만, 부모를 알면 그의 반응을 예측할 수 있을지도 모른다. 과거에 무슨 일이 있었든, 뭔가 새롭게 할 말이 있거나 다른 얘기가 있다면 거리낌 없이 얘기를 꺼내자. 불만을 표현하는 방법은 다음과 같다.

○ 자신이 부모와의 관계를 얼마나 중요하게 생각하는지 얘기해라. 그리고 그들이 알아줬으면 하는 게 있다면 말하라. 그리고 그렇게 함으로써 자신이 무엇을 기대하는지 밝혀라.

"부모님과의 관계는 저에겐 중요해요. 어렸을 때 저는 부모님이 너무 바빠서 저랑 시간을 많이 보내주지 못한다고 느꼈어요. 지금에 와서 해줄 수 있는 게 없다는 건 알지만, 그때 그랬다는 걸 말씀드리고 싶었어요."

"두 분을 사랑해요. 하지만 하고 싶은 얘기가 있어요. 두 분은 불만스러운 일이 있을 때면 저한테 소리를 지르곤 하셨죠. 지금도 마찬가지고요. 앞으로는 진정하시기 전까지는 얘기 나누지 않겠어요."

○ 부모님께 당신이 어떻게 느끼고 있는지 편지로 써도 좋다. 편지를 쓰면 직접 대면하지 않고도 감정을 해소할 수 있다. 편지를 부모님께 전하든, 그저 감정 해소용으로 쓰고 간직하든, 그건 당신의 선택이다.

생각과 감정을 종이에 적으면 카타르시스 효과를 얻을 수 있다. 컴퓨터에 작성해도 좋고, 휴대전화에 적어도 좋다. 뭐든 편한 대로 하라. 편지에는 문제점에 관한 내용과 그로 인해 자신이 어떤 영향을 받았는지, 받고 있는지, 어떤 기분인지, 그리고 어떻게 했으면 좋겠는지를 적는다. 하지만 사소한 문제를 전부 한 번에 다루기보다는 중요한 문제에 초점을 맞춰라.

편지를 부모에게 전하기로 마음먹었다면, 우편으로 보낼지, 전자우편을 이용할지, 직접 건넬지 정하라. 아무 반응이 없을 수도 있고 당신이 생각하기에 부적절한 방식으로 나올 수 있음을 유념해라. 어떤 부모는 편지를 읽고도 대화할 준비가 되지 않았다는 이유로 언급조차 안 했던 경우도 있었다. 편지가 확실히 전달되고 내용도 이해되었는지 확인하고 싶다면 직접 물어라. "제 편지 읽고 어떤 생각이 드셨어요?"

○ 문제가 있을 때 바로 이야기를 나누는 것은 가장 좋은 의사소통 방법이다. 하지만 일단 말을 꺼냈다면 해당 문제를 거듭 언급하는 일은 피하라. 다시 말하지만, 다 용서하고 잊을 필요는 없다. 그냥 앞으로 나아가라. 그리고 가능하다면 문제가 발생한 그 순간에, 그게 힘들다면 늦기 전에 얘기를 꺼내라.

문제가 발생한 그 순간에 얘기를 꺼낸다면 다음과 같이 말하라.

"별거 아니라니, 그런 말 들으면 내 기분이 어떤지 알기는 하세요?"
"화난다고 욕하지 좀 마세요."
"내가 말하고 있을 때는 휴대전화 게임 하시 마세요."

늦기 전에 얘기를 꺼낸다면 다음과 같이 말하라.

"어제 우리 얘기할 때 '별거 아니'라고 말씀하신 거 보니까 제 기분은 전혀 안중에도 없으신가 봐요."
"지난주에 의논할 때 저한테 경멸적으로 말씀하셔서 불쾌했어요."

"며칠 전에 얘기 나눌 때 보니까 계속 휴대전화 만지시던데, 기분이 별로였어요."

많은 사람들이 문제가 있어도 언급을 꺼리는 이유는 그것이 무례라고 생각하기 때문이다. 쉬운 일은 아니겠지만 시도해볼 만한 가치는 충분하다. 정해진 기한이 있는 건 아니니 곤란한 대화라는 이유로 미루지 말고 바로 얘기를 꺼내도록 하라. 슬프지만 얘기하기 쉽고 완벽한 타이밍이란 없다. 늦기 전에 대화를 시도해라. 미루면 미룰수록 고통스러운 시간만 길어질 것이다.

바운더리를 명확하게 설정하라

당신은 이제 바운더리를 가질 자격이 있다. 어렸을 때도 마찬가지였다. 역기능 가정에서 바운더리는 가족 전체에 대한 위협이라고 여겨진다. 뭔가 다른 걸 요구하거나, 바라는 걸 표현하거나, 일상의 혼란에 동조하지 않으면, 모든 게 집안에 풍파를 일으키려는 것으로 보일 수 있다. 사실 풍파를 일으키는 건 맞다. 역기능을 따르길 거부하기 때문이다.

건강한 관계에서는 바운더리가 공격적이지 않다. 상대는 당신의 바운더리를 좋아하지 않아도 존중할 수 있다. 바운더리를 마음에 들어 할지 말지는 선택의 문제지만, 바운더리를 존중하는 건 협상이 불가한 문제다. 역기능 가정에서는 바운더리가 다음과 같은 양상으로 나타날 수 있다.

- "엄마, 저는 외삼촌은 초대하지 않았는데요."
- "담배를 살 거라면 돈은 줄 수 없어."
- "더는 종교를 핑계 삼아 신체적으로 학대하지 마세요."
- "몸무게 가지고 놀리는 거 나는 재미없으니까, 그만해."

부모에게 의존해야 하는 상황이라면?

경제적으로 부모에게 의존하는 상황이라면 솔직하게 마음을 털어놓는 경우 더는 기댈 수 없는 상황이 될 우려가 있다. 아직 어린아이거나, 미성년이거나, 독립했다가 다시 부모님 집으로 돌아왔거나, 한 번도 독립한 적이 없는 경우라면, 다음의 대처 방법을 참고하라.

가족 외에 다른 사람에게 지원받을 방법을 찾는다

믿을 만한 또래나 정신 건강 전문가, 도움을 줄 만한 가족에게 도움을 청한다. 혼자 걱정하지 않는다.

출구 전략을 세운다

학업을 마친다. 새로운 기술을 습득한다. 일해서 돈을 모아 독립한다.

오도 가도 못하는 상황이 되지 않도록 조심한다

정신을 건강하게 유지하고 독립하는 데 관심을 집중한다.

부모를 돌봐야 하는 경우라면?

부모님에게 돌봄 받기를 포기하고 부모님을 있는 그대로의 모습으로 받아들일 때 훨씬 진정한 관계가 될 수 있다. 하지만 시간이 지나도 나아지지 않는 게 있다. 어릴 때 부모가 한 번도 제대로 돌봐주지 않았는데 지금도 그럴 경우다. 이런 사실을 받아들이기가 얼마나 힘든지 누구도 말하지 않는다. 사람을 바꿀 수 없는 건 맞다. 하지만 바뀌지 않으려는 사람과 관계를 맺는 건 참으로 어려운 일이다. 여전히 부모를 있는 그대로 받아들이는 중이라면 자신을 많이 격려해주자.

신체는 건강하지만 경제 능력이 없는 부모 또는 무책임한 부모를 자녀가 경제적으로 돕는 경우, 또는 부모에게 정서적 지지나 신체적 돌봄을 제공하는 경우, 둘의 역할은 뒤바뀐다. 이런 경우 성인이 된 자녀는 자신과 자신의 가족은 물론 부모까지 돌보게 된다. 이는 원망과 불만을 일으킬 수 있다.

부모에게 금전적 지원을 해줄지 아니면 스스로 자신의 문제를 해결하게 할지는 당신의 선택에 달려 있다. 부모에게 금전적 자원을 해야 한다면 다음과 같이 하는 게 좋다.

- 예산 내에서 얼마를 지원할지 금액을 정한다.
- 도움을 줄 수 없을 때는 거절한다.
- 금융 전문가를 소개해준다.
- 부모의 지출을 직접 관리한다.

부모에게 정서적 지원을 해야 한다면 다음과 같은 조언이 유용할 수 있다.

- 당신이 어떤 주제를 말하기 힘들어하는지 부모에게 알린다.
- 부모에게 또래 친구나 가족들과 소셜 네트워크를 구축하도록 권한다.
- 특정 화제를 다룰 때 당신이 어떤 기분을 느끼는지 부모에게 알린다.
- 대화 주제가 불편한 쪽으로 흘러가면 화제를 전환한다.
- 상담사와 얘기하도록 권한다.

부모를 신체적으로 돌봐야 한다면 다음과 같은 조언이 유용할 수 있다.

- 보험회사와 상의해 정책상 도움을 받을 수 있는 항목이 있는지 알아본다.
- 혼자 모든 짐을 짊어지기보다는 다른 식구들에게 도움을 요청

한다.

- 부모를 돌보는 정신적 스트레스를 다스리기 위한 지원 시스템을 구축한다.

부모와의 관계 설정

미성숙한 부모 키우기

아이들은 안전한 체계 내에서 기대를 받으며 지도받기를 바란다. 아이가 어른보다 어른스러우면 부모를 진지하게 받아들이기 어려울 수 있다. 혜미는 오랫동안 어머니가 '자라기를' 기다렸다. 명절이면 어머니는 공공장소에서 식구들을 호되게 꾸짖으면서 마음의 평정을 유지하려고 애쓰곤 했다. 혜미의 눈에 어머니는 미성숙해 보였다. 혜미는 어머니가 제발 나이에 걸맞게 행동해주기를 바랐다. 신체적 나이가 정신적 성숙도를 결정해주지는 않는다. 정신적으로 미성숙한 부모와의 관계 대처법은 다음과 같다.

- 부모의 실제 나이가 아닌 정신 연령에 맞춰 기대치를 설정한다. 여러분의 부모는 비슷한 연령대의 다른 부모와 다를 수 있다.
- 부모를 비슷한 연령대의 다른 사람들과 비교하지 않는다. 부모의 그럴 수밖에 없는 상황을 생각하면서, 이전의 행동과 지금의 행동을 비교해본다. 사람은 대부분 과거의 모습에서 벗어

나지 못한다.

· 문제를 제기하고 당신이 바라는 점을 (반복해서) 분명하게 밝힌다. 부모가 보이는 반응에 말려들지 말라. 부모가 어떻게 반응할지는 당신이 바꿀 수 있는 부분이 아니다.

정신 건강 문제가 있는데도 치료받지 않는 부모

자신에게 문제가 있음을 부인하고 치료를 거부하는 사람과 관계를 맺는 건 어려운 일이다. 우울, 불안, 성격, 그 외 기타 정신 건강 문제는 부모-자녀 관계에도 영향을 미친다. 어떤 사람들은 진단을 받아도 받아들이지 않거나 진단을 받아야 할 증상이 있어도 인정하지 않는다. 임상 진단이 필요한 정신 건강 징후가 있는데도 치료를 거부하는 것이다. 가족 중 누군가 정신 건강 치료를 거부하거나 자신에게 문제가 있음을 부정한다면, 억지로 치료를 받게 할 수 없다. 다만 그가 자신 또는 남에게 피해를 주는 경우 사회적, 법적 개입을 요청할수 있다. 그렇게 함으로써 사랑하는 사람을 안전하게 지키고 남들에게 피해를 주는 일도 막을 수 있다.

상훈의 아버지는 심각한 감정 기복과 폭발적인 분노 표출, 야경증 (갑자기 잠에서 깨어 공황상태를 보이는 질환) 문제를 갖고 있었다. 하지만 '심리적 외상 후 스트레스 장애'를 진단받고도 치료를 거부했다. 정신 건강 문제가 있지만 치료받지 않는 부모와의 관계 대처법은 다음과 같다.

- 상황이 격해지거나 폭력적으로 변하면 그 자리를 피하라. 정신 건강 문제가 있다고 해서 언어적으로나 신체적으로 당신을 학대해도 된다는 자격이 주어지는 건 아니다.
- 상대가 원하는 경우 혼자 있을 수 있도록 공간을 내주거나, 서서히 거리를 두라.
- 비상 계획을 세워라. 이는 우울증이나 양극성 장애, 조현병을 앓는 가족이 있을 때 특히 유용하다. 비상 계획에는 증상을 유발하는 행동, 비상시 연락처(의사와 근처 병원 포함), 보험 정보, 필요한 조치 사항이 포함되어 있어야 한다. 이를 복사해 주요 가족과 당사자가 공유하도록 한다.

부모와의 관계가 일방적일 때

유리는 일주일에 한 번씩 엄마인 현숙에게 전화한다. 하지만 엄마는 유리에게 어떻게 지내느냐고 거의 묻는 법이 없고, 화제가 유리의 일상으로 전환되는 듯하면 재빨리 자신의 이야기를 늘어놓는다.

유리는 엄마의 일상이 궁금하긴 하지만 모든 통화 내용이 엄마의 일상과 불평불만으로 채워지는 것은 원치 않는다. 또 때로는 자신이 걸기 전에 엄마가 먼저 전화를 걸어주기를 바란다. 부모와의 관계가 일방적일 때 대처법은 다음과 같다.

- 자신의 이야기를 계속하라. 부모가 온전히 대화를 지배하는 것은 바람직한 상황이 아니다. 끼어들어서 자기 이야기를 해도

괜찮다.

· 당신이 경험하고 있는 것을 부모에게 알려라.
· 대화가 궤도에서 이탈하면 화제를 돌려라.

기분을 전하는 대화의 예는 다음과 같다.

· "같이 얘기 나눌 때, 내가 사는 세상에는 무슨 일이 일어나고 있는지 더 많이 물어봐주면 좋겠어요."
· "통화할 때마다 바쁘신 것 같네요. 자주 소식 듣고 싶으니까 일주일에 한 번쯤은 전화해주세요."

서로 간의 소통 문제 해결 방법은 다음과 같다.

· 모든 대화의 중심이 자신인 사람과 일주일에 몇 번씩 대화를 나눠야 한다면 괴로운 일이 아닐 수 없다. 불편하게 느껴질 정도로 자주 대화할 의무는 없다.
· 당신의 부모는 당신이 얘기를 잘 들어주는 사람이라고 믿고 있거나 달리 얘기를 할 사람이 없을 수 있다. 부모와 대화를 나눌 때는 당신의 일은 얘기를 들어주는 것임을 받아들여라. 그의 문제를 해결하는 건 당신의 몫이 아니다.
· 얘기를 들어주는 유일한 사람이 되고 싶지 않다면 다른 사람과도 얘기를 나누도록 격려하라.

자신을 스스로 충분히 돌보기

나 스스로의 부모 되어주기

성장하면서 충분히 받지 못한 부분이 있다면 당신이 스스로에게 해주자. 어떤 부모는 정서적으로 여러분의 기대에 미치지 못하며 여러분이 원하는 방식으로 부모의 역할을 해내지 못할 수 있다. 이런 경우에는 부득이 자신이 직접 자신의 부모가 되어주어야 한다. 다시 부모가 되어주는 일은 자신을 보살피는 동시에 내면의 아이도 보살필 수 있는 건강한 방법이다. 자신에게 다시 부모가 되어주는 방법은 다음과 같다.

- 자신에게 "난 네가 자랑스러워"라고 말한다.
- 자신을 위해 영양가 높은 식사를 준비한다.
- 해야 할 일을 천천히 마무리한다.
- 자신을 안심시킨다.
- 자신을 위한 기념일을 계획한다.
- "나는 보조개가 있어서 사랑스럽다"와 같이 '나는'으로 시작하는 확언을 자신에게 해준다.
- 매일 8시간 수면을 지킨다(그리고 일정한 시간에 잠자리에 든다).
- 논다.
- 크고 작은 성취를 이룰 때마다 자신에게 보상해준다.

자신을 스스로 돌보는 일의 중요성

역기능 가정에서 성장했다면 정서적, 신체적 욕구를 돌보는 일이 무엇보다 중요하다. 심리치료처럼 감정을 발산할 수 있는 수단은 다른 사람들과의 건강한 관계를 만드는 것과 마찬가지로 자신을 응원하는 훌륭한 방법이 된다.

부모를 바꿀 수는 없겠지만 관계 내에서 자신이 어떤 모습을 보일지는 선택할 수 있다. 연락을 유지하고 싶다면 자신을 지키면서 연락을 주고받을 수 있는 방법을 찾는 것이 중요하다.

가족과의 소통으로 에너지가 고갈된 후에는 회복 시간을 갖고 앞으로 어떻게 하고 싶은지 결정하라. 새로운 문제가 나타나면 당장 어떻게 반응할지 정하라. 나중에 해결책을 찾아도 괜찮지만 곪아 터질 때까지 기다리지 말고 가능한 한 빨리 처리하는 게 좋다.

오늘의 질문

1 부모와의 관계에서 가장 힘든 점은 무엇인가?

2 부모님에게 어떤 사연이 있는지 아는가?

3 부모님과 달리 자신을 보살피는 방법이 있는가?

형제자매와의
문제

　서영과 태윤은 엄마 아빠가 모두 있는 가정에서 자랐다. 서영이 느끼기에 부모님은 세 살 어린 동생 태윤만 늘 귀여워하고 어떤 잘못을 저질러도 그냥 넘어가 주었다. 서영은 도움이 필요해도 부모를 찾지 않았다. 부모님이 서영에게는 늘 자기 일은 스스로 알아서 하고 책임감 있는 사람이 되라고 했기 때문이다. 하지만 태윤에게는 그 반대였다. 그는 의존적이고 미덥지 못한 사람으로 자라났다.

　서영은 종종 태윤과 자신이 한집에서 자랐는데도 어쩌면 그렇게 다를 수 있는지 궁금했다. 사적인 대화 중에 아버지는 태윤이 좀 더 성숙해져야 한다고 인정했지만, 어머니는 태윤을 계속 의존적으로 키웠다. 어머니는 아들 태윤과 밀착되어 있었고, 자신이 아이들을 다르게 대했다는 사실을 인정하지 않았다.

　무의식적으로 서영은 부모에 대한 불만을 태윤에게 풀었다. 태윤을 퉁명스럽게 대했고, 불편하게 여겼으며, 가족 모임이 아닌 자리에서는 말도 걸지 않았다. 서영은 자신과 태윤을 부모가 어떻게 다르게 대하는지 다음과 같이 정리했다.

- 태윤은 고등학교를 졸업하자마자 새 차를 사주고 서영 자신에게는 그렇게 하지 않았다.
- 서영에게는 학비가 덜 드는 근처 국립대를 가라고 했으면서 태윤에게는 서울에 있는 대학에 진학하도록 허락했다.
- 서영은 4년 만에 대학을 우등으로 졸업했을 때 혼자 자축했는데 태윤은 6년 만에 대학을 졸업했는데도 부모님이 파티를 열어주었다.
- 대학 졸업 후 서영은 직장 문제로 다른 도시로 이사했고 육아는 남편과 자신의 몫이었다. 부모님이 방문하는 건 일 년에 한 번이었다. 하지만 태윤은 아이가 생기자마자 부모님이 거의 주말마다 가서 두 아이를 돌봐주었다. 거리가 가까워서 그렇다고는 해도 서영은 질투가 났다.

서영은 자신이 홀대당하는 증거를 찾아 점수를 매겼다. 늘 자신이 당하는 쪽이라고 느꼈다. 태윤에게 화를 내지 않기가 무척 힘들었다. 대체로 태윤의 잘못은 아니었다. 하지만 그는 한 번도 누나를 옹호하거나 누나도 동등한 대접을 받아야 한다고 나서주지 않았다. 그저 부모가 주는 도움을 매번 흔쾌히 받아들였다.

이제 마흔 살이 된 서영은 지난 세월 가족을 향해 품어온 원망을 치유하기 위해 치료실을 찾았다. 우리는 서영이 자신의 남동생과 공통 관심사와 진정한 관계를 토대로 하는 관계를 구축하도록 하는 데에 집중했다. 부모가 남매간의 역학 관계에 얼마나 악영향을 끼쳤는지 인정하게 만들 수는 없었지만, 서영은 부모에게 자신만의 필요를 충족시켜달라고 요구함으로써 자신을 옹호하도록 도울 수는 있었다. 태윤이 받은 도움이 서영에게도 매번 똑같이 필요한 건 아니었다. 서영은 부모가 자신을 한 사람의 개인으로서 의미 있게 돕는 방법을 찾아야 했다.

부모는 자녀들의 형제자매 관계를 어떻게 망치는가?

형제자매 관계가 그렇게 만들어진 것이 오롯이 부모의 책임은 아니다. 하지만 부모가 어떻게 하느냐에 따라 형제자매의 역학 관계에 상당한 영향을 미칠 수는 있다. 부모 대부분은 자녀들이 사사건건 아웅다웅 다투는 시기를 겪었을 것이다. 그럴 때 어떤 부모는 이렇게 말한다. "엄마는 개입 안 할 거야. 너희들끼리 알아서 해결해"라거나 "네 동생이잖니. 같이 나눠 써야지" 이런 말은 다툼을 없애는 데 도움이 되지 않는다. 때로는 오히려 더 심각한 갈등을 유발한다.

따라서 이번 장에서는 부모는 물론 성인이 되어서도 형제자매 관계에서 어려움을 겪고 있는 이들에게 필요한 조언을 다뤄볼 생각이다.

편을 들어야 하나? 말아야 하나?

형제자매의 다툼이 서로에게 해를 끼치는 경우가 있다. 예를 들어, 한 아이가 장난감을 가지고 놀고 있는데 다른 아이가 그 장난감을 낚아채는 경우가 그렇다. 이런 상황에서 부모가 할 수 있는 적절한 말은 다음과 같다.

"동생이 갖고 놀고 있었잖니. 너도 갖고 놀고 싶으면 동생이 다 갖고 놀 때까지 기다려야지. 아니면 달라고 요청하든지."

이렇게 말해도 자녀들이 곧바로 따르는 건 아니지만, 특정 행동이 용납되지 않는다는 메시지는 분명히 전달된다. 다음과 같은 발언은 부모로서 적절하지 않다.

"나는 모르겠다. 너희들끼리 알아서 해."

알아서 하라고 말하면 아이들은 장난감을 놓고 싸우게 된다. 특히 어리고 공감 능력이 떨어지는 시기에는 다른 사람을 어떻게 대해야 하는지 반복해서 알려줘야 한다. 자녀가 십대 청소년이나 다 자란 성인이라면 같이 해결 방법을 찾는 것이 합리적이다. 예를 들어, 딸이 전화해서는 동생이 차 수리해야 한다며 돈을 빌려놓고 갚지 않는다고 분통을 터뜨린다. 이 경우 부모가 할 수 있는 적절한 말은 다음과 같다.

"갚겠다고 해놓고 안 갚는다는 말이구나. 어떻게 해결하고 싶니?"

성인 자녀들이라면 부모가 갈등 상황에 개입할 필요는 없다. 하지만 절대 용납할 수 없는 행동을 허용해서는 안 된다. 다음과 같은 발언은 부모로서 적절하지 않다.

"돈이 궁한가 보네. 그냥 주지 그러니?"

실제로 자매 둘이 경제적으로 차이가 날 수 있지만, 누군가의 강요나 의무감 때문에 억지로 돈을 빌려주는 기분이 들어서는 안 된다.

한 아이만을 편애하는 것

서영이 보기에 태윤은 '가장 사랑받는' 아이였다. 이 자격은 태윤이 선택한 것이 아니라, 그의 의지와 상관없이 부모가 그에게 준 것이었다. 아마 서영의 부모는 태윤이 막내이고 아들인 데다 더 편해서, 아니면 부모를 더 많이 닮아서 그를 편애했을 수 있다. 자신이 자녀들을 공정하게 대하지 않는다는 사실을 직시하는 건 부모로서 불편한 일이다. 그래서 많은 부모는 그런 말을 들으면 사실을 부인한다. 이 경우 부모가 할 수 있는 적절한 말은 다음과 같다.

"네 말이 맞아. 하지만 태윤이한테 새 차를 사준 건 경제적으로 그럴 수 있는 상황이어서 그런 거야. 동생이 편애받는 것 같아서 속상했겠네."

다음과 같은 발언은 부모로서 적절하지 않다.

"다 지나간 일이잖니. 그 이후에는 차를 사줬잖니? 네 것도 좋은 차였어. 받은 걸 감사하게 생각해."

부모들은 일반적으로 아이들을 편애한다. 인정할 건 인정하자. 사람은 모두 필요와 관심사가 다르다. 따라서 모두에게 늘 백 퍼센트 공정하거나 동등하게 대하기는 힘들다. 하지만 부당하게 대했음을 부인하는 것은 상황 개선에 도움이 되지 않는다. 부모와 자녀 사이의 신뢰를 떨어트릴 뿐이다. 불공평하게 대우했음을 부모가 솔직하게 인정하면, 감정이 상한 자녀가 좀 더 부모와 유대감을 느끼게 하는 데 도움이 될 수 있다.

'사랑'과 긍정적인 감정에 대한 강요

혈연관계라도 형제자매 간에는 정서적 유대감이 별로 없을 수 있다. 서로 다른 집에서 양육되었거나 공통점이 없는 경우, 터울이 심한 경우, 가족의 역기능에 대한 견해가 다른 경우, 성격이 심하게 다른 경우 특히 그럴 가능성이 크다. 사랑이라는 감정은 자연스러운 것이다. 부모가 자녀들에게 서로 사랑하라고 강요해서 될 일이 아니다.

유대감을 키운다는 이유로 자녀들에게 서로 긍정적으로 말할 것을 강요하고 한쪽이 크게 상처를 입었는데도 억지로 관계를 극복하라고 강요하는 부모도 있다. 한 자녀가 다른 자녀를 부정적으로 이야기하면 부모로서는 듣기 힘들 것이다. 하지만 자녀의 걱정을 부모는 인정해줘야 한다. 감정을 털어놓을 여지를 허용하면 자녀는 혼자라는 느낌을 덜 받고 부모와는 연결된 느낌을 받을 것이다. 이 경우 부모가 할 수 있는 적절한 말은 다음과 같다.

"동생이 너무 어리고 공통점도 별로 없어서 멀게 느껴진다는 얘기로구나."

다음과 같은 발언은 부모로서 적절하지 않다.

"어쨌거나 너희들은 가족이고 형제자매는 너희들이 가진 전부니까 서로 사랑해야지."

비교하는 것

우리는 아주 쉽게 비교의 덫에 빠진다. 하지만 서로 비교하지 않아도 사람들은 다 다르다. 때로 부모는 자녀들을 서로 비교해도 해롭지 않다고 생각한다. 하지만 자녀들 간의 관계에는 해로울 수 있다. 한 자녀가 자신보다 형제나 자매가 더 사랑받는다는 사실을 깨닫는 경우 특히 그렇다. 그 자녀는 자신에게도 똑같이 대해줄 것을 간접적으로 요구할 수 있다. 예를 들면 이런 식이다. "언니 머리 예쁘다고 하셨잖아요. 제 머리도 예뻐요?" 자녀들은 각자 다 다르므로 서로 다른 것을 칭찬하는 것이 타당하다. "네 머리도 예쁘고말고"라는 식으로 억지로 거짓 칭찬하면 진심으로 들리지 않는다. 그러므로 칭찬은 여러 개를 준비해라. 절대 자녀를 다른 형제자매와 비교하지 말라.

예컨대 이런 말은 피하는 게 좋다. "네 형은 다섯 살 때 혼자 신발끈 묶었는데 너는 왜 못 하니?" 다른 형제자매와 같은 시기에 뭔가를 해내지 못했다는 이유로 스스로 부족한 사람처럼 여기게 하지 말라. 이는 자녀가 성인이 된 후에도 마찬가지다. 이런 경우 부모가 할 수 있는 적절한 말은 다음과 같다.

"이번 달 월세가 부족한가 보구나. 기꺼이 보태주마."

다음과 같은 발언은 부모로서 적절하지 않다.

"네 형은 한 번도 월세 보태달라고 부탁한 직 없다. 넌 왜 형처럼 네 일을 알아서 처리하지 못하는 거니?"

자녀에게 다른 자녀 험담하기

부모도 자녀 때문에 좌절감을 느낄 수 있다. 그 좌절감을 표출할 출구가 필요하다. 하지만 그 출구가 자녀일 경우 큰 문제를 일으킬 수 있다. 불편한 마음을 표출하면 그 얘기를 들은 자녀는 갈등의 중심에 놓이게 된다. 상황을 개선하기 위해 뭔가를 하려고 들거나 오히려 자신의 불만을 드러내 상황을 더 악화시킬 수 있다. 다음은 험담이 될 수 있는 내용의 예다.

- 누군가의 성격을 비방한다.
- 전해들은 정보를 사실인 것처럼 말한다.
- 어떤 사람이나 상황을 과장해서 실제보다 심각하게 부풀려 말한다.
- 사실이 아닌 이야기를 반복해서 전한다.
- 다른 사람들이 알면 안 되는 정보를 공유한다.
- 추정에 불과한 얘기를 퍼뜨린다.
- 세부적인 내용을 과장한다.
- 다른 사람의 비밀을 폭로한다.

연구에 의하면 좌절감을 말로 털어놓으면 사회적, 심리적 유대감이 생긴다. 부모나 자녀의 험담은 절대 그 내용이 외설적이거나 악의적이지 않아야 한다. 부모가 고충을 털어놓을 때는 반드시 상황을 제대로 알고 있고 그 상황을 개선하려는 공통의 욕구를 가진 자녀에게만 해야 한다. 또한 오로지 사실에 근거한 정보만을 공유해야 한다. 이 경우 부모가 할 수 있는 적절한 말은 다음과 같다.

"네 동생이 걱정된다. 새 여자 친구와 데이트를 시작하고부터는 더 소심해진 것 같아."

다음과 같은 발언은 부모로서 적절하지 않다.

"네 동생은 누굴 사귈 준비가 안 됐어. 새 여자 친구도 마음에 안 들고. 둘이 직장에서 만난 거 너도 알았니? 어떻게 같이 일하는 사람을 사귈 수가 있는지. 애가 조심성이 없어!"

문제가 있음을 부정한다

만일 부모가 특정 자녀와 상호의존적 관계라면 이는 자녀의 형제 자매 관계에 영향을 미친다. 예를 들어, 나라는 대학을 졸업하고 경제적으로도 독립했다. 하지만 나라의 부모님은 자신들의 에너지 대부분을 나라의 여동생에게 쏟아 부었다. 동생은 여러 번 범죄를 저질렀고 경제적으로도 도움이 필요한 상태였다. 그런데 부모님은 동생에게는 아주 사소한 일에도 칭찬을 아끼지 않았다. 동생이 직장을 구했을 때도 그랬다. 반면 나라가 연봉이 높은 직장에 취직했는데도 그 성취를 대단하게 여겨주지 않았다. 이 경우 부모가 할 수 있는 적절한 말은 다음과 같다.

"네 동생을 경제적으로 도와주고 있는 거 맞아. 도와주지 않으면 제대로 살 수 없을 것 같아서 그래."

다음과 같은 발언은 부모로서 적절하지 않다.

"우린 언제나 너희 둘을 똑같이 대하고 있다."

형제자매 관계에서 일어나는 일

형제자매가 부모 역할을 떠맡은 경우

때로 어떤 부모는 나이가 더 많거나 정서적으로 더 성숙하거나 유능해 보이는 자녀에게 부모 역할을 떠넘긴다. 부모의 역할을 자녀가 대신 짊어지는 경우는 대부분 다음과 같다.

- 부모가 다 직장에 나가야 해서 큰 자녀가 동생들을 돌보는 경우
- 부모가 물질 남용 문제가 있어서 큰 자녀가 동생들을 돌보는 경우
- 부모가 아파서 큰 자녀가 동생들을 돌보는 경우

이런 경우, 동생을 돌봐야 하는 자녀는 자신의 형제자매를 원망하게 될 수 있다. 그리고 동생들이 성인이 된 후에도 그들을 돌보는 역할에서 벗어나지 못한다. 예를 들면, 어떤 사람은 이렇게 말한다. "나는 언니가 엄마나 마찬가지였어요." 이런 역학 관계에서는 진정한 관계, 건강한 관계가 만들어지기 힘들다.

하지만 큰 자녀가 동생들을 키우면서 별다른 잘못이 없었다면, 성인이 되었을 때 관계 역학을 바꾸는 것이 가능하다. 동생들을 직접 돌보는 역할을 끝내고, 필요한 자원을 지원하는 방식으로 바꿈으로써 동생들이 스스로 자신을 돌볼 수 있도록 격려하는 것이다. 이 경우 역할의 전환을 터놓고 이야기하는 것이 도움이 된다.

성인 형제자매 관계에서의 문제

성인이 된 형제자매들은 전형적으로 질투와 원망, 편애, 배신, 모순된 믿음, 다른 생활방식 등으로 인해 갈등을 겪는다. 하지만 성장 과정에서 갈등을 해결하고 서로를 받아들이며 서로를 지원할 줄 알게 되는 경우가 대부분이다. 다음은 내가 실시한 온라인 설문에서 공통으로 나온 응답이다.

- "엄마는 제 의붓형제를 키우느라 제게는 없는 사람이나 마찬가지였어요."
- "저희 부모님은 저보다 다른 형제자매를 더 사랑해요. 그들과 더 많은 시간을 같이 보내고 과하게 선물해주시는 걸 보면 알 수 있어요."
- "제 형제자매는 내가 부모님께 가장 사랑받는 자녀라고 생각해요."
- "제 형제자매는 아직도 나를 애 취급해요."
- "제 형은 심각한 약물 중독자인데, 부모님이 자꾸 도와줘요."

- "동생이 부모님을 이용해요."
- "오빠는 어릴 때도 날 놀리더니 아직도 그래요."
- "엄마가 자녀 다섯을 모두 조종하는 바람에 지금 다 사이가 좋지 않아요."

이런 문제 외에 다음 경우에도 형제자매 관계에 영향을 미칠 수 있다.

- 유산 다툼
- 부모 돌봄 문제로 인한 갈등
- 정치관의 충돌
- 어린 시절 심각한 놀림
- 신체적 성적 학대의 기억

가정의 역기능은 모든 자녀에게 영향을 미친다

역기능 가정에서, 아이는 특정 역할을 떠맡는 경우가 많다. 다음은 해당 가정의 어린이가 무심코 맡게 되는 역할들이다.

책임자

이 역할을 하는 아이는 가정의 위기관리와 공과금 납부, 식구들의 보살핌을 도맡는다. 부모들이 할 일을 하지 않을 때 이들은 적절한 체계가 필요함을 인식하고 그것을 스스로 구축한다. 이들에게는 자립이 살아가는 방식이고, 타인은 신뢰할 수 없는 존재다.

화해자

이 역할을 하는 아이는 세심한 성격으로, 자신이 느끼는 대로 보여주고 말한다. 종종 감정에 겨워 남들을 도우려고 하며, 혼란스러운 상황을 해결하는 부담을 떠안는다. 자신의 감정은 잘 드러내지 않는 대신 다른 식구들의 고통을 느끼고 그 고통을 완화하려 노력한다.

영웅

이 역할을 하는 아이는 성취도가 높고 정서적으로 안정적인 것처럼 보인다. 이들은 좀처럼 역기능적인 모습을 드러내지 않기 때문에, 사람들은 이들이 건강한 가정에서 자랐다고 생각한다. 하지만 이런 유형의 아이는 종종 뿌리 깊은 수치심과 가족으로부터 정서적으로 방치되었던 과거로 인해 불안과 정서적 애착 문제를 겪는 경우가 많다.

마스코트

이 역할을 하는 아이는 모두를 즐겁게 해줌으로써 가족의 문제를 은폐하는 데 일조한다. 이들은 문제를 감추고 감정을 회피하며 자신이 처한 환경으로부터 감정적으로 분리된 패턴을 보인다. 이들은 성장 과정에서 자신이 느끼는 바를 말하거나 받아들이는 것을 불편해

한다. 어른이 된 후에도 다른 사람의 감정에 책임을 느끼는 경우가 많다.

조정자·수용자

이 역할을 하는 아이는 조용히 남들에게 방해되지 않으려 노력한다. 또한 어떤 환경에도 거의 불만 없이 적응한다. 무슨 일이 있어도 순응하며 이목 끌길 싫어한다. 그 결과 충족되지 못한 욕구가 많다. 그 욕구는 다른 사람이 충족시켜줄 수도 없고 누가 충족시켜주려 하지도 않는다고 생각한다. 타인은 물론 자신과도 단절된 상태로 성장했기 때문에, 이런 아이는 성인이 되어 친밀한 관계를 맺는 데 어려움을 겪는다.

말썽꾼(희생양)

이 역할을 하는 아이는 가정 내에 문제가 있을 때 종종 비난의 대상이 된다. 이들은 절도나 물질 남용, 거짓말, 다툼, 또는 이목을 끄는 행동으로 가족의 역기능을 드러낸다. 이들의 행동으로 인해 가족 내 문제를 인식하게 된다.

형제자매 관계 치유하기

형제자매 중 하나 또는 여럿과 관계에 어려움에 있다면 다음의 전략을 시도해보라.

받아들이기

형제자매를 있는 그대로 받아들이고, 뭐든 강요하지 말라. 어쩌면 그는 물질 남용 문제를 겪고 있거나 당신으로서는 이해할 수 없는 생활방식을 갖고 있을 가능성이 크다. 그런 건 당신이 바꿀 수 없다. 뭐든 설득하려 한다면 멀어지게 만드는 결과만 얻게 될 것이다.

당신은 완전히 다른 성격을 가진 형제자매와도 얼마든지 잘 지낼 수 있다. 하지만 차이를 인정해야 한다. 설사 당신이 보기에 이상적인 것과 거리가 있어 보이는 측면이라도 받아들여라. 예를 들어, 경주의 오빠 경석은 20대 초반에 양극성 장애 진단을 받았다. 그의 행동은 예측 불가였고 때로는 걱정스러울 정도였다. 경주는 집에 오빠가 있으면 불안했다. 하지만 한 달에 한 번 정도 오빠가 좋아하는 식당에서 점심 정도는 먹을 수 있겠다고 생각했다. 원했던 관계 형태는 아니었지만, 경주가 감당할 수 있는 수준은 거기까지였다.

정서적 성숙

자신의 평화를 위해서라도 다른 형제자매를 통제하고 싶은 마음을 버려라. 당신이 통제할 수 있는 건 오로지 자신의 반응뿐이다. 그들이 본모습을 드러내도 놀라지 마라. 심리치료실을 찾을 때 사람들은 그 자리에 있지도 않은 사람들과 관련된 문제들을 산더미같이 짊어진 상태로 도착한다. 그들은 도움을 원치 않는다. 아니, 도움을 원할지는 모르지만 어쨌든 심리치료실에서는 그들이 원하는 도움을 줄 수 없다. 따라서 우리의 목표는 그들을 변화시키는 데에 있지 않다. 반대로, 치료를 원하는 사람이 자신의 감정을 들여다보고, 외부에 반응하는 방식을 바꾸며, 기대를 낮추게 하는 것이 목표다.

자비와 연민

그래미상을 수상한 가수 커크 프랭클린Kirk Franklin이 들려준 이야기다. 알코올 중독 아버지 손에 자란 두 형제가 있었다. 한 아들은 자라서 아버지의 전철을 밟았고, 알코올 중독자가 되었다. 어떻게 된 거냐고 묻자, 그가 대답했다. "아버지를 보고 자라서 그렇죠." 다른 아들은 자라서 어른이 되어도 술을 입에 대지 않았다. 어떻게 된 거냐고 묻자, 그가 대답했다. "아버지를 보고 자라서 그렇죠." 같은 집에서 같은 경험을 하고도 둘은 관점이 달랐다.

같은 경험을 해도 관점이나 중요하게 생각하는 점이 전혀 다를 수 있다. 사람의 사고방식은 성격과 기질, 정신 건강과 정서 건강, 유전이 결정한다. 만일 당신이 형제자매를 특별한 개인으로 여긴다면, 그들이 어떤 길을 택하든 상관없이 연민을 갖고 대하기가 수월할 것이다.

원망스러운 마음 표현하기

형제자매를 상대하는 게 힘들면 원망이 생길 수 있다. 어떤 감정이든 반드시 그 존재를 인정하고 정체를 밝혀 충분히 느끼는 게 중요

하다. 과거의 일에 화가 나는 자신을 부끄럽게 여길 필요 없다. 상상
하지도 말고 심술궂게 굴지도 마라. 어떤 판단도 하지 말고 자신의 감
정을 받아들여라. 그러면 다른 사람에게 감정을 발산하지 않게 된다.

　형제자매에게 자신의 기분을 밝히면, 그가 당신의 관점을 이해하
는 데 도움이 될 수 있다. 누구도 과거는 어쩔 수 없다. 하지만 상처
를 인정하면 지금의 관계를 치유하고 앞으로의 상호작용을 개선할
수 있다. 원망스러운 마음을 인정하는 경우는 다음과 같다.

- "엄마는 아들을 더 좋아하셨던 것 같아. 나한테는 엄하게 굴고
  너한테는 자상하셨던 걸 보면 말이지."
- "넌 아무리 고집을 부려도 부모님이 다 들어주셨지. 나는 한
  번도 편히 그래본 적이 없는데 말이야."
- "언니는 우리 엄마 아빠가 문제가 있는 부모라는 사실에 전혀
  동요하지 않는 것 같더라. 친구도 잘 사귀고 학교생활도 잘하
  고. 난 집 걱정 때문에 그러지 못했는데."
- "우리 어렸을 때 말이야, 엄마는 내가 어딜 가든 꼭 널 데리고
  다니게 하셨어. 그래서 난 너한테 심술궂게 굴었어. 지금도 가
  끔 어린 나한테 널 맡겼던 엄마한테 화가 나."
- "아빠는 너를 늘 '귀염둥이 막내딸'로 대하셨지만 나한테는 엄
  하셨어. 나까지 널 공주 대접해주고 싶지 않아서 오랫동안 무
  시했던 거야."

불편해도 솔직하게 털어놓기

당신은 자신의 태도는 통제할 수 있지만 다른 사람이 어떻게 반응할지는 통제할 수 없다. 당신의 형제자매가 과잉 반응을 보이거나 방어적인 태도를 보일까 봐 걱정스러운 건 당연하다. 그렇지만 목소리를 높이면 관계에 도움이 된다. 관계를 개선하고 유지하고 싶어서 그동안 참아왔던 문제들을 솔직하게 털어놓는 것임을 분명하게 밝혀라. 만일 형제자매가 방어적으로 나온다면 그의 말을 그냥 들어주어라. 당신이 아무리 진심으로 솔직하게 털어놓더라도 그는 당신의 솔직함에 충격을 받았을 수 있기 때문이다. 자신의 경험은 인정하면서 그의 경험은 부인하지 말라. 형제자매 관계를 평화롭게 유지하는 방법 6가지는 다음과 같다.

○ **짧게 만난다**

인내심이나 마음의 평화를 잃지 않고 자신이 얼마나 오래 형제자매와 함께 있을 수 있는지 알아내라. 최적의 시간은 얼마인가? 거리조절이 필요하다는 느낌이 들기까지 얼마나 걸리는가?

○ **격한 대화를 자제한다**

형제자매들과의 대화에는 올리지 않는 주제가 있을 것이다. 어떤 주제가 금기인가? 해당 주제를 어느 정도까지 들어줄 수 있는가?

○ 얘기해도 마음이 불편하지 않은 내용만 공유한다

형제자매가 당신에 대해 더 알고 싶어 한다면 당신이 원하는 만큼 공유할 수 있다. 하지만 털어놓을 준비가 되지 않았다면 굳이 말하지 않아도 괜찮다. 만일 누가 물었는데 답변할 준비가 되지 않았다면, 다음과 같은 말을 연습해두었다가 활용하라.

"아직 말하긴 좀 그래."

"아직 고민 중이야. 이야기할 준비가 안 됐어."

"궁금해 한다고 얘기는 들었어. 말할 준비가 되면 말해줄게."

○ 함께 긴밀한 시간을 보낸다

때로 많은 시간을 함께 보내는 것보다 짧아도 귀한 시간을 보내는 것이 더 낫다. 유대감을 느끼기 위해 서로 자주 만날 필요는 없다. 억지로 시간을 더 내려고 하지 마라. 대신 양측 모두 즐거워할 만한 활동을 찾아라. 둘 다 좋아하는 TV프로그램을 같이 시청하거나, 새로 생긴 맛집 탐방도 괜찮은 선택일 수 있다.

○ 서로의 차이를 존중한다

달라도 괜찮다. 중요한 것은 서로의 차이를 받아들이는 것이다. 관계를 유지하기로 했다면 그들이 당신과 함께 있을 때나 떨어져 있을 때나 그들을 있는 그대로 수용하라. 누군가를 사랑한다는 건 상대가 가진 특별한 모습을 받아들인다는 의미다.

○ 바운더리를 설정하고 철저하게 지킨다

관계에는 바운더리가 필요하다. 당신의 바운더리는 당신 책임이다. 바운더리를 설정하고 지키는 것도 당신이 할 일이다. 예를 들어, 전에 빌린 돈을 갚기 전까지는 돈을 빌려주지 않겠다고 오빠에게 말했다면, 오빠가 아무리 졸라도 거절하라. 그가 조르는 걸 못 하게 할 수는 없지만, 바운더리를 지키는 건 당신이 할 수 있는 일이다.

서로 사이가 좋지 않은 자녀 다루기

나이와 상관없이 자녀들이 서로 사이가 좋지 않으면 부모는 지켜보기 힘들다. 자녀들이 아직 부모 그늘에 있다면 도와줄 수 있지만, 이미 성인이 되었다면 더는 부모가 도와줄 수 있는 문제가 아니다. 성인 자녀들이 사이좋게 지내기를 바라는 마음에 부모가 개입하면 오히려 문제를 더 키울 수 있다.

동생과 늘 다투는 남자가 있었다. 부모는 '동생한테 잘해라, 어쨌거나 동생이니까 사랑해라'라고 자극할 뿐이었다. 그는 늘 동생이 자신을 질투해 시비를 건다고 느꼈다. 어머니가 사망한 후 그는 엄마가 남긴 메모에서 자신의 우려가 맞음을 확인했다. 메모에서 어머니는 동생이 질투심이 많고 옹졸한 성격임을 인정하면서 대체 왜 그런지 모르겠다고 적고 있었다. 자신이 걱정하는 바를 어머니가 인지했음을 알게 된 그는 안도감을 느꼈다. 만일 자녀들이 서로 사이가 좋지 않다면 이렇게 해보라.

- 기존의 바운더리를 존중해주거나 구체적으로 물어라. "이 상황에서 부모로서 뭘 어떻게 해줬으면 좋겠니?"

그럴 때 자녀들은 다음과 같은 바운더리를 제시할 수 있다.

- "오빠가 모임에 올 예정이라면 저한테 말씀해주세요. 그럼 전 참석하지 않으려고요."
- "저와 관련된 얘기는 절대 전하지 말아 주세요."
- "다들 어떻게 지내는지 별로 듣고 싶지 않아요."

아이들에게 대화를 강요하거나 다음과 같은 말로 죄책감을 유발하지 않는 편이 좋다. "내가 죽으면 어떡하려고 그래?" 또는 "내가 바라는 건 그저 너희들이 사이좋게 지내는 거야" 자녀들에게 대화를 강요하면 부모의 기분은 나아질 수 있어도 그들에게는 바람직한 방법이 아니다. 관계는 자발적으로 선택했을 때만 건강하게 유지될 수 있다. 서로 사이가 좋지 않은 자녀들로 인한 불편한 마음은 믿을 만한 친구나 심리치료사에게 털어놓는 방법으로 해결하라. 슬픔의 감정을 그냥 묻어두는 대신 적극적으로 처리하라. 또 중립적인 자세를 유지하며 양측을 이해하고자 노력하라. 형제자매 관계에 관한 조언을 하자면 다음과 같다.

· 형제자매라고 해서 가장 친할 필요는 없다.

· 성인으로서 형제끼리 경쟁 관계가 되기도 한다.

· 형제자매 관계에 문제가 있다면 부모 때문일 수도 있다.

· 형제자매라고 해서 서로의 성격을 꼭 좋아할 필요는 없다.

위의 사항을 참고한다면 형제자매 관계의 문제를 해결하고 좋은 사이를 유지할 수 있을 것이다.

오늘의 질문

1 형제자매와의 관계에서 가장 힘든 문제 3가지만 적어보라.

2 지금보다 편한 관계가 되려면 어떻게 하면 되겠는가?

자녀와의
문제

경호는 딸 유민과 얘기해본 지 2년이 다 되었다. 전 부인과 이혼한 후 유민의 곁에 늘 함께 있어 주려고 노력했지만, 유민은 경호가 만나고자 할 때마다 바빴다. 함께 시간을 보낼 때도 침울한 모습으로 좀처럼 속을 털어놓지 않았다. 경호는 이혼이 유민과의 관계에 영향을 미쳤음을 알고 있었다. 하지만 서로 말도 하지 않고 만나지도 않은 상태로 2년이 흘렀다는 사실을 믿을 수가 없었다.

유민은 늘 경호의 사랑스럽고 자랑스러운 딸이었다. 결혼 생활에 갈등이 커지기 시작했을 때 유민은 열두 살이었고 엄마 편이었다. 유민보다 5살 어린 아들 유성은 누구의 편도 아닌 듯 보였다. 유성은 부모 모두와 관계를 유지했다. 이혼 후에는 심지어 경호와 살기를 택했다.

대학생이 된 유민은 방학이면 집에 왔다. 하지만 경호를 만나려는 시도는 하지 않았다. 경호는 마음이 아팠다. 경호가 새로운 여자 친구를 만나기 시작했을 때, 유민은 아버지의 상대 여자에 대해 심한 말을 하고 자신의 엄마를 어떻게 이렇게 대접할 수 있느냐며 항의했다. 그러던 어느 날 유민은 경호의 전화를 더 이상 받지 않았다. 몇 번의 시도 끝에 경호는 더는 억지로 관계를 유지하려는 노력을 포기했다. 유민의 대학 졸업식도 지나쳤다. 유민이 어디서 살고 무슨 일을 하는지도 몰랐다. 딸이 무척 그리웠지만 관계를 어떻게 돌이켜야 할지 몰랐다. 그게 가능하기는 한지도 알 수 없었다.

경호는 창피해서 누구에게도 이런 말을 하지 않았다. 상담 중에 그는 유민과의 관계가 붕괴된 원인을 조심스럽게 진단했다. "전처가 날 괴물로 만들고 있어요" 또는 "전처 때문에 유민이 나를 멀리하는 겁니다"라고 말하며 매사를 전처 탓으로 돌렸다. 한편 유성과는 좋은 관계를 유지하고 있었다. 두 사람은 적어도 일주일에 한 번은 전화 통화를 했고, 자주 문자를 주고받았으며, 때때로 함께 여행을 가기도 했다. 하지만 유성은 누나와 아빠와의 갈등에서 손을 떼고 싶어 했다. 그래서 누나 얘기는 거의 하지 않았다. 경호는 유성이 유민과 연락하고 지낸다는 걸 알고 있었지만 캐묻지 않았다. 유성과의 관계까지 엉망이 될까 봐 두려워서였다. 그는 유성이 조심스러웠다.

경호는 결국 불안 때문에 치료실을 찾았다. 책임감과 슬픔, 다시는 딸과 만나지 못할지도 모른다는 두려움에 대해 입을 열기까지는 시간이 걸렸다. 그 불안을 해소하기 위해서는 자신의 감정에 이름을 붙이고, 자기 연민을 실행에 옮기며, 이 상황을 초래한 자신의 행동을 인정하는 것에 익숙해지는 과정이 필요했다. 그러고 나면 이제부터 어떻게 해야 할지 결정할 수 있을 것 같았다.

당신에게도 책임이 있다

때로 문제의 책임은 당신에게 있다. 그래도 자신의 행동 때문에 자녀와의 갈등이 초래되었음을 받아들이기는 쉽지 않을 것이다. 하지만 관계를 회복하려면 사실을 인정해야 한다. 우리는 보고 자란 행동을 반복하는 경향이 있다. 결과적으로 우리 중 대다수는 자신이 원하는 그런 부모 유형을 배운 적이 없다. 그러므로 우리는 부모님과 달리 어떻게 자녀를 대하고 싶은지 확실하게 알아야 한다.

결국 부모로서 자신이 어떠한가를 결정하는 건 당신이 아니라 당신의 자녀다. 부모는 '난 다 해줬어'라고 느낄 수 있다. 하지만 자녀는 '우리 부모님은 내가 필요할 때 한 번도 옆에 있어 주지 않았다'라고 생각할 수 있다. 아마 둘 다 맞는 말일 것이다. 사실관계에 대한 이런 불일치는 부인할 게 아니라 탐구의 대상이다. 아마 십중팔구 부모는 자녀가 필요로 하는 방식이 아니라 자신이 중요하다고 생각하는 방식으로 옆에 있어 주었을 것이다. 일치하지 않는 경험의 예는 다음과 같다.

부모: "나는 우리 한부모가정에 필요한 걸 채우기 위해 부모로서 열심히 일했어."

자녀: "엄마는 한 번도 나랑 놀아주지 않았어."

부모: "우리 부모님은 나한테 아무것도 말해주지 않았어. 그래서 나는 내 아이들에게 다 말해주고 싶었어."
자녀: "우리 부모님은 내가 미처 이해할 준비가 되기도 전에 너무 일찍 모든 걸 알게 하셨어."

부모: "알코올 중독 상태라 아이는 물론 나 자신도 돌볼 수 없었어."
자녀: "아버지는 알코올 중독자였지만 지금은 깨끗이 치료되었어. 그렇다고 과거가 순식간에 용서되는 건 아닌데, 그러길 바라셔."

부모: "우리 아이들은 정말 환상적인 유년기를 보냈어. 나는 늘 그 아이들이 행복한지 확인했어."
자녀: "우리 부모님은 나한테 한 번도 기분을 물어본 적이 없었어. 어떤 기분이어야 하는지만 말했지. 내가 행복해 '보이는' 게 부모님한테는 중요했거든. 불만스러운 기색을 내보이면 나한테 버릇없는 애새끼라고 욕했어."

의도하지 않았다 하더라도, 당신은 무심코 자녀에게 해를 입혔을 수 있다. 관계를 회복하고 싶다면 의도였든 의도가 아니었든 간에 자신이 해를 끼쳤음을 인정하자. 자녀가 어릴 때 부모가 흔히 저지르는 실수는 다음과 같다.

아이에게 거짓말을 한다

만일 자녀가 당신에게 정직하길 바란다면, 당신도 자녀에게 정직해야 한다. 연령에 맞는 방식으로 조기에 신뢰를 구축해야 한다.

부모도 틀릴 수 있다는 사실을 인정하지 않는다

부모도 잘못을 저지를 때가 종종 있다. 하지만 그걸 인정하지 않아서 실패하는 경우가 많다. 두 명의 다른 자녀를 같은 방식으로 기를 수는 없는 일이다. 자녀에 대해 잘 알아야 하며, 자녀마다 각자의 필요에 맞춰 다르게 양육해야 한다.

자녀의 책임이 아닌 일에 자녀 탓을 한다

아이들은 종종 스스로 통제할 수 없는 상황에 놓이며 일이 잘못되면 책임을 추궁당한다. 일례로, 지현의 엄마는 지현이가 졸업여행비로 쓰려는 돈을 전기세에 보태라고 요구했다. 하지만 지현이는 여행비로 사용했다. 전기는 끊어졌다. 그러자 엄마는 지현이 탓이라며 그녀를 비난했다.

이혼이나 별거가 자녀에게 끼치는 영향

엄마와 아빠 모두 자녀와 초기 애착을 형성하면 유익하다. 부모가 따로 사는 경우, 같이 살지 않는 부모와의 유대관계는 어려움에 봉착

한다. 정신 건강, 물질 남용, 그리고 부모 당사자들 간의 관계가 부모 자녀 간의 유대관계에 전부 악영향을 미칠 수 있다. 한쪽 부모가 정서적으로 고립되어 있거나 위축되거나 어려움을 겪고 있는 경우, 이 문제 또한 부모 자녀 간의 유대관계에 해가 될 수 있다. 시작이 힘들었다고 해서 끝날 때까지 힘들어야 한다는 법은 없다. 그런데 어떤 부모는 초기에 손상을 입은 관계는 극복하기 힘들다고 생각한다. 그러면 자녀가 성인이 되어도 어려움이 계속될 수 있다.

엄마가 수아를 임신했을 때 엄마와 아빠는 몇 번 가볍게 만나던 사이였다. 임신 사실을 들은 수아의 아빠는 곁에 있어 주겠다고 했지만, 수아가 태어나자 다른 지역으로 이사를 가버렸다. 수아는 아빠를 만나러 갈 때마다 낯선 사람과 있는 기분이었다. 불편했지만 수아는 억지로라도 관계를 유지하기 위해 애썼다.

다른 곳에 사는 자녀와 계속 연락을 주고받는 건 가능하지만, 친밀해지려면 부모는 자녀의 일상에 참여하려는 노력을 계속해야 한다. 친밀한 관계를 구축하는 데는 시간이 필요하다. 부모가 성인 자녀와 가깝게 지내길 원한다면 초기에 그 토대를 구축하는 것이 중요하다.

성인인 자녀라도 부모가 헤어지면 괴롭다. 생물학적 부모가 아니라도 마찬가지다. 아이들은 의붓부모는 물론 자신의 삶에서 중요한 역할을 하는 타인과 애착 관계를 형성하기 때문이다.

부모가 어떻게 하느냐에 따라 이별은 다르게 받아들여질 수 있다. 가장 좋은 방식은 양측이 관계를 끝내고자 할 때 자녀와 함께 의논하는 것이다. 이때 이별하는 이유가 자녀의 잘못 때문이 아니며 이별한 후에도 가족 관계는 계속됨을 알려서 자녀를 안심시켜야 한다. 자녀는 일반적으로 다음과 같은 이유로 부모의 이별 후에 트라우마를 겪는다.

부모가 상심해 위축된 모습을 보인다

이별한 부모는 가족을 멀리한다. 하지만 부모가 정신적, 감정적으로 어떤 문제를 겪든 상관없이 자녀에게는 부모의 보살핌이 필요하다.

부모가 전 배우자에 대해 분노하는 모습을 보인다

모든 동반자 관계가 영원하면 좋겠지만 그렇지 못할 때도 있다. 그럴 때 어떤 부모는 상대방을 향해 분노를 표출한다. 하지만 배우자와 헤어진다고 자녀와도 반드시 헤어질 필요는 없다. (어리든 성인이든) 자녀는 종종 부모의 싸움 한가운데에 놓인다. 어떤 경우에는 자녀를 자기편으로 끌어오기 위해 부모가 의도적으로 상대 배우자에 대한 불만을 터트리기도 한다. 자녀의 나이가 몇 살이든, 자녀는 부모의 불만을 쏟아내는 감정 배출구가 아니다.

부모는 전 배우자에 대한 자신의 감정이 자녀의 감정을 오염시키지 않도록 신경 써야 한다. 한쪽 부모의 감정은 종종 소외당한 상대 배우자와 자녀의 관계를 방해한다. 이는 자녀에게 매우 해로울 수 있다. 헤어진 부모가 한 공간에 있는 상황이 되었을 때 감정적으로 힘들어하는 성인 자녀들을 흔히 본다. 부모라도 고통스러운 감정을 억누르는 건 힘든 일이다. 하지만 자녀는 공동육아 문제와 관계없이 부모와 건강한 관계를 맺을 필요가 있다.

부모가 자녀에게 정서적으로 지나치게 의지할 때

아이는 부모가 서로의 관계에서 느끼는 감정을 처리할 만한 정서적 능력이 없다. 하지만 한쪽 부모가 상대 배우자와 자녀를 폭력적으로 대하는 경우 자녀와 감정을 나누면 자녀가 느낄 외로움을 더는 데 도움이 된다. 해로운 폭로는 다음과 같다.

"네 엄마는 쓰레기야. 결혼생활 내내 바람을 피웠어."
"네 아빠는 자기밖에 모르는 사람이야."
"네 엄마는 게을러서 사람답게 살기는 글렀다."

도움이 되는 폭로는 다음과 같다.

"네 엄마의 인간 관계가 너한테 어떤 영향을 끼치는지 알 것 같구나."
"네 아빠와 이야기하는 게 힘들기는 해. 나는 그 사람이 정말 자기 자신에 대해 아는지 궁금하다."
"앞으로 일이 어떻게 될지 네 엄마가 알았으면 좋겠구나."

가정 경제가 흔들릴 때

이별 후에 가정 경제는 걷잡을 수 없이 흔들릴 수 있다. 이런 경제적 불안은 자녀의 안정감을 해칠 수 있다. 더 작은 집이나 친척 집으로 이사 가야 하는 상황이 생길 수도 있고, 부모가 성인 자녀에게 경제적 도움을 받아야 하는 상황도 있을 수 있다. 이별로 인해 의도치 않게 일어나는 이런 큰 변화는 가족 전체에 안 좋은 영향을 미친다.

자녀가 가정에서 더 많은 책임을 지게 될 때

부부 관계에 문제가 생기면 자녀가 배우자 역할이나 그보다 더 중요한 책임을 지게 된다. 아빠가 해오던 방과 후 어린 형제자매를 데려오는 일을 큰 자녀가 대신하는 경우가 그 예다. 자녀가 자발적으로 책임을 맡을 수도 있다. 하지만 그와 상관없이 이런 역할 변화는 부모에 대한 자녀의 원망을 키울 수 있다.

부모가 자녀 감정을 살피지 않을 때

아이들은 괜찮아 보여도 속마음은 다르다. 부모가 이별한 후에는 자기감정에만 집중하지 말고 아이들의 감정을 살펴줘야 한다. "괜찮아요"라고 대답할 때가 아이들의 마음을 더 깊이 파고들 기회다. 아이들에게도 변화는 늘 어려우며 감정을 처리하는 과정이 필요하다.

가족 형태가 완전히 바뀌었을 때

영원히 행복하게 잘 살면 좋겠지만 모든 부부관계가 다 그럴 수 있는 건 아니다. 부모와 자녀 모두 가족 관계의 변화를 슬퍼하며, 어려움을 잘 해결했더라면 어땠을까 생각한다. 부모는 부부의 이혼이 자신들은 물론 자녀들에게도 슬픈 일일 수 있음을 간과해서는 안 된다.

손상된 관계를 복구하려면?

자신을 용서하라

연민은 많은 상호의존적 관계의 바탕이다. 부모도 실수할 수 있다. 따라서 어리석었던 것에 대해, 또는 더 나은 선택을 못 했던 것에 대해 자신을 용서해라. 잘하지 못한 점에 초점을 맞추지 말고 잘한 점을 칭찬하라. 그리고 부모로서 앞으로 나아갈 힘을 구축해라.

공감 능력을 더 키워라

공감 능력은 더 나은 부모가 되는 열쇠다. 부모는 자녀의 감정을 살피고 자기 자신에 대해, 그리고 자신이 어린 시절 삶을 어떻게 경험했는지를 이해함으로써 공감 능력을 키울 수 있다. 어른은 자신이 이미 살아봤기 때문에 어린 시절에 관해서 전문가나 마찬가지다. 특정 나이에 삶의 변화를 경험하면 어떤 느낌일지 떠올려보자. 자녀의 감정을 이해하는 데 도움이 될 것이다.

자신의 어린 시절을 이해하라

습관처럼 늘 하던 대로 하는 육아라면 그만두어라. 당신의 부모가 당신을 위해 해준 것 중 어떤 건 유용할 수 있지만 다 그렇진 않다.

어린 당신에게 유용하지 않았던, 바람직하지 않았던 부모의 육아 패턴을 답습하지 마라. "나도 그렇게 컸어. 너도 그래야지" 같은 말은 그만하고 열린 마음으로 새로운 방법을 찾아라. 시대가 변했다. 당신의 육아 방식도 변하는 게 맞다.

불완전함을 받아들여라

이 말을 따라 해라. "완벽한 부모는 없다" 당신이 얼마나 좋은 부모인가에 상관없이 자녀는 당신에게 만족할 수도, 만족하지 않을 수도 있다. 하지만 자신의 육아 방식을 잘 아는 사람이 좋은 부모가 될 가능성이 크다. 자녀에게 자신이 미칠지 모르는 영향에 대해 걱정하는 건 괜찮다. 그런 걱정을 행동으로 옮겨라. 그리고 자녀와 일부러라도 대화를 더 나눠라. 필요하다면 자기 연민도 괜찮다. 다 잘되지 않을 수도 있지만, 그래도 괜찮다.

"완벽한 부모는 없다."

내 방식에 오류가 있음을 인정하라

상대에게 자신이 어떤 악영향을 미치고 있는지 인식하면 관계가 크게 달라질 수 있다. 후회하는 모습을 보인다고 해서 당신이 형편없는 사람이 되는 건 아니다. 당신은 다만 끊임없이 배우고 더 나아질 방법을 탐색하는 사람일 뿐이다. 자녀와의 관계를 개선하려면, 다음과 같이 하라.

- 당신이 한 일을 옹호하거나 의도를 증명해 보이려 하지 말고 자녀의 의견에 귀를 기울여라. 자녀가 자신의 말이 경청 받고 있으며 자신의 요구가 받아들여지고 있다고 느끼는 게 중요하다.
- 당신에게 함께 이야기 나누고 들을 기회를 준 것에 감사를 표하라. 당신과 이야기를 나누려는 자녀의 마음을 고맙게 생각하라.
- 지금 원하는 게 뭔지 물어라. 과거 일은 돌이킬 수 없지만, 이제부터 자녀가 당신에게 원하는 건 해줄 수 있다. 관계가 어떻게 달라질 것 같은가?
- 주기적으로 관계를 확인하라. 관계에 문제는 없는지 미리 묻고 예방하라. 이는 분노나 수동공격적 태도를 보이는 자녀를 대할 때 특히 유용하다.
- 과거 얘기를 꺼낼 여지를 주어라. 과거의 잘못이 끊임없이 눈앞에 던져지는 게 싫겠지만, 여전히 자녀를 아프게 할 수 있음을 간과해서는 안 된다. 그러므로 과거 문제에 대한 감정을 안전하게 털어놓을 수 있도록 기회를 마련하라. 하지만 자녀가 당신을 화풀이 대상으로 삼게 두어서는 안 된다. 그리고 자신이 상처 입은 상황을 얘기하는 순간에도 공손한 말투를 유지하도록 해야 한다.

당신이 통제할 수 없는 일들

성인 자녀의 인생에는 당신이 통제할 수 없는 것들이 있다. 자녀가 스스로 성장하고 자기 본연의 모습으로 살아갈 수 있도록 기회를 주는 것이 바람직하다. 무엇보다 가장 중요한 건, 성인 자녀는 '성인'이라는 사실이다. 관계를 해칠 수 있으므로 성인 자녀와 뜻이 다르더라도 표현하지 않는 게 좋다.

성인 대 성인의 관계로 바뀌면 부모나 자녀 모두 불편하다. 성인 자녀는 부모의 기분을 상하게 하지 않으려 애쓰고, 부모는 자녀의 위치를 확인하려 애쓴다. 하지만 기억해야 할 점은 지금은 어린 자녀도 결국에는 성인이 된다는 사실이다. 부모 자녀 관계는 자녀가 성장함에 따라 달라지기 마련이다.

첫 번째 변화는 자녀가 십대에 들어설 때 시작된다. 자녀들은 부모보다는 친구들과 더 많은 시간을 보내기 시작한다. 다음은 자녀가 부모의 집을 떠나 부부관계를 맺고 자녀를 가질 때 이뤄진다. 단계마다 부모는 자녀에 대한 통제권을 점점 더 내주게 된다. 부모가 성인이 된 자녀를 어릴 때와 같은 수준으로 통제하려 하는 건 바람직하지 않다. 성인이 된 자녀와 건강한 관계를 유지하고 싶다면 어떻게 해야 할까? 대답은 다음과 같다.

선택의 자유를 주어라

답을 주는 대신 스스로 문제를 해결해나갈 수 있도록 격려하라.

당신은 자녀가 부모의 조언 없이도 바람직한 결정을 내리는 법을 배우길 바라지 않는가?

"혹시 내 의견이 필요하니?"라고 묻는 연습을 해라

개입해야 할 것 같으면 먼저 허락을 구해라. 자녀가 원한다면 감정을 분출하게 도와주고 함께 해결책을 찾아라.

무엇이 최선인지 지시하지 마라

육아는 끝났다. 자녀는 이제 어린아이가 아니다.

연락하는 것에 대해 규칙을 새로 정하라

전통은 변한다. 욕구도 변한다. 따라서 관계도 변한다. 자녀가 처음 집을 떠나면 연락을 자주 할 것이다. 하지만 기반을 잡고 나면 하루에 두 번 오던 전화가 하루에 한 번으로 바뀌다가 결국 일주일에 한 번쯤으로 바뀔 가능성이 크다.

과거의 자녀 모습에 집착하지 마라

자녀의 변화를 받아들여라. 당신이 좋아했던 모습이 아니라는 이유로 죄책감을 느끼게 만들지 마라. "전에는 매일 전화하더니, 이젠 너무 바쁜 모양이네."

적당히 놓아주는 법을 배워라

자녀가 결혼해 가족이 생기거나 새로운 사회생활을 시작하고 직장 등으로 인해 변화가 생기면 부모와의 관계도 변하기 마련이다.

바운더리를 존중해라

부모라고 해도 시도 때도 없이 자녀를 찾아갈 권리는 없다.

바라는 게 있다면 먼저 변해라

부모: "애들이 연락이 없네요."

심리치료사: "전화를 걸어 보셨나요?"

부모: "아뇨, 애들이 좀 바빠야 말이지요."

뭔가 변화를 바란다면 먼저 손을 내밀어라. 자신은 아무것도 하지 않으면서 남에게 기대하지 마라.

성인이 된 자녀와 건강한 관계를 유지하는 부모가 되고 싶다면, 성인이 친구나 직장 동료 같은 다른 성인을 어떻게 대하는지 떠올려라. 이상적인 성인 관계에는 상호 존중과 이해, 서로 다름의 여지가 있다. 부모와 성인 자녀와의 관계는 부모가 자녀를 다른 성인과 똑같이 대할 때 건강하게 유지될 수 있다.

성인 자녀에게도 부모의 보살핌은 여전히 필요하다. 나이가 들었다고 해서 누군가의 보살핌이 필요하지 않은 건 아니다. 어른이 되었다고 부모가 더 이상 보살펴주지 않으면 어른이라도 버려진 기분이들 수 있다. 육아는 평생의 과업이다. 육아가 끝나도 다른 필요는 여전히 존재한다. 어른이 되면 필요의 양상이 달라질 뿐 사라지지는 않는다. 명심하라. 성인이 된 자녀를 돌본다는 의미는 관리가 아니라 지지해준다는 것이다.

갈등 원인은 무엇일까?

부모는 자녀를 선택할 수 없다. 하지만 해결되지 않는 문제가 있어도 자녀를 사랑한다. 누군가를 사랑하면서도 좋아하지 않을 수 있고, 사랑하면서도 함께 하고 싶지 않을 수 있다. 성격이나 기질, 삶의 경험 모두가 부모-자녀 관계의 질을 결정하는 요소다.

물질 남용, 정신 건강 문제, 서로 다른 생활방식은 부모가 자녀와의 관계에서 가장 힘들어하는 문제들이다. 무조건적 사랑이라고 해서 어떤 행동이라도 참아야 하는 건 아니다. 근본적으로 모든 관계에는, 부모와 자녀 관계라 할지라도 조건이 있다.

물질 남용

물질 남용은 자녀의 인격에 견디기 힘들고 위험한 변화를 초래한다. 부모는 단호하고 명백한 바운더리를 선택하거나 멀리서 관계를 관리할 수 있다. 선을 긋고, 때로는 연락을 끊는 편이 가장 바람직한 선택이 되기도 한다. 어떤 경우에는 부모 간의 의견이 맞지 않아서 한쪽 부모는 관계를 유지하는 동안 나머지 부모는 자녀를 거부하고 관계를 아예 끊기도 한다. 물질 남용 문제가 있는 자녀와 어떻게 관계를 맺을지 부모의 의견이 같지 않다면 유감스러운 일이다. 부모의 역할에 대한 서로 다른 관점을 인식하고 해결하기 위해서는 부부 상담이 도움이 될 수 있다.

재선과 그녀의 남편 영도는 딸 대신 손주들을 키웠다. 영도는 양육권을 상실한 딸이 손주들을 만나는 걸 허락하지 않았지만, 재선은 가끔 딸과 전화 통화를 하며 아이들과도 통화할 수 있게 해주었다.

종교

종교를 바꾸거나 새로운 종교를 택하는 일은 부모 자녀 관계에 긴장을 유발한다. 종교는 세상을 보는 관점에 영향을 미치며, 경우에 따라 자녀가 가족과 맺는 관계를 바꿔놓기도 한다. 가족 구성원들끼리 교리나 역사 종교적 사실을 놓고 언쟁을 벌이는 경우 긴장이나 불화가 뒤따른다. 부모는 자녀가 자신들의 가르침을 따를 때 가장 편안하다고 느낀다. 성인이 된다는 것의 싱딩 부분은 자신이 어떤 사람이 되고 싶은지를 결정하는 일이다. 자녀가 당신과 다른 종교의 길을 택한다면 어떻게 해야 할까?

· 새로운 신앙을 탐구하고자 하는 자녀의 선택을 존중한다.
· 자녀가 택한 종교에 호기심을 갖고 스스로 찾아서 공부도 하고 자녀가 공유하는 내용에 귀를 기울인다.

- 자녀의 새로운 종교 행사에 참석한다.
- 언쟁으로 발전할 것이 빤하므로 종교에 대한 격한 대화를 피한다.
- 자녀의 인생에 종교가 미칠 긍정적인 영향에 초점을 맞춘다.
- 종교와 무관한 주제로 결속을 꾀한다.

성 소수자

많은 성 소수자들이 정체성을 인정받기까지 먼 길을 왔지만, 아직도 갈 길이 멀다. 성 소수자의 부모가 가장 두려워하는 것 중 하나는 자녀의 안전 문제다. 이 때문에 성 소수자의 가족들은 자녀에게 성 정체성을 숨기라고 권한다. 이는 자녀의 자존심에 상처를 입힌다. 게다가 자신의 중요한 부분을 비밀로 유지하는 건 쉽지 않은 일이다.

부모는 수치심을 느끼고 때로는 자신을 책망한다. 수빈의 아버지 도완은 늘 딸에게 "사내아이 같다"라고 말하곤 했었다. 그런데 수빈이 여자 친구들에게 관심이 간다고 하자, 아버지는 그저 자라는 과정이라 그렇다더니 갑자기 유난스럽게 수빈의 옷차림과 만나고 다니는 친구들을 확인하기 시작했다. 수빈은 자신에 대해 잘 알고 있었지만, 도완은 받아들이길 거부했다. 이런 경우 부모에게 하고 싶은 조언은 다음과 같다.

- 자녀에 대한 기대를 처리하는 데 심리치료가 도움이 될 수 있다.
- 원하는 바와 다르더라도 자녀의 정체성을 존중하라. 자신을 있는 그대로 받아들이기는 쉽지 않은 일이다. 거부당하면 더 어

려워진다는 것을 명심하라.

· 자녀가 어떻게 불리길 원할지 알아보라.

· 자녀는 이제 당신의 뜻과는 다른 사람이 되었다. 동정은 아무 것도 바꿀 수 없을 뿐만 아니라, 모든 걸 악화시킬 수 있다.

기억하라. 자녀와의 관계가 나아지기를 원한다면 자녀의 정체성을 받아들이는 법을 배워야 한다. 또한 자녀에게 하고 싶은 조언은 다음과 같다.

· 당신의 정체성에 대해 부모가 깨닫고 적응할 시간을 주어라.
· 당신을 부르는 호칭과 어떻게 대우받고 싶은지에 대해 바운더 리를 설정하라.
· 부모와의 관계 변화에 적응하는 데 심리치료가 도움이 될 수 있다.
· 부모와의 관계 변화가 당신의 정신 건강에 해롭다면 앞으로 그 관계를 유지할지 끊을지 잠시 거리를 둘지 결정하라.

정신 건강 문제

정신 건강 문제가 있는 자녀가 치료를 거부한다면 부모로서는 고통스러운 일이다. 이웃 중에 아들이 조현병을 앓는 사람이 있었다. 그녀는 만일 자신의 아들이 우연히 우리 집에 오면 문을 열어주지 말라고 경고하기도 했다. 오랫동안 치료를 받게 하려고 설득하던 그녀는 결국 아들과 그만 싸우기로 했다. 몇 번 폭력 사건이 있었던 탓에, 그 아들은 더는 집에 머물 수 없었다. 그녀로서는 어려운 선택이었지만, 어쩔 수 없는 일이었다.

생활방식의 차이

성인이 된 자녀들은 자라서 어떤 사람이 될지 스스로 결정한다. 부모의 뜻과는 다를 때도 있다. 생활방식의 차이에는 다음과 같은 것들이 포함된다.

- 경제적 선택
- 전통을 따르는 연애 관계 vs 전통에 맞지 않는 연애 관계
- 식습관
- 정치관

순정은 아들 종원이 5년 전 혜라와 결혼한 후로 아들과 계속 다투는 관계가 되었다. 혜라는 종원이 사랑하는 사람들과 맺은 관계를 통제하고 거리감을 두게 만들고 있었다. 순정이 보기에 종원은 더 이상 자신이 기른 사랑스러운 아들이 아닌 것 같았다. 종원은 혜라가 자신과 다른 이들과의 관계를 망치도록 그냥 두고 있었다. 때로 부모-자녀 관계를 되돌리고자 하는 마음은 일방적이다. 양쪽이 모두 원하지 않는다면 관계 회복은 이루어지지 않는다.

성인 자녀 부양

때로 성인 자녀가 계획대로 독립하지 못하는 경우가 있다. 하지만 자녀를 계속 아이 취급하는 건 도움이 되지 않는다. 부모로서 걱정되는 마음에 가능한 모든 도움을 주고자 하는 건 당연하다. 하지만 그렇게 하면 몹시 비싼 대가를 치러야 할 수도 있다. 미국 금융정보 사이트인 '매그니파이머니MagnifyMoney'가 진행한 한 연구에 따르면, 전 연령대의 성인 중 22%, 그리고 Z세대의 67%가 부모로부터 경제적 지원을 받는 것으로 나타났다. 자신이 지원하지 않으면 성인 자녀가 실패할 확률이 높다는 생각이 들면 부모는 때로 어쩔 수 없이 그들을 지원하게 된다.

금융정보회사 '뱅크레이트Bankrate'의 연구에서는 성인 자녀의 주택과 건강 보험, 비상 지출을 뒷바라지하느라 부모 34%의 노후 자금이 위험에 처한 것으로 드러났다. 이런 문제는 해결이 복잡하고, 금융 전문가나 심리치료사 등 전문가의 도움이 필요할 수도 있다. 해결을 위해 부모에게만 의존해서는 안 된다.

부모는 자녀가 나이에 상관없이 보살핌받기를 원한다. 성인 자녀를 알아서 하게 두지 말고 돕는 것이 중요하다. 성인 자녀는 다음과 같은 방법으로 도울 수 있다.

· 일시적으로 기간을 정해 돕는다.
· 직접 도와주는 대신 방법을 가르친다.
· 어떤 방식으로 도울 것인지 바운더리를 설정한다.

- 해결해주거나 문제를 떠맡는 대신 스스로 해결책을 찾게 한다.
- 부양하는 역할에서 돕는 역할로 서서히 물러선다.

성인 자녀가 바운더리 없이 살고 있다면 부모는 자녀를 어떻게 대해야 자녀에게 장기적으로 도움이 될지 생각해봐야 한다. 도움은 반드시 바운더리를 기준으로 제공되어야 하며 부모에게 손해를 끼치면 안 된다.

성인 자녀와의 문제 해결

가족 치료

심리치료는 모든 당사자에게 도움이 될 수 있다. 혼자 문제를 해결하기 위해 노력하는 게 늘 최선의 해결책은 아니다. 가족 문제를 해결하려면 노련한 전문가의 도움이 필요하다. 심리치료는 치료실이 아니면 절대 언급되지 않았을 문제를 드러내 준다. 만일 가족 요법에 관심이 있다면, 사랑하는 가족을 치료에 동참하게 하는 데 다음과 같은 방법이 유용할 수 있다.

"난 널 사랑하고, 우리 관계를 위해 노력하고 싶어. 괜찮은 가족 치료사가 있다는데, 나랑 같이 상담받지 않을래?"
"우리끼리 대화하면 종종 논쟁으로 끝나더라고. 우리가 소통하는 방식에 대해 전문가와 이야기해보고 싶어."

"너하고의 관계는 나한테 중요해. 제발 나랑 같이 상담받으러 가자."

개인 치료

가족이 치료를 받지 않으려 하거나 가족과 함께 치료받을 준비가 되지 않았다면, 혼자서라도 문제를 해결하기 위해 할 수 있는 데까지 해라. 치료를 받으러 온 사람들이 그 자리에 오지 않은 사람들과의 관계를 상의해오는 건 흔한 일이다. 상대가 없어도 당신은 어려운 관계나 감정 처리 방법을 배울 수 있다. 개인 치료는 자기 자신에 대해, 그리고 자신이 타인과의 관계에서 어떻게 행동하는지에 대해 자세히 들여다볼 수 있는 방법이다.

어린 자녀를 어떻게 양육해야 할까?

당신은 어린 자녀를 대하는 방법을 달리함으로써, 그리고 건강하지 못한 사이클의 반복을 끊음으로써 자신의 미래를 바꿀 수 있다. 당신 가정에는 어떤 문제가 있는가, 그리고 다른 결과를 만들어내려면 어떻게 해야 하는가? 세대 패턴을 끊는 방법을 몇 가지 살펴보자.

자녀가 자신의 감정을 이야기하도록 격려하라

하나의 부모는 하나가 열한 살 때 이혼했다. 하나와 형제자매들은 아버지가 짐을 싸 집을 나갈 때에야 그 사실을 알았다. 아무도 무슨 일이 일어나고 있는지 얘기해주지 않았다. 그저 "다 괜찮아질 거야"라는 말뿐이었다. 하지만 삶이 크게 바뀌었기 때문에 아이들은 전혀 괜찮다고 느끼지 못했다.

하나가 이혼을 언급하려 할 때마다 하나의 엄마는 화제를 돌렸다. 하나는 점차 엄마를 불편하게 하는 얘기는 하지 않게 되었다. 하지만 이는 하나에게 해로운 일이었다. 왜냐하면 아이들은 어른과 정서적 연결이 필요하기 때문이다.

감정은 종종 가정 내에서 금기시되고 무시당하는 주제다. 하지만 입에 올리지 않는다고 해도 감정은 없어지지 않는다. 가정에 위기가 있을 때도 아이들은 다 알고 있다. 그리고 어른들과 함께 감정을 얘기하면 덜 외롭다고 느낀다.

"다 괜찮아질 거야"라든지 "별일 아니야"라는 말로 과하게 안심시키려 하지 않도록 주의하라. 때로는 괜찮아지지 않을 수 있고 별일일 수 있다. 어른으로서 당신은 자녀들이 어떻게 느끼는지 들어줄 수 있다. 상황은 어쩔 수 없을지 몰라도, 복잡한 감정에 관해 대화를 나눔으로써 당신이 아이들과 연결되어 있으며 대화를 통해 돕고자 한다는 걸 알려줄 수 있다. 아이들과의 정서적인 소통을 방해하는 말은 다음과 같다.

- 너무 감성적이라고 나무란다.
- 감정을 드러내지 못하게 만든다.

- 충분히 느끼기도 전에 억지로 감정을 극복하도록 강요한다.
- 속상해할 때 "괜찮아" 같은 말을 늘어놓는다.
- 어떤 감정이 들어야 하는지 강요한다.
- 어떤 감정을 '느껴야 하는지'에 대한 당신의 의견에 동의하게 만든다.
- 감정에 관한 대화는 되도록 피한다.
- 당신이 감정을 표현하는 모습을 보지 못하게 막는다.
- 늘 자신만만한 모습을 보인다.

잘못한 게 있다면 사과하라

부모가 되면서 알게 된 게 있다면 내가 모든 걸 다 알지는 못한다는 사실이었다. 일을 잘못해 엉망을 만들었다면 사과해야 한다. 어릴 때 나는 일부 어른들이 잘못을 저질러놓고는 변명하고 더 강하게 반발하는 모습을 보았다. 그들은 사과하지 않았다. 자신들이 한 행동이나 말이 틀렸다는 사실도 인정하지 않았다. 잘못된 지식에 대해 무지를 인정하려면 용기가 필요하다. 다음과 같은 경우에는 아이들에게 사과하는 게 좋다.

- 화가 나서, 또는 불만스러워서 소리를 질렀다.
- 정서적으로 무시 또는 방임했다.
- 잘못을 저질렀다.
- 어른의 적절한 지도 없이 스스로 돌봐야 하는 상황에 두었다.

- 제대로 알지도 못하면서 비난했다.
- 학대를 가했다.

사과가 항상 상황을 개선해주는 건 아니지만, 당신이 기꺼이 상황을 책임지려 한다는 것을 아이에게 알려줄 수는 있다. 아이에게 사과는 다음과 같이 하면 된다.

- "소리 질러서 미안하다. 적절치 못한 행동이었어."
- "전에 하려고 했던 말, 내가 제대로 듣지 않았지. 미안하구나. 무슨 내용이었는지 지금 다시 말해줄 수 있겠니?"
- "내가 오해했다. 네 말이 맞아."
- "도움 없이는 네가 몰랐던 게 당연해. 내가 옆에서 도와줬어야 했는데 미안하다."
- "네 탓을 해서 미안하다. 내 잘못이었어."
- "그런 식으로 말해서 미안하다. 용서해라. 적절치 못한 행동이었어."

감정적인 모습을 자녀에게 보이고 어떤 감정인지 설명하라

고통을 덮기만 하는 건 당신에게도 당신 자녀에게도 건강하지 않은 행동이다. 하지만 약한 모습을 보이며 자신의 감정을 타인과 공유하는 일은 힘이 든다. 내담자들은 너무 자주 이렇게 말한다. "엄마가 화내시는 모습을 본 적이 없어요. 늘 차분하셨어요." 감정을 정상적으로 표현하면 아이들도 자신의 감정을 편하게 표현할 수 있게 된다. 나이에 맞는 방식으로 감정을 공유하라. 감정 공유 방법은 다음과 같다.

- "엄마가 돌아가셔서 우는 거야. 엄마가 그리워."
- "화가 나서 소리를 지른 거야."
- "답답해서 그런데, 몇 분만 쉬고 올게."

어려움을 겪고 있을 때의 감정을 아이들 앞에서 부정하지 말라. 나중에 아이들이 비슷한 상황을 겪을 때 유기적으로 반응하는 방법을 모르게 된다. 솔직하게 감정을 드러내도 아이들은 충분히 처리할 수 있다. "화 안 났어"라거나 "괜찮아"라는 말로 아무렇지 않은 척할 필요 없다.

물론 너무 세세하게, 또는 너무 자주 감정을 공유하는 부모도 있다. 가끔은 괜찮지만, 자녀에게 당신의 정서 관리를 떠맡기면 안 된다. 만일 자녀에게 너무 자주 감정을 토로하고 있다면 얘기를 털어놓을 만한 성인, 즉 정신 건강 전문가 같은 사람이 필요하다는 신호일 수 있다.

자녀들이 원하는 걸 하면서 시간을 보내라

최근의 연구에 따르면, 시간도 양보다 질이 중요하다. 다행스럽게도 요즘은 부모들이 전보다 기꺼이 자녀와 함께 놀고 독서하고 활동에 참여하고자 하는 경향이 늘었다. '충분히' 질적으로 좋은 시간이 몇 시간이라고 특정한 숫자로 표현하기는 힘들다. 중요한 건 자녀가 중요하다고 생각하는 일을 함께하는 것이다. 아이들은 부모가 자기들이 중요하게 생각하는 것에 관심이 있는지 알고 싶어 한다. "제가 그런 것 좀 보세요"라든지 "저랑 같이 TV 봐요"와 같은 말로 관심을 끄는 것도 그런 이유 때문이다.

역기능 가정에서 자란 성인은 자신의 세계에 발을 들이는 부모를 갖지 못한 경우가 많다. 그런 부모는 어쩌다 아이에게 관심을 보인다고 해도 같이 즐기기엔 너무 엄격하다. 같이 노는 대신 아이들을 태권도장에 보낼 수도 있지만, 그건 자녀의 세계에 들어가 함께 노는 것과는 다르다. 그럴 때 아이는 억지로 강요당해서가 아니라 흥미를 느끼거나 기꺼이 참여하고 싶어야 한다. 부모는 아이의 연습을 도와주는 식으로 활동에 직접 참여하거나 관중이 되어 지켜봐야 한다. 이때 어떤 활동을 할지 아이 대신 선택하지 말고 '아이에게' 무엇을 하고 싶은지 물어라.

감정을 자극하는 요소들을 건강하게 다루는 법을 가르쳐라

우리는 모두 크고 작게 감정적인 자극을 받는다. 아이들의 경우에는 감정조절이 어려워 짜증을 낸다. 그러므로 감정적 자극을 받았을 때를 대비해 (다른 사람의 도움 없이 혼자서 할 수 있는) 자기조절이나 (다른 사람과 함께 하는) 상호조절 전략을 몇 가지 가르쳐주는 게 좋다. 자기조절 전략의 예는 다음과 같다.

- 혼자서 심호흡하기
- 피젯토이(피젯 스피너, 피젯 큐브, 팝잇 등 손으로 만지작거리면서 스트레스를 해소하는 용도의 장난감) 가지고 놀기
- 일기 쓰기

상호조절 전략의 예는 다음과 같다.

- 각자 걱정하는 부분에 관해 얘기하기
- 같이 심호흡하기
- 서로 꼭 껴안기

아이들이 원하는 사람, 당신이 되고 싶은 사람이 돼라

당신도 어린 시절을 겪었다. 따라서 당신은 이미 어린이 전문가다. 통제 불능 상태일 때 어떤 기분이었는지 떠올려보라. 대부분의 일을 어른에게 의지해야 하는 기분이 어땠는지 기억해보라. 자녀를 더 잘 키울 방법을 알고 싶다면, 자신의 어린 시절로 돌아가 그때 자신은 무엇을 필요로 했었는지 떠올려보면 도움이 된다.

사람은 모두 다 다르다. 각자 필요로 하는 것도 전부 다르다. 모두 다른 걸 원하기 때문에 두 자녀를 같이 키우면서 각자의 요구를 충족시키는 일은 불가능하다. 또한 "이게 내가 필요로 했던 거"라는 관점으로 아이를 키우는 건 효과적이지 않다. 자녀가 당신에게 원하는 건 자기가 원하는 바로 그 사람이 되어주는 것이다. 그러면서 과거 아이

였을 때 자신은 어땠는지를 떠올리는 것이다.

시간의 흐름에 따라 육아 방식도 좀 더 실질적인 것에서 점차 자녀가 원하는 생활방식을 지원해주는 방향으로 바뀐다. 부모-자녀 관계에서 이런 변화가 복잡하게 느껴질 수 있지만, 자녀가 성장하고 발달함에 따라 부모의 역할도 달라지는 게 바람직하다. 자녀의 성장 단계마다 부모는 통제권을 조금씩 더 내려놓는다. 아이로서는 성인 자녀로 역할을 이행하는 것이 어렵게 느껴질 수 있다. 사랑은 통제로 정의되는 것이 아님을 기억하면서 성인이 되어가는 자녀를 지지할 때, 이런 이행이 성공적으로 이루어질 수 있다.

오늘의 질문

1 부모-자녀 관계에서 당신이 바라는/바랐던 점은 무엇인가?

2 당신의 자녀가 당신에게 들어야 할 말은 무엇인가?

3 자녀를 지원하기 위해 당신에게 필요한 바운더리는 무엇인가?

친척들과의
문제

가족이 사망하면 사람들은 종종 그 죽음을 둘러싸고 벌어지는 일을 처리하는 데 어려움을 겪는다. 가족 관계 또한 시험에 든다. 준서의 가족은 할아버지 순규가 세상을 뜨자 혼란에 빠졌다. 사촌과 삼촌들을 비롯한 몇몇이 유언장에서 빠졌기 때문이다. 유산을 받은 이들이 자신의 몫 일부를 이들에게 주어야 한다는 분위기가 만들어졌다. 뒤죽박죽 난리가 났다.

순규는 다섯 자녀 모두를 사랑한 듯 보였다. 하지만 세월이 가면서 장남과 큰딸을 제일 사랑했다는 게 분명해졌다. 그는 생전에 다섯 명의 성인 자녀 모두에게 어느 정도 재산을 골고루 나눠주었다. 하지만 유산은 첫째, 둘째 자녀와 열두 명의 손주 중 두 명에게만 남긴 것이었다.

순규가 사망한 후 가족들은 만나기만 하면 유언장 때문에 싸웠다. 결국 명절에도 모이지 않게 되었다. 형제 중 중간이었던 준서의 아버지는 손아래 두 여동생과 연락을 끊었다.

준서는 할아버지와 별로 가깝게 지내지 않았기 때문에 유언장에 자기 이름이 빠졌어도 전혀 놀라지 않았다. 왜 아버지와 고모들이 의견 차이 때문에 가족 관계를 희생시키는지 이해할 수 없었다. 준서는 유언이 당연히 할아버지의 선택이라고 생각했다. 하지만 솔직히 의견을 말했다가는 가족들에게 따돌림을 받게 될지도 몰랐다.

준서는 사촌들을 비롯해 고모, 삼촌, 숙모와 많은 시간을 함께 보내며 자라왔다. 하지만 지금은 다들 사이가 좋지 않았다. 가족 관계를 유지하기도 점점 더 힘들어지고 있었다. 누굴 편들고 싶은 마음은 없었지만, 친척들과 몰래 연락하고 싶지도 않았다. 고모들한테 말을 걸 때마다 그들은 손위 형제들을 헐뜯기 일쑤였다.

준서는 결혼을 앞두게 되자 친척들을 결혼식에 초대하고 싶어졌다. 하지만 모두 한데 모이는 상황이 걱정스러웠다. 모두 따로 좌석을 배정하는 방법도 생각해봤다. 하지만 그들을 초대했다는 것만으로도 아버지는 화를 낼 게 뻔했다.

준서는 아버지에게 삼촌과 고모들을 결혼식에 초대할 예정이라는 말을 하고 싶었다. 그래서 아버지의 배신감과 분노에 대처할 방법을 찾기 위해 치료실을 찾았다.

중간에서 난처한 상황일 때

자신과 아무 상관없는 가족 문제라도 영향을 받을 수 있다. 부모가 자신의 형제자매와 사이가 좋지 않으면 그들뿐만 아니라 사촌들, 할머니, 할아버지와의 관계까지 어려워진다. 하지만 누구에게도 관계를 바로잡으라고 강요할 수 없다.

준서는 중립을 지키고 싶었다. 친척들에게 연락해 서로 잘 지내라고 하지 않는 한은 괜찮았다. 고모든 삼촌이든 얼마든지 따로 연락하고 만날 수 있었다. 하지만 결혼식 때문에 문제가 복잡해졌다. 이 경우 준서는 어떻게 하면 좋을까?

솔직하게 털어놓는다

누군가는 화를 낼지도 모르지만, 서로 개인적인 감정이 어떻든 간에 모두와 좋은 관계를 유지하고 싶다고 솔직하게 말한다.

바운더리를 설정한다

다음과 같은 방식으로, 자신은 그 문제에 신경 쓰지 않을 것임을 모두에게 알린다. 아빠에게 다음과 같이 이야기한다. "아빠, 유언장에서 빠져서 화나시는 거 이해해요. 하지만 아빠와는 날리 저는 다른 친척들이랑 아무 문제없어요. 제 관점으로 보고 싶어요." 고모나 삼촌, 사촌들에게 다음과 같이 이야기한다. "전 제가 사랑하는 가족들 사이의 다툼에 신경 쓰지 않고 그냥 제 기준에서 관계를 이어가고 싶어요."

선택권을 준다

준서가 초대해도, 친척들은 만나고 싶지 않은 누군가 때문에 참석하지 않을 수 있다. 그들의 참석 여부는 준서가 어떻게 할 수 있는 문제가 아니다. 그리고 준서는 모두 사이좋게 어울리지 못하는 불편한 상황에 대처하는 법을 배워야 할 것이다.

중립을 지킨다

가족 간의 갈등이 있을 때 해결사나 치료사가 될 필요는 없다. 그저 당신은 중립적인 입장이며 격한 장면의 일부가 되고 싶지 않다는 것만 알리면 된다.

가족 간의 균열은 유산이나 심한 뒷담화, 중독이나 남용과 같은 만성적인 역기능 패턴, 그리고 편애 문제로 인해 촉발되는 경우가 많다. 〈패어런트 후드Parenthood〉나 〈디스 이즈 어스This Is Us〉, 〈석세션Succession〉 같은 가족 드라마를 보면, 위와 같은 역학 관계가 늘 등장한다. 예를 들어, 〈쉐임리스Shameless〉 시리즈에서는 식구들 모두 각자 역기능적 특징을 갖고 있다. 그렇기는 하지만 여섯 자녀를 둔 아빠인 프랭크 갤러거Frank Gallagher는 아들 리암을 가장 사랑한다. 막내기도 하거니와 프랭크의 역기능적인 면을 가장 긍정적인 시선으로 봐주기 때문일 것이다. 리암은 나머지 형제자매들과 달리 아직은 아빠와 별다른 사연이 없다. 따라서 아버지에 대한 그의 이미지는 그다지 왜곡되지 않은 상태다. 또한 프랭크도 리암과의 관계에 신경을 쓰고 있다. 아마 아빠 역할을 제대로 할 마지막 기회라고 생각하기 때문일 것이다.

친척과의 관계에서 흔히 겪는 문제

이미 지나간 문제를 끄집어내는 경우

많은 가정이 역사를 반복한다. 때로는 여러 세대 동안 이어지다가 용감한 누군가가 가정 내 문제를 언급하고 나서야 끝나기도 한다. 요란하지만 요점은 관철하지 못하는 말다툼과 대화는 다르다. 물론 어떤 가족 문제는 너무 뿌리가 깊어서 전문가의 도움을 받아야 하거나 그냥 흘러가게 두어야 할 수도 있다.

가족들이 모이면 주미의 어머니와 이모, 외삼촌들은 늘 어린 시절에 있었던 일들을 가지고 싸우기 일쑤였다. 처음에는 가벼운 대화로 시작하다가 곧 고성이 오가는 상황으로 확대되는 식이었다. 주미는 어른들의 그런 격한 갈등을 견딜 수 없어 가족 모임을 피하기 시작했다. 이 문제는 다음과 같은 방법으로 대처할 수 있다.

- 모든 문제가 다 해결될 수 없음을 이해하고, 최대한 그런 주제가 언급되지 않게 한다.
- 마음의 평화를 유지하기 힘들다면, 그냥 문제 삼지 않는다.
- 문제를 언급하고 싶다면 여럿이 모인 자리 대신 일대일로 만나서 하라.
- 언쟁이 심해지기 전에 미리 자리를 떠라.

소외감

이런 말을 들어봤을 것이다. "그 사람을 알고 싶다면 생일파티와 결혼식, 장례식에 가 봐라." 사람들은 인생의 큰일을 치를 때 가장 큰 도전에 직면한다. 따라서 사전에 자신이 기대하는 바를 얘기하는 게 중요하다.

예를 들어, 수정은 숙모 선희와 매우 친했다. 수정의 결혼을 앞두고 선희는 수정이 제일 좋아하는 사람이 자신이므로 결혼식 준비에 관여하게 되리라 생각했다. 하지만 행사 준비로 바빴던 수정은 선희에게 점점 연락을 뜸하게 했고, 선희는 소외감에 화가 났다.

타인과의 관계에서 기대감을 품는 건 당연하다. 하지만 그들이 우리의 기대감을 충족시켜줄지 말지는 우리가 어떻게 할 수 없는 영역이다. 성인이 되어 새로운 사람들을 만나면, 관계에 대한 바람도 달라진다. 새로운 관계를 맺고 기존 관계에 대한 바람이 변하면 누군가 소외감을 느끼는 가족이 생길 수 있다. 더는 누나를 찾지 않거나, 한때 가장 친했던 사촌을 집에 초대하지 않을 수도 있다. 당신이 변하면 관계도 변한다. 이 문제에 대처하는 방법은 다음과 같다.

- 먼저 말한다. "우리 둘이 준비하면서 함께 해나가는 방법을 배우고 싶어요."
- 상대가 당신 말을 이해했는지 확인한다. "제 말 이해하셨는지 확인하고 싶어요. 제가 뭐라고 했지요?"

상처 주는 말

집안마다 무례하고 심술궂은 친척이 적어도 한 명쯤은 있다. 식구들은 대부분 "저 사람 원래 그래"라며 넘어갈 것이다. 다행스러운 점은, 다른 사람들이 그 행동을 받아준다고 해서 당신까지 받아줄 필요는 없다는 사실이다.

추수감사절 저녁 식사 자리에서 "내 침대에 오줌 쌌던 일 기억나?"와 같은 말을 듣는다면 바로 화가 나기 시작할 것이다. 가족 관계에서는 놀리는 걸 친근한 행동으로 보기도 한다. 하지만 어느 순간 농담은 재미에서 상처를 주는 말로 바뀐다. 따라서 더는 그런 농담을 용납할 수 없음을 가족들에게 알리는 편이 좋다. "그냥 농담이었어"라는 말은 농담이 아니라 가스라이팅이다. 상처 주는 말을 해놓고 농담인 척하는 게 가스라이팅이다.

가스라이팅이 상처를 주는 이유는 상대가 그런 말을 하는 이유가 실은 "꼭 사실이 그렇다기보다는, 네가 정상이 아니라고 믿게 만들고 싶다"이기 때문이다. 우리는 누군가 이런 행동을 하면 너무 충격을 받은 나머지 자기가 정말 정상이 아닌가 고민하느라 뇌를 괴롭힌다. 사실, 정상이 아닌 건 그들이다. 당신은 '정상'이다. 가스라이팅은 자신을 의심하게 만들려는 목적으로 사용하는 폭력적인 수단이다.

민규는 최근 체중이 늘었다. 친척들이 모인 자리에서 여럿이 민규의 체중 얘기를 꺼냈다. 몇몇은 농담을 던지기까지 했다. 민규는 기분이 상했지만 어떻게 멈추게 할지 알 수 없었다. 이런 경우 대처법은 다음과 같다.

- 똑똑히 말한다. "체중 얘기 그만해. 재미도 없고 기분 나쁘니까."
- 같은 말을 되풀이한다. "전에도 말했을 텐데. 살쪘다는 거 나도 알아. 뻔한 얘기를 뭐 하러 자꾸 하는지 모르겠다."
- 여러 번 얘기했는데도 불구하고 계속 무시한다면 가족 모임에 앞으로 얼마나 참여를 할지 말지 고민해본다.

다른 식구들과 다른 경우

사람은 늘 성장하고 변화한다. 때로는 그 방향이 가족 규범에서 빗나가기도 한다. 이런 경우 식구들은 받아들이기 힘들 수 있다. 당신이 잘되길 바라지 않아서가 아니다. 누군가가 변한 모습을 보면 자신은 그러지 못했음을 깨닫게 되기 때문이다.

연수는 결혼한 지 2년 만에 아이 하나를 데리고 이혼했다. 혼인관계를 매우 중시했던 연수의 가족들은 그녀를 외면했다. 결혼생활에 문제가 있어도 이혼은 절대 선택 사항이 아니었다.

현지는 사촌들 가운데 유일하게 대학을 졸업했다. 변호사가 된 현지에게 가족들은 '부르주아'가 다 됐다며 놀렸다. 질문에 대답하면 나중에 헐뜯을 빌미만 주는 셈이 되었다. 현지는 친척들에게 자기 얘기를 한 것이 후회스러웠다. 이런 경우 대처법은 다음과 같다.

- 자신을 있는 그대로 보여준다. 자신이 아닌 다른 사람인 척하면 정신 건강에 해가 된다.
- 가족들의 인식을 바꿀 수 없다는 걸 인정한다. 그들은 당신의

한계가 아니라 자신들의 한계에 빗대어 당신을 본다. 당신이 발전 없이 늘 그 자리에 머물기를 바라는 그들의 생각은 당신이 통제할 수 없는 영역이다.

· 최선을 다해 그들과의 공통점을 찾는다.

원하는 삶을 사는 방법은 다음과 같다.

· 가족이 뭐라고 하든지 그곳에서 벗어나 세상으로 나가라.
· 친절하게 대하되 마음대로 굴게는 두지 마라.
· 새로운 습관을 만들어라.
· 당신이 하는 모든 결정을 모두가 찬성할 수는 없음을 받아들여라.
· 다른 사람들이 믿어주지 않아도 자신을 믿어라.

언쟁이 일어나는 경우

정치나 코로나19 백신 접종, 인종 차별, 개방적 교제, 성 정체성 등은 가족의 대화 주제로는 자극적일 수 있다. 대부분, 서로의 생각을 이해하기보다는 자기의 의견을 강요하거나 상대의 신념 체계와 생활방식을 바꾸려 언쟁을 벌이기 십상이다. 비결이 있다면, 그냥 계속 살아가는 것, 그리고 당신을 이해하려 하지 않는 사람들을 바꾸려 노력하기를 그만두는 것이다.

어느 날 미연은 더는 숨기고 싶지 않다는 생각이 들었다. 그래서 가족들이 동성애 관계를 지지하지 않는다는 걸 알면서도 명절에 집에 연인을 데려갔다. 미연은 나이를 먹어가고 있었고, 가족들의 의견은 이제 그렇게 중요하지 않았다. 할머니, 할아버지는 뭔가 할 말이 있어 보였다. 하지만 부모님과 형제자매들은 미연을 있는 그대로 받아들여 주었다. 이런 경우에 문제를 처리하는 방법은 다음과 같다.

- 당신의 결정에 가족이 동의할 필요는 없음을 인지하라.
- 미리 개별적으로 대화를 나눔으로써 식구들이 어떻게 나올지 가늠하라. 당신의 선택을 동의하거나 받아들이지 않더라도 가족은 당신을 존중해야 한다.
- 조롱이나 비하의 대상이 되는 듯하면 그 상황에서 벗어나라. 타인을 변화시킬 수는 없지만, 계속 함께 있을 필요까지는 없다.
- 싸움은 거절하라. 언쟁은 상대가 있어야 가능하다. 그러므로 싸우고 싶지 않다면 거절하면 된다.

유산 문제

가족 관계는 돈이 연루되면 특히 어려워질 수 있다. 어떤 이들은 고인과의 관계에 근거해 자신이 유산을 받을 자격이 있다고 느낀다. 가족끼리 싸우는 경우는 자격 없는 사람이 유산을 받았다고 생각할 때다. 상속이 예상대로 이루어지지 않아 소외감을 느끼는 사람이 생기면 유족들 사이에 다툼이 일어날 수 있다.

할아버지가 세상을 떠난 후 경수의 가족이 처한 상황은 공정하지 않았다. 하지만 경수는 그로 인한 불화에 어떻게 반응할지 선택할 수 있었다. 이런 경우 문제에 대처하는 방법은 다음과 같다.

- 누군가의 동기를 추측하지 말고 직접 물어라.
- 자신이 누구에게 화가 났는지 파악해서 다른 이에게 분노를 쏟아붓는 일이 없도록 하라. 누가 돈을 어디에 쓰고 누구한테 재산을 남길지는 당신의 통제 영역 밖의 일이다.
- 마음이 불편하지 않다면 당신 사후에 상속 때문에 충격받는 사람이 없도록 재산을 어떻게 하고 싶은지 미리 밝힌다.

기억하라. 친척은 혈육이며, 가족은 소속감과 유대감, 받아들여지고 있다는 감정을 느끼게 해주는 사람들이다. 그들과 관계를 유지하고 싶다면 당신의 이상에 들어맞지 않는 사람도 그중에 있을 수 있음을 인정해야 한다. 그들이 있는 자리로 가서 그들을 만나야 한다. 그리고 그들을 당신 수준에 맞게 끌어올리고 싶은 욕구를 참아야 한다. 어떤 문제는 싸울 가치가 있을 수도 있다. 하지만 대부분은 그렇지 않다. 또한 그저 관련 있는 사람들이라는 이유로 그들의 학대를 견딜 필요는 없다.

1 친척들과의 관계에서 당신에게 가장 중요한 문제는 무엇인가?

2 친척 중 가장 멀게 느껴지는 사람은 누구이고 가장 가깝게 느껴지는 사람은 누구인가?

3 친척들과의 관계를 개선하는 데 장애물이 있다면 그것은 무엇인가?

배우자 가족과의
문제

내담자 중 많은 이들이 배우자의 가족을 불만스러워한다. 경아는 시어머니와 멋진 관계를 맺는 걸 꿈꿨다. 무엇보다 자신의 엄마가 경아의 바람과는 거리가 멀었기 때문에, 경아는 친밀한 모녀 관계를 다시 맺을 기회가 생겨서 기뻤다.

하지만 유감스럽게도 시어머니는 경아의 기대에 부응하지 못했다. 경아는 꿈을 실현하기는커녕 악몽에 갇히고 말았다. 시어머니는 통제적 성향에 심술궂었으며 아들의 부모라기보다는 여자 친구처럼 행동했다. 그런데도 시어머니의 고압적인 성격 때문에 애먹는 사람은 경아 말고는 없는 듯했다.

처음에는 사이가 괜찮았다. 하지만 경아와 남편 서준이 첫 집을 마련한 후 문제가 시작되었다. 서준은 집 관련 옵션에 대해 경아가 아닌 엄마에게 먼저 얘기했다. 시어머니는 계약금 마련부터 시작해 집의 위치와 실내 장식까지 간섭하고 들었다. 거리낌 없이 청하지도 않은 충고를 건넸다. 심지어 경아가 전 남편과의 사이에서 낳은 아들과 경아의 어머니와의 관계에도 개입했다.

결국 경아와 서준은 다투게 되었다. 서준은 늘 자기 어머니의 관점으로 모든 걸 보는 듯했다. 지극히 건강하고 정상적인 자신과 어머니와의 관계가 경아의 눈에 도가 지나친 것처럼 보이는 이유는 경아가 자기 어머니와 건강한 관계가 아니어서라고도 말했다. 이에 경아는 좌절감과 실망감, 분노를 느꼈고, 결국 자신이 제정신이 맞는지 의심하기에 이르렀다. 과연 이런 경아를 정말 비이성적이고 편파적이며 몰인정하다고 볼 수 있을까?

무엇이 적절한지 확신할 수 없어서 그녀는 결국 치료실을 찾았다. "우리 집에 살지도 않는 어떤 사람 때문에 남편하고 싸우기 지쳤어요." 경아가 말했다. "남편을 사랑하지만 이렇게는 살 수 없어요. 잠깐은 잘 지낼지 몰라도 또 시어머니가 우리 삶을 터무니없이 좌지우지하려 할 게 뻔해요. 남편이 처리하게 하려고 해봤지만, 안 하네요."

시가 · 처가 식구들과의 관계

많은 사람이 어떤 상황에서도 시가와 처가 식구들과 관계를 유지해야 할 듯한 의무감을 느낀다. 사실 당신의 배우자는 자기 가족과 특별한 관계가 맞다. 하지만 당신은 그들과 어떤 관계를 맺고 싶은지 선택할 수 있다. 억지로 사람들과 건강하지 못한 관계를 맺을 필요는 없다. 여기에는 시가와 처가 식구들도 포함된다. 아니면 당신이 생각하는 이상적인 모습으로 그들을 바꿀 수도 있다. 시어머니에게 이상적인 어머니 모습을 기대하지만 않는다면, 그들의 있는 그대로의 모습을 받아들이고 그들과 다정하고 친밀한 관계를 맺을 수 있다. 시누이나 올케에게 이런저런 기대를 덜 하면, 있는 그대로의 그들을 받아들이고 그들 각자와 좋은 관계로 발전할 수 있다. 타당하지 않은 관계라고 판단하고 마음에서 내려놓을 수도 있다. 다정하고 친밀한 관계를 원한다면 다음과 같이 하라.

- 따뜻하게 맞이한다.
- 상황에 따라 필요할 때는 대화를 나눈다.
- 다툼으로 이어질 수 있는 대화는 최소화한다.
- 가족 모임에서 시간을 얼마나 보낼지 정한다.
- 가족 모임에 참석하고 싶은지 결정한다.
- 서로의 집을 방문했을 때 묵을지 말지 결정한다.

고의로 따돌리는 행동과 같은 수동공격적 방법으로 시가와 처가 식구들을 대하라는 게 아니다. 다만 관계를 어느 정도 선에서 맺을지 선택하라는 것이다. 시가와 처가 식구들은 당신이 선택한 가족이 아니다. 당신이 결혼한 사람의 가족이다. 그들과 어떤 관계로 지내고 싶은지 스스로 결정하라. 때로는 거리를 두는 게 당신이 누군가에게 해줄 수 있는 가장 친절한 방법일 수도 있다. 친해지려고 애쓰지 말고 그냥 다정하게 지내라.

"친해지려고 애쓰지 말고 그냥 다정하게 지내라."

수용하려고 노력하라

'시가·처가 식구들'이라는 말에는 배우자의 가족과 관련된 모든 사람이 포함된다. 어떤 사람은 시가·처가 식구들과의 관계에서 제2의 부모 또는 최상의 시누, 올케를 기대한다. 하지만 기대가 크면 실망도 큰 법이니, 기대를 누그러뜨리는 편이 좋다. 전혀 기대하지 말라는 뜻은 아니고, 현실적으로 생각하라는 의미다. 시가·처가 식구들이 당신의 깊은 욕망을 충족시켜주지 못한다는 사실을 받아들이기는 힘들겠지만, 있는 그대로 받아들이는 편이 그들을 이상적인 존재로 변화시키려 노력하는 것보다 훨씬 유익하다. 예를 들어, 시누나 올케가 다른 식구를 험담하는 문제 상황이 발생할 경우 누구와 공유해도 상관없는 일만 공유하는 것이 수용하는 태도다. 다음과 같은 사람과는 감정을 공유할 때 주의하라.

- 당신에게 감정을 강요하는 사람
- 당신의 감정을 일축하는 사람
- 좋은 일이 있을 때 축하해주지 않는 사람

- 당신의 감정은 고려하지 않고 재촉하는 사람
- 산만하고 당신의 말을 귀 기울여 듣지 않는 사람
- 자기 문제에만 골몰한 사람
- 당신의 '잘못'을 즉시 지적하는 사람
- 불편할 정도로 캐묻는 사람
- 당신의 성격을 성급하게 판단하는 사람

시아버지나 장인어른이 당신의 자녀와 교류하지 않는 문제 상황이 있을 경우 수용하는 태도는 다음과 같다.

- 할아버지의 부재를 자녀에게 변명하지 않는다.
- 자녀에게 힘이 되는 다른 사람들과 관계를 맺는다.
- 지지하는 사람이 꼭 가족일 필요는 없다는 걸 기억한다.

모든 규칙에는 예외가 있지만, 사람은 보통 과거의 모습에서 크게 변하지 않는다. 사람들이 평소처럼 하는 행동에 놀라는 척하지 마라.

그들은 이미 가족이었다

외부인인 당신은 모든 게 다르게 보일 가능성이 크다. 누군가를 변화시켜야 한다는 의무감을 가지고 관계에 진입하면 득보다 실이 많다. 곧바로 그들을 변화시키려 하기보다는 역학 관계를 이해하기 위해 노력하라. 당신 눈에 보이는 그 역학 관계가 때로는 그들에게는 문제가 아닐 수 있다.

경아는 시어머니가 고압적이라고 생각했다. 반면 서준은 같은 행동을 보고 애정이 넘친다고 생각했다. 경아는 남편이 그녀의 관점으로 문제를 보도록 하는 대신 자신이 원하는 점을 말로 표현하는 편이 낫다.

예를 들어, 시어머니가 집 계약금을 지원해주고 싶다며 어디에 집을 얻을지 제안하기 시작할 때 가능성 있는 해결안은 앞으로 같이 살 집에 관해 결정하고 싶은 것들을 함께 목록으로 작성하는 것이다. 서준이 어머니의 의견을 전하면, 경아는 거기에 답하지 말고 다시 목록으로 돌아가는 게 좋다.

또 다른 예로 시어머니가 손자를 자기 집에서 재우고 싶어 하지만 경아의 생각에는 아들의 나이가 너무 어리다면 가능성 있는 해결안은 이런 걱정을 서준과 공유하는 것이다. 그리고 언제쯤 할머니 집에서 재워도 괜찮을지 의논한다. 다음은 내담자들이 시가·처가 식구와의 관계에서 가장 힘들다고 말하는 경우들이다.

· 배우자의 전 남편·부인과 소통해야 할 때
· 나에 대해 평가하거나 비난할 때
· 시간을 존중해주지 않을 때
· 육아 방식이 다를 때

- 내 자녀에게 하지 말라고 부탁한 행동을 할 때
- 부부싸움에 지나치게 관여할 때
- 죄책감을 유발해 가족의 성가신 일을 떠맡길 때
- 종교가 다를 때
- 사생활을 존중해주지 않을 때
- 다른 식구들에 대해 험담할 때
- 부부만의 중요한 이벤트 자리에서 주인공이 되려고 할 때
- 상호의존적이고 얽매인 관계일 때
- 관심을 독차지하려고 할 때
- 요청하지 않은 조언을 끊임없이 할 때
- 도움을 주면서 조건을 달거나 상황을 좌지우지하려고 할 때

크게 힘든 문제들은 아니지만, 시가·처가 식구와의 관계에서 꽤 흔히 나타난다.

문제 상황 대처법

배우자의 전 배우자와 소통해야 할 때

불쾌한 일이지만 시가·처가 식구는 당신 배우자의 전 남편·부인에게 정이 남아 있을 수 있다. 헤어진 후에도 여전히 관계를 유지함으로써 '가족의 일부'처럼 여길지도 모른다. 가능하다면 이런 행동

에 대해 배우자가 직접 대처하게 하라. 배우자가 아무 행동도 취하지 않으려 한다면, 당신이 직접 시가·처가 식구와 불편한 대화를 나눠야 할 것이다. 유용한 대처법은 다음과 같다.

- 전 남편이나 전 부인과 연락하는 건 당신을 불편하게 만드는 행동임을 알게 한다.
- 배우자가 전 남편이나 전 부인과 연락하는 문제에 관해 당신이 원하는 만큼 기대치를 설정한다.
- 시가·처가 식구가 누구와 어떤 관계를 유지하는지는 당신의 힘으로 어떻게 할 수 있는 일이 아니다. 하지만 그런 관계가 당신에게 어떤 기분을 유발하는지는 알게 할 수 있다.

기억해둬야 할 것은, 자녀가 있는 경우 전 남편이나 전 부인은 이미 가족이라는 점이다. 이런 상황에서는 건강한 방식으로 연락을 유지하는 게 도움이 된다. 때로 공동육아 중인 전 남편이나 전 부인과 불화가 있는 경우, 시가·처가 식구들이 완충 역할을 해줄 수 있다.

나에 대해 평가하거나 비난할 때

평가는 어떤 제3자가 자신의 의견을 당사자에게 말로 표현하는 순간 문제가 된다. 경아의 시어머니는 경아가 자신의 어머니와 건강한 관계를 맺고 있지 못한 것을 두고 "너한테 어머니는 나 하나"라는 말을 하고 또 하면서 경아의 수치심을 유발했다. 그건 시어머니의 생각일 뿐 경아의 생각은 달랐다. 이런 경우에는 다음과 같은 방안이 도움이 될 수 있다.

- 시어머니가 당신과는 다른 가족관을 갖고 있음을 받아들여라. 그들의 기준에 맞추려고 애쓸 필요 없다.
- 시어머니가 단지 흠을 잡으려고 들면 바로 예를 들어 반박해라. "엄마가 나한테 어떻게 구는지 아시면서 지금 내가 엄마랑 관계를 원치 않는 게 너무하다는 말씀이세요? 말씀이 지나치시네요."
- 시어머니가 평가하거나 비난할 만한 얘기 말고 꼭 알아야 하는 내용만 공유하라.

시간을 존중해주지 않을 때

당신의 시간은 그들의 것이 아니라 당신의 것이다. 그들이 당신의 시간을 배려해주기를 바란다면 아마도 시간을 내주는 방식을 바꿔야 할 것이다. 시가·처가 식구가 "7월에 바닷가에 가자. 비용은 우리가 다 낼게"라고 말할 경우 당신에게는 거절할 수 있는 선택권이 있다. 시가·처가 식구들이 "우리 손녀한테는 첫 번째 크리스마스네. 엄청난 선물을 준비해줘야지"라고 말할 경우에도 당신은 자녀에게 주어지는 선물을 제한할 선택권이 있다. 다음과 같은 방안이 도움이 될 수 있다.

- 휴가 계획을 미리 알린다.
- 자신을 포함해 관련된 모든 사람에게 괜찮은 계획일 경우 동의
  한다.
- 뭐든 동의하기 전에 배우자와 얘기한다.

육아 방식이 다를 때

당신의 육아 방식이 시가·처가 식구에게는 거슬릴 수 있다. 그들의 육아 방식을 돌아보게 만들기 때문이다. 만일 시가·처가 식구가 육아 방식에 다른 의견을 표하거나 조언을 건넨다면 당신의 방식을 옹호하라. 자신의 육아 방식을 옹호하는 방법은 다음과 같다.

- "이런 식으로 하지 않으셨다는 거 들었어요. 저는 이 방법이
  더 마음에 들어요. 존중해주셨으면 좋겠어요."
- "애들 앞에서 지적하시면 제 권위가 손상되잖아요."
- "말씀은 감사한데, 저희는 다르게 키우려고요."
- "의사가 추천한 방법이에요. 최근 연구 결과와도 일치하고요."

제안은 누구나 할 수 있다. 하지만 그 정보가 당신에게 맞지 않다면 무시하라. 그리고 만일 시가·처가 식구가 건강하지 않은 제안을 계속한다면, 그만하라고 말하라. 그만하라고 말하는 방법은 다음과 같다.

- "말씀하시는 걸 다 하자니 힘드네요. 제 생각도 중요하니까 그

만해주세요."

- "저보다 오랜 경험이 있으시다는 건 알아요. 필요하면 제가 여쭐게요."
- "피드백이 필요하면 직접 여쭐게요."

당신의 육아 방식에 대해 시가·처가 식구의 동의를 구할 필요는 없으며, 어느 정도는 다른 게 당연하다. 내 가족에게 필요한 걸 지키려면 목소리를 내라. 그 과정에서 그들의 말에 화를 내거나 그들의 생각을 걱정스러워 해도 괜찮다. 하지만 당신과 당신의 가족에게 맞는 육아 방식을 버리겠다는 생각은 하지 마라.

내 자녀에게 하지 말라고 한 행동을 할 때

당신의 기대를 말로 전달했음에도 불구하고 시가·처가 식구는 생각이 다를 수 있다. 언젠가 우연히 시가 식구에게 이런 말을 들었다. "견과류 알레르기가 있다고 땅콩을 못 먹게 하다니, 애한테 너무하는 것 같아." 부모는 시가·처가 식구가 중요한 안전 문제를 존중하지 않을 경우를 대비해 늘 옆에서 경계해야 한다.

대부분은 논쟁의 여지가 없지만, 그렇지 못한 상황도 있다. 예를 들어, 할머니한테 가 있을 때는 당분이 든 음식을 더 허용할 것인지, 설탕이 아이에게 문제가 되니 아주 가끔만 허용할 것인지를 배우자와 함께 의논하는 게 좋다. 자녀와 집안 문제를 어떻게 할지는 당신과 당신의 배우자가 결정하는 것이다. 다른 식구들이 그걸 존중하지 않을 수도 있지만, 그 결정은 논쟁의 대상이 아니다. 이 경우 다음과 같은 방안이 도움이 된다.

- 바로 그 순간이 힘들다면 직후에라도 문제를 제기한다. "그거 그만 주시기 부탁드려요." 또는 "지난 번 오셨을 때 분명 ○○ 하지 마시라고 했는데 계속 그러시면 죄송하지만 ○○할 수밖에 없어요."
- 당신의 육아 방식과 그들이 원하는 방식의 차이를 확실하게 말한다.
- 당신의 행동이 자녀와 가족의 최선을 위한 것임을 상기시킨다.
- 당신의 자녀와 관계를 맺기를 원하며, 그럴 때 당신이 요구하는 바를 존중해주는 게 중요함을 알린다.

부부싸움에 지나치게 관여할 때

배우자가 자신의 가족을 자문 역할로 활용하는 경우가 있다. 그러면 시가·처가 식구가 당신 가족의 일에 지나치게 참견하는 일이 생긴다. 청하지 않은 조언을 들었을 때의 대처법은 다음과 같다.

- 가능하면 배우자와 의견을 맞추기 위해 노력한다.
- "저희 관계에 참견하지 마셨으면 좋겠어요"라고 직접 말로 한다.
- 시가·처가 식구가 관여하려 하면, 원치 않는다는 걸 상기시킨다.
- 자문이 필요하면 부부 상담을 받아볼 것을 배우자에게 권한다.

시가 · 처가 식구는 부부 사이의 갈등이 해소된 지 시간이 꽤 지난 후에도 안 좋은 감정을 품고 있을 수 있다. 편견에 갇힌 식구들을 관계에 끌어들이면 결국 부부관계뿐만 아니라 시가 · 처가 식구들과의 관계에도 해를 끼칠 수 있다. 부부의 일은 부부가 알아서 하라.

"부부의 일은 부부가 알아서 하라."

죄책감을 유발해 성가신 일을 떠맡길 때

핵가족은 가족과 부양가족으로 이루어진다. 대가족의 필요를 우선시하면 핵가족에 부정적인 영향을 미칠 수 있다.

매년 여름이면 은율은 바닷가로 가족 여행을 계획했다. 다 합하면 거의 20명에 달하는 대가족 여행이었다. 계획을 짜는 일은 스트레스가 많았다. 그리고 스트레스를 받으면 은율은 남편과 두 자녀에게 짜증을 냈다. 처음에는 사람들의 관심을 받으며 날짜와 장소, 일정을 정하는 게 재미있었다. 하지만 점점 하고 싶지 않은 일이 되어갔다. 다른 사람에게 맡겨서 계획을 짜게 하자고 말할 때마다 시어머니는 은율이 얼마나 잘하고 있으며 모두가 얼마나 의지하고 있는지를 상기시켰다.

사람들은 죄책감을 유발해 성가신 일을 떠맡기려 한다. 하지만 제정신으로 살기를 택한 자신의 결정에 죄책감을 느낄 필요는 없다. 누가 당신에게 죄책감을 유발하려 한다면 다음과 같은 말로 대처하라.

- "제 말이 마음에 안 드시나 봐요. 그래도 전 바꿀래요."
- "우리 다른 거 해도 되잖아요."
- "그 말씀을 들으니 제 기분이 나빠지려고 하네요."
- "제가 정한 바운더리를 바꾸지는 않을 거예요."
- "지금 절 한계에 몰아넣고 계세요."
- "다른 걸 원한다고 나무라는 거 그만 하세요."
- "제 입장은 이미 밝혔어요. 마음 바꿀 일 없을 거예요."
- "무슨 말씀이신지 들었어요. 그래도 제 대답은 'No'예요."

종교가 다를 때

종교는 문화에 영향을 미치고, 문화는 가족 역학에 영향을 미친다. 간단하다. "종교는 아예 말도 꺼내지 마라." 하나의 종교 안에만도 다양한 교파가 있다. 대의에 관심이 생기면 다른 이도 똑같이 느끼기를 바라는 건 당연한 일이다. 당신도 누군가 같은 종교관을 갖기를 바랄 것이다.

만일 시가·처가 식구가 당신의 자녀에게 세례를 받게 하겠다고 고집하고 예배에 참석하라고 하는데 당신이 원치 않는다면, 이미 다른 종교가 있다며 정중하게 거절해도 된다. 이는 당신의 자녀 또한 마찬가지라는 의미다. 아마 그들의 의도는 당신의 마음을 바꾸려는 것일 테니, 당신의 마음은 이미 확고하다는 사실을 알려라. 그들과 평화롭게 지내려면 다음 방안을 시도해본다.

- 서로 다른 점 말고 공통점을 찾아 거기에 초점을 맞춘다.
- 어떤 것이 존중하는 행동이고 어떤 것이 무례한 행동인지 명확히 하라.
- 종교에 대해 말하고 싶지 않다면, 관련 주제의 대화를 피하라. 격한 종교 논쟁은 하지 않겠다고 직접 말하라.
- 종교가 달라도 잘 지내고 싶다는 의향을 사람들에게 밝혀라.

사생활을 존중해주지 않을 때

아주 조금이라도 마음의 준비가 덜 되었다면 말하지 말라. 가족이라고 해서 모든 걸 가장 먼저 알아야 한다는 법은 없다. 때로는 자기 혼자, 또는 배우자나 집안 식구들하고만 공유하고 싶을 것이다.

예를 들어, 동희는 임신 3개월 때 시누이에게 임신 중이라는 사실을 알렸다. 시누이는 물었다. "그걸 왜 이제 알려주는 거야?" 동희는 두 번의 유산을 겪었고 이번이 세 번째 임신이었다. 아기를 잃었을 때 사람들에게 말하는 게 너무 힘들었다. 자신의 슬픔도 달래기 힘든 상황에 다른 사람들의 질문과 슬픔까지 감당해야 했기 때문이다. 너무 버거웠고, 다시는 그런 일을 겪고 싶지 않았다.

뭔가를 사람들과 공유할지 말지, 공유한다면 언제 할지는 고민스러운 문제다. 그들이 어떻게 반응할지 당신은 알 수 없기 때문이다. 하지만 원하는 만큼만 공유해도 괜찮다. 동정받기 싫거나 다른 이들의 반응까지 신경 쓰고 싶지 않아서, 또는 말할 준비가 되지 않았거나 그들과는 상관없는 일이기 때문에 혼자만 알고 싶을 때도 있을 것이다. 사적인 일을 말하지 않는 것과 비밀을 알리지 않는 것은 다르다.

다른 식구들에 대해 험담할 때

누군가의 지극히 사적인 얘기를 남에게 전하거나, 다른 사람의 삶에 대해 없는 말을 꾸며내거나, 악한 마음을 먹고 소문내거나, 비판적인 말을 하는 것 모두 험담이다. 험담은 사람들이 친해지기 위해 사용하는 아주 흔한 방법이지만, 당사자의 허락 없이 공유되는 데다가 그런 방법은 관계에 해를 끼칠 수 있다. 어떤 가정에서는 대화 중에 험담이 주기적으로, 때로는 건강하지 못한 방식으로 이루어진다. 사람들은 걱정하는 걸 티 내기 위해 험담하기도 한다. 험담은 그 자리에 있는 사람들을 거쳐 다른 사람들로 옮겨가게 된다.

누가 당신을 험담한다면, 그 관계는 신뢰가 없는 관계임을 보여주는 것이다. 그의 험담을 막을 수는 없겠지만, 그들과 무슨 얘기를 공유할지는 당신이 통제할 수 있다. 만일 어떤 가족이 당신의 사적인 얘기를 비밀로 유지할 수 없음을 드러냈다면, 다른 사람들이 몰랐으면 하는 내용은 더는 공유하지 마라. 누군가 당신에 대해 거짓 정보를 흘리고 다닌다면, 어쩌면 그 사람에게 가서 정확한 정보를 알려주는 방법이 유용할 수 있다. 하지만 어떤 사람은 음란한 거짓 소문을 퍼뜨릴 수도 있다. 그게 진실보다 훨씬 흥미진진하기도 하고 당신에 대해 이야기를 꾸며내려는 것이기도 하다. 자신이 상처받기 쉬운 사람이며 험담을 들으면 어떤 기분인지 사람들에게 알려라.

"믿고 싶어도, 내가 한 말을 남들에게 전하면 믿을 수가 없어요."

"내 얘기 남들한테 퍼트리는 거 그만 하세요. 안 그러면 다신 아무 얘기도 하지 않겠습니다."

"네가 내 뒤에서 험담했다는 거 알고 상처받았어."

험담에 가담하고 싶지 않다면 다음과 같이 말하라.

- "이 자리에 없는 사람 얘기하는 거 불편해."
- "나한테 알리고 싶었다면 직접 얘기했겠지."
- "그건 내가 상관할 일이 아니네."
- "나는 네 얘기가 더 궁금한데."
- "나는 이 대화에 보태 줄 말이 없어."
- "나는 관여 안 할래."
- "이런 얘기 불편해."

부부만의 중요한 자리에서 주인공이 되려고 할 때

어디서나 자신이 주인공이 아니면 못 견디는 사람이 있다. 이런 사람은 당신의 결혼식이든 아이의 생일이든 다른 어떤 축하 자리든 관계없다. 자신이 경험을 가로채고 있음을 당신이 알아차리는 순간에도 그는 자신밖에 없다. 그가 그런 사람임을 잊지 마라. 왜냐하면 이런 상황을 받아들이는 것이 참고 견뎌야 한다는 의미는 아니기 때문이다. 그 자리는 당신과 당신의 배우자를 위한 자리임을 상기시켜

라. 또는 그의 행동에 대한 기대치를 행사 전에 명확히 알리고, 선을 넘는 경우 다시 말해주어라.

수용에는 자신이 원하는 대로 타인이 바뀌길 기대하지 않는 것도 포함된다. 그가 당신이 기대하는 바를 알아차리도록 만들어라. 물론 그럼에도 불구하고 그가 그 기대치를 충족시킬 수 없는 경우도 있다. 만일 그를 바꾸려 하지 않고 있는 그대로 받아들인다면, 당신 인생의 어떤 부분에 그를 참여시킬 것인지, 아니면 제한된 방식으로 참여시킬 것인지를 생각해봐야 한다.

상호의존적이고 얽매인 관계일 때

상호의존이 가족 문화의 일부인 경우가 있다. 따라서 다른 사람의 관계를 순식간에 바꾸려는 시도는 별로 효과가 없다. 당신이나 당신의 가정에 악영향을 미치는 사안을 배우자에게 말할 수도 있다. 하지만 당신의 마음에 들지 않는다는 이유로 그가 바뀌어야 한다고 말하는 건 득보다 실이 클 수 있다. 관계 안에서 어떻게 대처할지 배우자에게 말하는 것도 좋다. 하지만 그 관계의 역학이 당신을 제외한 다른 사람들에게는 불편하지 않을 수 있다. 그럴 때는 지켜보다가 필요할 때 개입하는 편이 낫다.

관계에 대한 당신의 기준은 배우자의 기준과 다를 수 있다. 중요한 것은 문제를 직접 언급하는 것이다. 반드시 상호의존이라는 딱지를 붙일 필요는 없다.

"우리 공과금도 내기 전에 형님한테 돈을 빌려주면 연체될 수밖에 없어."

"어머님이 묻지도 않고 방문하길 좋아하시네. 우리가 함께 보내는 시간이 방해받는 것 같아."

관심을 독차지하려고 할 때

효주는 수호와의 결혼을 앞두고 양가 어머니들을 모시고 드레스를 고르러 갔다. 효주의 어머니는 신부 들러리 드레스와 잘 어울리는 아름다운 보라색 드레스를 고른 것과 달리 수호의 어머니는 무릎까지 내려오는 하얀색 드레스를 고집했다. 효주는 신부만 하얀색 드레스를 입는다고 알고 있었다. 하지만 수호의 어머니는 신랑 어머니로서 눈에 띄고 싶다고 주장했다.

결혼식에서 주인공보다 더 눈에 띄고 싶어 하는 어머니의 사례나 주인공이 따로 있는 행사에서 관심을 독차지하려는 시가·처가 식구들 이야기는 흔하디흔하다. 이런 경우, 상황이 달라지면 그도 바뀌리라는 기대는 하지 않는 편이 좋다. 일찌감치 당신의 생각을 얘기하고, 그 순간 그에게 책임을 넘겨라. 예를 들어 다음과 같이 말할 수 있다.

- "베이비샤워가 얼마 안 남았네. 당신이 내 친구들을 다 마음에 들어 하지는 않는다는 거 알아. 그래도 나한테 중요한 날이니까 다정하게 대해줘."
- "내가 상 받는 자리니까 엄마가 얼마나 신이 날지 알겠는데,

소감 말하는 동안에는 소리 지르지 말아줘."

요청하지 않은 조언을 끊임없이 할 때

사람은 누구나 의견이 있다. 하지만 누가 당신에게 조언하는 게 싫다면, 싫다고 말해야 한다. 배우자 가족에게는 그렇게 누군가에게 조언하는 행동이 암암리에 용인되어 왔을 수 있다. 가족 중 누군가가 청하지 않은 조언을 해온다면 다음과 같이 말하라.

- "잘됐네요. 이미 해결책을 찾았거든요."
- "괜찮은 방법일 수도 있겠네요. 하지만 저한테는 불편한 것 같아요."
- "이래라저래라 그만 하세요."
- "도와주고 싶어서 그러시는 건 알겠는데, 지금은 그냥 들어주시는 게 더 도움이 될 것 같아요."
- "다른 사람 조언 없이 혼자 해결하고 싶어요."
- "좋은 뜻으로 그러시는 거 알아요. 말씀드리기 좀 그렇지만, 조언은 사양할게요. 필요하면 말씀드리겠습니다."
- "그냥 푸념하는 거야. 조언해달라는 게 아니라."

도움을 주면서 마음대로 하려고 할 때

도움에 통제가 수반된다면 바람직하다고 볼 수 있다. 만일 시가·처가 식구가 도와주었다가 나중에 뭔가를 요구한 적이 있다면, 도움을 받더라도 그 점을 알고 받아야 한다. 만일 도움을 주면서 조건을 달거나 상황을 좌지우지하려고 한다면 다음과 같이 한다.

· 다른 데서 도와줄 사람을 찾는다.
· 지금까지의 패턴을 전하고, 조건을 못 달게 한다.
· 만일의 경우 어떻게 할 건지 분명하게 묻는다. 답을 듣고 도움을 받을지 말지 결정한다.
· 도움을 청하는 걸 그만한다.

시가·처가 식구와의 관계는 쉽지 않다. 서로를 있는 그대로 받아들이기보다는 종종 자신이 원하는 모습으로 바꾸려고 하기 때문이다. 당신의 시가·처가 식구는 당신이 상상했던 것과는 다를 가능성이 크다. 기억하라. 당신이 할 수 있는 일은 그들과의 관계에서 당신이 대처하는 방식을 바꾸고, 그들의 행동을 다른 각도로 보는 것이다.

오늘의 질문

1 시가·처가 식구와의 관계에서 가장 힘든 문제는 무엇인가?

2 그들과 좋은 관계로 지내기 위해 당신이 바꿀 수 있는 행동은 무엇인가?

재혼가정
문제

    세형은 은주를 사랑했다. 하지만 은주의 아들 동원은 다루기 힘든 아이였다. 세형은 자신이 대체 왜 은주와 결혼했을까 후회스러웠다. 이들 부부에게는 은주가 이전 관계에서 낳은 두 명을 포함해 총 세 명의 자녀가 있었다. 동원은 열네 살, 주원은 열두 살, 그리고 둘 사이에서 낳은 셋째 아이 태원은 세 살이었다. 주원은 공손하고 얌전했다. 하지만 동원은 때때로 공격성을 보였고 무례했다.

    세형과 은주는 육아 방식이 달랐다. 하지만 세형은 친아버지가 아니었기 때문에 은주는 세형의 의견을 받아들이지 않았다. 그는 종종 이렇게 말했다. 내가 "남자니까 아는 거야. 사내아이는 응석받이처럼 키우면 안 돼." 은주는 동의하지 않았고 늘 해오던 육아 방식을 고집했다.

    부부는 육아 얘기만 나오면 싸웠다. 세형은 자신의 어린 아들은 은주의 아이들처럼 키우고 싶지 않았다. 동원의 거친 행동 때문에 세형은 종종 자신의 가족들과 모임이 있을 때면 두 아이를 집에 남겨두

고 갔다. 게다가 모두 함께 모일 때도 그의 가족은 눈에 띄게 태원을
예뻐했다. 동원과 주원을 자주 만나지 않아서인 것 같았다. 여러 번
이런 상황을 보고 겪은 은주는 혼자 있어도 괜찮을 정도의 나이인 두
아이를 집에 남겨두는 일이 잦아졌다.

은주는 늘 '자신의' 아이들이 공정한 대우를 못 받을까 봐 사투를
벌이는 기분이었다. 세형이 '자신의' 아이들을 짐처럼 여기며 아이들
과 친해지기 힘들어한다는 걸 그녀는 마음속으로 알고 있었다. 지금
까지 은주는 다 잘해왔다. 관계가 깊어질 때를 기다렸다가 세형을 소
개했고, 결혼하기 전까지는 함께 살지도 않았다. 게다가 가족 여행이
나 나들이를 통해 모두 친해질 기회를 만들려고 애썼다.

동원과 주원의 친아버지는 금전적 지원을 제공하고 있었지만 은
주가 바라는 만큼 물리적으로 옆에 있어 주지는 않았다. 세형을 만났
을 때, 그녀는 세형이 자신의 아이들, 특히 동원에게 멋진 아버지가
되어줄 것임을 바로 알았다. 그리고 데이트하는 2년 동안은 모든 게
좋았다. 하지만 결혼하고 태원이 태어나면서 세형과 동원의 관계가
악화되기 시작했다. 은주는 이제 중간에서 집안의 평화를 위해 애쓰
는 데 지쳤다.

화합을 부르는 단어를 사용하라

재혼가정 문제를 연구하면서 나는 관계를 설명할 때 쓰이는 말에

주목했다. '내 아들', '내 딸', '내 집' 등의 소유형 단어와 '그녀의 아들', '그의 아들', '그의 집' 등의 분리형 단어가 자주 눈에 띄었다. 이런 표현을 통해 사람이나 사물에 대한 애착이나 거리감은 즉각 드러난다. 이런 말은 치료실에서만 오가는 건 아니다. 재혼가정의 집에서도 이와 똑같은 표현이 오간다. 말을 통해서 상황을 어떻게 느끼고 보는지가 전해진다.

"아내의 아들은 다섯 번 정도 얘기하기 전에는 절대 쓰레기 버리러 나가지 않아요." 또 이런 말도 한다. "내 아들도 아닌데, 애 엄마가 통제해야죠." 또 "당신이 들어오기 전엔 내 집이었어. 하루아침에 규칙이 바뀌진 않아." 이런 말도 한다. "당신이 최선이라고 생각하는 조건에 맞출 생각 없어."

화합을 부르는 말은 '우리'로 시작되거나 직접 이름을 부른다. 화합을 부르는 말의 예는 다음과 같다.

"쫓아다니면서 괴롭히지 않고도 동원이를 격려할 방법을 찾아보자."

"우리 둘 모두의 육아 방식을 아우를 수 있게 집안의 규칙을 조정할 필요가 있겠어."

육아는 단체 경기다. 그리고 부모는, 친부모든 의붓부모든, 육아 방식이 서로 다를 수밖에 없다. 부부가 할 수 있는 최선은 배우자를 이해하고 그들의 육아 방식을 융통성 있게 대하는 것이다. 수많은 육아서가 존재하는 이유는 그만큼 양육이 복잡하고 어렵기 때문이다. 어떤 것이 자녀에게 해로운지 너무 잘 알고 있지만, 무엇이 최선인지는 아무도 모른다. 배우자와 함께 육아할 때 중요한 것은 당신의 방식이 늘 최선일 수 없음을 잊지 않는 일이다.

재혼가정에서는 화합을 부르는 말을 사용하는 것이 중요하다. 가족 중에 '네 아내의 아들'과 같은 표현을 사용하는 사람이 있다면 '우리 아들' 또는 '선물 받은 아들' 같은 말로 정정해주는 것이 좋다.

지적하기 전에 유대감부터 다져라

생물학적 부모는 자녀들이 자라는 동안 시간을 공유하면서 서로 애착을 형성한다. 그래서 자녀를 바로잡으려고 지적할 때 의붓부모보다 수월하다. 따라서 의붓부모는 자녀와의 성공적인 관계를 위해 규칙을 적용하거나 구조, 규율을 이행하기 전에 유대감을 먼저 구축해야 한다.

건강한 관계를 발전시켜나가려면 신뢰와 일관성, 이해심, 존중이 먼저 구축되어야 한다. 의붓부모는 단지 어른이라는 이유로 존중받아야 한다고 생각할 때가 (너무) 많다. 하지만 그렇지 않다. 사실 아이들은 종종 존중하지 않으면서도 겉으로는 순종한다. 환경을 스스로 통제할 수 없으므로 차선책으로 기본적인 규정을 준수하는 것이다.

가정의 새로운 현실을 창조하는 건 어른이므로, 의붓자녀와의 관계를 보살피는 것도 어른의 책임이다. 재혼가정에서, 부모가 자녀를 위하지 않는데 자녀가 부모를 위하는 경우는 없다.

예를 들어, 보영의 열여섯 살짜리 딸 혜선은 수년간 우울증으로 고생했다. 보영의 배우자 은석은 혜선이 게을러서 그렇다며 성공하려면 억지로라도 밀어붙여야 한다고 믿었다. 보영이 하지 않자 은석은 자기 생각대로 혜선을 밀어붙였다. 보영과 은석은 무엇이 적절한 접근 방법인지를 놓고 다퉜다. 은석은 우울증에 대한 이해가 부족했다. 혜선이 자신의 상태 때문에 어쩔 수 없이 동기를 찾지 못하고 있는 게 아니라 게을러서 그렇다고 생각했다. 하지만 은석은 십대 청소년들이 우울증으로 인해 어떤 영향을 받는지 알게 되었다. 이후 두 사람은 혜선에게 치료를 받게 하고 공동육아를 위해 전략적으로 움직였다.

연민은 재혼가정에서 가족 구성원들이 성공적으로 섞일 수 있게 해주는 중심 요소다. 연민이 없으면 의견 충돌이 있을 때마다 기분이 상하기 쉽다. 연민은 서로에게 비판적이지 않은 관계를 이루는 데 도움이 된다.

비판하기 전에 칭찬을 먼저 하라

자신이 일을 얼마나 엉망으로 하고 있는지 듣고 싶어 하는 사람은 아무도 없다. 비판하고 싶다면 칭찬을 먼저 하라. 비판을 위한 칭찬의 예는 다음과 같다.

- "동수는 정말 똑똑해. 장담하는데, 당신이 동수한테 더 많은 것들을 혼자 할 수 있게 해주면 스스로 잘해나갈 거야."
- "혜선의 우울증에 그렇게 대처하다니 당신 정말 대단하다. 온 가족이 다 함께 치료를 받아보는 것도 괜찮은 방법일 것 같아."
- "당신이 지나랑 잘 지내는 모습 정말 보기 좋더라. 지나의 행동을 지적할 때 우리가 좀 더 다정하고 침착하게 말하면 지나도 기꺼이 더 잘하려고 노력할 것 같아."
- "단비는 뭔가 기대할 게 있으면 좋아하더라. 다음에 뭘 할지, 뭘 기대할 수 있을지 설명해주면 불안증을 다스리는 데 도움이 될 것 같아."

친자녀 대하듯 의붓자녀를 대하라

가족은 재혼을 통해 새 가정이 만들어지기 전부터 존재했다. 그러므로 하루아침에 중대한 변화가 일어나기를 기대하는 건 불가능하다. 재혼가정은 관계를 구축하는 데 시간이 걸린다. 일반적으로 재혼가정에서는 유아기 애착이 일어나지 않는다. 나중에 만나기 때문이다. 자신이 그 가정에 나중에 진입했다는 사실을 인지하고, 자녀의 애정 방식을 이해하며, 인내심을 갖고 서로를 알아간다면, 견고한 애착 관계를 형성하는 것이 가능하다. 가장 좋은 방법은 올바른 방향으로 조금씩 단계를 밟아나가는 것이다.

좌절감을 아이에게 퍼붓지 마라

부부가 건강한 공동육아 리듬을 찾지 못하고 있는 경우, 그 좌절감을 아이에게 퍼붓지 않는 게 중요하다. 무엇보다도 아이는 그런 상황을 요구하지 않았으며, 대부분의 결정 또한 아이의 통제권 밖에서 어른들이 한 것이다. 따라서 이런 상황에서는 부모가 자신의 행동에 책임을 져야 한다. 완벽해야 한다는 게 아니라, 자랑스럽게 내세우지 못할 잘못된 말이나 행동을 했을 경우 사과하라는 뜻이다. 책임지는 행동은 아이에게 존중받는다. 어른도 잘못하면 사과한다는 것을 보여주면 아이는 책임감 있는 어른으로 자랄 것이다.

자녀를 노골적으로 편애하지 마라

창일은 자기만의 공간에서 대부분 시간을 보냈다. 하지만 2주에 한 번 정도 이혼한 전 부인과 함께 사는 두 아들이 방문하면 함께 야구를 하거나 식당에 가고, 이야기를 나누는 게 전부였다. 두 아들은 아버지가 자신들을 무시한다는 사실을 점점 더 느끼게 되었다.

누군가와 한집에 같이 살면 갈등은 불가피하다. 같이 사는 누군가를 무시하는 건 상처가 되는 행동이다. 긍정적인 관계를 구축하는 데도 도움이 되지 않는다. 자녀가 지금은 같이 살지 않는 친아버지로부터 지원을 받고 있다고 하더라도, 새아버지와 관계를 구축하는 건 무척 중요하다. 무시는 바람직한 행동이 아니다. 그리고 사랑은 아무리 주어도 지나치지 않다.

배우자에게 모든 육아의 책임을 떠넘기지 마라

가정의 다른 의무와 마찬가지로 육아도 의무다. 자녀가 있는 사람과 함께 살기로 했다면 그 가족과 유대관계를 갖겠다는 무언의 합의를 했다고도 볼 수 있다. 따라서 생물학적 부모와 양육권을 나눠가졌다 하더라도 육아는 공동 책임이다. '내 아이들' 또는 '그 아이들'이라고 구분하는 것은 바람직하지 못한 태도다.

모든 걸 다 해도 아이들이 받아주지 않을 때

때로 의붓부모는 최선을 다하고 있는데 아이들이 힘들게 하는 경우가 있다. 낯선 어른을 삶에 받아들이는 건 아이에게 쉽지 않은 일이다. 말은 안 해도 아이들 역시 의붓어머니나 의붓아버지가 믿을 만한 사람인지, 자신들을 정말 신경 쓰는지 알고 싶을 것이다. 그래서 일관성이 중요하다. 아이들이 받아주지 않는다고 부모가 일찌감치 포기해버리면, 아이들은 어른의 노력이 거짓이었다고 생각한다.

아무리 노력해도 의붓자녀와의 관계에 전혀 진전이 없다면, 당신을 부모로 받아들이는 것과 관련해 자녀가 겪고 있을지도 모를 문제 해결을 위해 가족 치료가 필요할 수 있다.

힘들게 하는 전 배우자 상대하기

전 남편이나 전 부인은 재혼 여부와 별개로 공동육아를 어렵게 만들 수 있다. 당신의 배우자는 가정일에 끼어드는 당신의 전 남편이나 전 부인에게 틀림없이 지칠 것이다. 힘들게 하는 전 남편이나 전 부인이 있다면, 다음의 방안을 시도해본다.

- 배우자의 감정을 지지하고, 전 배우자를 옹호하지 마라. 때로 사람의 행동은 실제로 문제를 일으킨다. 상처를 입히는 것이다. 하지만 그렇다고 해서 그가 당신의 인생을 더 힘들게 만들어도 된다는 뜻은 아니다. 현 배우자의 감정을 지지하는 말은 다음과 같다. "당신이 왜 불만스러워하는지 이해해." 또는 "그건 잘못됐어. 당신이 그 사람하고 연락하기 싫어하는 건 당연해."

- 자녀 주변을 맴도는 친부모에 대해 수동공격적인 발언은 금물이다. 당신의 전 남편이나 전 부인이나 현 배우자의 전 남편이나 전 부인이 당신 얘기를 해도 단합된 모습을 유지하라. 불만이 있더라도 절대로 자녀들 앞에서 터트리지 마라.

- 당신의 전 남편이나 전 부인에게 아이들을 위해서라도 새 관계가 매끄러워야 함을 분명하게 밝혀라. 화는 내도 괜찮지만 옹

졸하게 굴지는 마라. 전 배우자에게 복수하고 싶겠지만, 상황 만 더 악화시킬 뿐이니 참아라.

· 당신의 전 배우자가 너무 힘들게 한다면 중재자나 변호사를 통 해 소통하고 계획하는 게 최선이다.

· 전 배우자에 대해 연민을 갖도록 노력하라. 어쨌든 평생 같이 갈 관계다. 자녀들이 성인이 되면 두 사람은 부모의 자격으로 행사에 같이 참여하게 될 가능성이 크다. 가능한 한 빨리, 정 신적으로라도 화해하라. 어차피 당신 인생에서 지울 수 없는 사람이다.

상대를 배려하고 신의를 지켜라

아이의 행동을 이해하려 노력하라

좋은 방법도, 공평한 방법도 아니지만 어떤 부모는 여전히 자녀에 게 엄마든 아빠든 한쪽을 택하라고 한다. 부모가 그렇게 하지 않아도 아이들은 한쪽을 택한다. 왜냐하면 전체 상황을 이해하지 못하기 때 문이다. 어른은 아이가 모든 관계자와 건강한 관계를 맺도록, 그리고 새 부모에게 심술궂거나 못되게 굴지 않도록 격려해야 한다.

예를 들어 성주의 아버지는 성주의 어머니가 부정을 저지르고 집을 나갔다는 점을 분명히 했다. 어머니를 만나러 갔을 때 성주는 어머니가 가정을 깼다고 믿고 화가 나 문제 행동을 보였다.

아이들은 어른의 행동을 다 이해할 수 없다. 다 안다고 좋은 것도 아니다. 가장 좋은 건, 부모가 그들의 관계가 끝난 것에 대한 감정과 새로 맞이하게 될 가족과의 삶에 대한 감정을 아이가 잘 처리할 수 있도록 최선을 다해 돕는 것이다. 부모가 꼭 같이 살지 않아도 된다.

개인 치료와 가족 치료는 이혼 직후 자녀들의 전환을 돕는 훌륭한 수단이다. 가족에 대한 신의를 지킬 필요에 대해 갈등을 겪을 때도 도움이 된다. 이에 더해, 친부모와 의붓부모 모두 자녀의 행동을 기분 나쁘게 받아들이지 않도록 주의해야 한다. 아이의 행동을, 미숙하나마 나름대로 힘든 상황에 대처하는 하나의 방편이라고 생각하라.

금전적·물리적 문제를 간과하지 마라

다른 집에 사는 친부모보다 의붓부모가 아이를 위해 (식사 준비, 생활비 지원, 숙제 돕기 등) 더 많은 걸 해줄 때, 전 배우자는 분노를 느낄 수 있고 현 배우자는 제대로 인정받지 못한다고 느낄 수 있다.

하영의 경우 딸을 너무나 사랑하는 모습을 보고 그와 사랑에 빠졌다. 그녀는 의붓딸인 리나를 친딸처럼 대했다. 그는 정말 좋은 아빠였고 아이에 대해 양육권을 전적으로 갖고 있었다. 리나의 친어머니는 딸에게 일이 있어도 나타나지 않았다. 여름 방학이나 휴일, 격주 주말마다 만나는 약속도 거의 지키지 않았다. 하영은 종종 자신이 리나에게 해주는 것에 비해 충분히 인정받지 못한다고 느꼈다. 리나를 생각하면 혼란스럽고 슬펐다. 하지만 남편의 전 부인이 자주 리나를 돌보지 않는 것에 화가 났다.

아이들은 부모가 뭘 어떻게 하든 말든 통제할 수가 없다. 그러므로 배우자의 전 남편이나 전 부인의 무심함 때문에 화가 난다고 해서 아이나 배우자에게 무심코 수동공격을 하지 않도록 주의하라. 의붓자녀가 지금 고마움을 표시하지 않아도 앞으로 더 크면 당신의 노력을 알아줄 것이다.

재혼가정으로의 전환 과정에서 어려움을 더는 데 가족 치료가 도움이 될 수 있다. 당신 가정의 문제를 어떻게 해결하고 싶은지 뚜렷한 목적을 가지고 고민하라. 사람들은 종종 문제를 간과한다. 하지만 이는 상황을 더 악화시킬 뿐이다. 금기시되는 주제를 꺼내고 싶다면 다음을 참고하라.

· 의붓자녀에게: "네가 친엄마 사랑하는 거 알아. 새엄마를 사랑하는 게 친엄마를 배신하는 것처럼 느껴진다는 것도. 어쨌든 나는 너를 사랑할 거야. 그리고 친엄마 꼭 한 사람만 사랑해야 하는 건 아니야."

· 배우자에게: "당신이 당신 아이들하고 다르게 대하는 거 우리 애들이 다 알아. 양측 아이들을 어떻게 대할지 의논해보자. 백 퍼센트 공정하게 대하긴 힘들겠지만, 덜 편애할 수는 있잖아."

성공적으로 재혼가정을 꾸린 사람들도 많다. 그런 경우에는 부모들이 건강한 관계를 구축하기 위해 노력하고, 모든 구성원의 불편한 감정에 개방적이다.

오늘의 질문

1 당신이 재혼가정에서 겪고 있는 문제는 무엇인가?

2 공동 부모 관계에서 일어나는 갈등에 어떻게 대처하고 있는가?

3 현재 가정에서 당신이 받아들여야 할 가족 역학이 있다면 무엇인가?

새로운 시작

 우리는 가족 문제를 금기시한다. 일반적으로 사람들은 수치심 때문에 가정에 문제가 있어도 숨기고 모른 척한다. 나는 형제자매나 부모, 그 외의 가족 구성원들과의 관계에서 겪는 복합적인 문제들을 솔직하게 터놓는 친구들과의 관계에서 위안을 받는다. 유감스럽게도 상처받을 위험을 감수하면서까지 솔직하게 자신을 드러내는 사람은 드물다.

 나는 일찍이 중학생 때 "우리 부모님은 약물 중독자야"라거나 "아빠 만난 지 오래됐어", "우리 엄마는 쓰레기 같은 놈이랑 만나"라고 말하는 용감한 친구들을 찾아냈다. 아이들은 들어줄 사람이 있으면 아주 솔직해진다. 나는 말하는 것도 좋아하고 듣는 것도 좋아한다. 두 경우 모두 치유가 되기 때문이다.

 소셜 미디어에는 종종 성공할 때까지 가짜로 성공한 척하는 이들이 있다. 어버이날에는 진실과 거리가 먼 사진과 글들이 쏟아져 나온다. 누군가는 부모와 '완벽한' 관계임을 자랑하는 사진으로 도배를 한다. 나는 이런 사람들이 알았으면 좋겠다. 다른 사람들이 그런다고 똑같이 허위로 '진심 가득한' 게시글을 올리지 않아도 괜찮다고. 소위 타인의 이상적인 경험을 보는 일은 힘이 든다. 그렇다고 그에 지기 싫어 자기 자신과 세상을 속이면 결국 훨씬 힘들어진다.

본래의 모습과 다르게 자신을 내보이는 허위성은, 역기능 관계에 있는 가족을 위해 억지로 명절 인사를 해야 할 때 크게 문제가 된다. 상상해보라. 사이가 좋지 않은 여동생과 다시 연락하려고 노력하고 있지만, 명절 인사 문자로는 관계의 우여곡절을 다 담아낼 수가 없다. 이런 저런 인삿말을 생각하다 보면 복잡한 관계에 대한 인식이 촉발될 수 있다. 관계가 좋지 않은 부모에게 안부 문자를 하는 것이 얼마나 어려운 일인지 아무도 말해주지 않는다. 그리고 자신은 그렇지 못함을 상기하는 일은 슬픔을 유발한다. 자신의 상황에 완벽하게 들어맞는 인삿말을 찾지 못해도 괜찮다.

소셜 미디어에서 역기능 가정에 대해 터놓고 얘기하기 시작했을 때, 나는 비슷한 사연을 가진 사람들이 그렇게나 많다는 사실에 깜짝 놀랐다. 내 게시물의 상당수는 "만일 당신이 역기능 가정에서 자랐다면…"으로 시작한다. 공존하는 법, 받아들이는 법, 용기를 내는 법에 대한 개인적인 이야기들이다. 그 게시물들을 좋아해주고, 저장하고, 공유하는 용감한 이들이 있다. 필요한 줄도 몰랐던 방식으로 자신을 변화시켜주었다며 메시지를 보내오는 사람들도 있다. 한번은 내 게시물을 엄마에게 공유했다가 대화에 불이 붙어 관계가 훨씬 좋아졌다는 메시지가 온 적도 있다. 물론 다 즐겁고 좋은 내용만은 아니었다. 건강하지 못한 관계를 떠났거나 역기능 가정임을 깨달은 사람들을 모욕하는 댓글들은 삭제해야 했다.

역기능 가정을 겪어보지 못한 사람은 다른 이의 선택을 이해하기 힘들다. 준거의 틀이 없는 사람들을 이해시키려 하다가는 힘이 다 빠져버리고 말 것이다. 우리 이야기는 우리가 간직하고 그들은 그들의 이야기를 하게 놔두자. 타인의 의견은 다 바꿀 필요도 없고 바꿀 수도 없다. 굳이 애써 동의를 구하려 하지 않는 편이 평화로울 수 있다. 가족 문제에 대처하기 위해 당신이 선택한 방법은 다른 이의 선택과 다를지도 모른다. 어느 쪽이 옳고 그른 건 없다. 그저 다르다고 받아들이면 된다.

수치심은 우리를 침묵하게 만든다. 따라서 자신의 가족에 대해 말하는 사람이 더 많아져야 한다. 의도적으로 재결합을 촉진하기 위한 수단으로써도 그렇다. 언젠가 이렇게 말하는 사람이 있었다. "우리 엄마가 알코올 중독인 거, 저 말고는 아무도 몰라요. 창피해서 아무한테도 말 못 해요." 그는 남들과 관계가 단절된 느낌을 받을 때가 많았다. 자기 인생의 중요한 부분을 사람들이 모른다는 사실 때문이었다. 사람들이 아는 건 진실이 아니라 허구였다.

나만 그런 것 같지만 실제로는 비슷한 사람이 많다. 의도적으로 솔직하게 털어놓으면 비슷한 사연을 가진 이들을 찾을 수 있다.

역기능 가정에서 자랐고 극적인 상황을 피해 관계를 끊은 상태라면, 가족의 특별한 행사에 갈 수 없다. 아마도 행사 때마다 같은 결말임을 알기 때문에 관여하고 싶지 않을 수도 있다. 일반적으로 가족 중 일부는 혼란보다 평화를 원하는 당신의 욕구를 이해하기 위해 노력하고 있을 것이다. 그들은 드라마를 중단할 힘이 자신에게 있음을 깨닫지 못한 채 혼란에 익숙해진 상태다.

극적이고 혼란스러운 상황에 머물기를 의식적으로 택하는 것이다. 따라서 상황이 좋아지지 않을 때 우리는 자신을 위해 최선의 길을 선택하는 법을 배워야 한다. 이런 어려운 선택이 편해지려면 연습이 필요하다.

"극적이고 혼란스러운 상황에 머물기를 의식적으로 택하는 것이다."

다음은 자신을 변명하고 우리 가족 내의 사이클을 끊으려는 나의 노력을 무시한 가족에게 해주고 싶었던 말이다. 하지만 끝내 말하진 못했다. 전에 이미 말하기를 시도했지만 성공하지 못했기 때문이다.

"나는 더 이상 역기능 가정의 아이가 아니다. 나는 성인으로서 바람직한 선택을 하고, 바운더리를 설정하며, 내가 창조한 인생을 산다. 배운 적이 없다고 해서 계속 몰라야 하는 건 아니다. 나는 더 이상 '부모님은 나한테 ○○를 가르쳐준 적이 없다'라는 말로 더 잘하지 못하는 나 자신을 변명하지 않겠다. 책을 읽고, 열린 마음으로 배움을 대하고, 호기심을 갖고, 건강한 사람들과 관계를 맺음으로써 자신을 가르치겠다. 멘토와 역할 모델, 연장자, 정신 건강 전문가들을 통해 힘을 얻겠다. 나는 배운 적 없는 것들을 익힐 것이다. 건강한 관계를 맺는 법과 감정을 느끼는 법, 자신을 돌보는 법, 적극적으로 행동하는 법, 그리고 문제가 있을 때 건강한 방식으로 대처하는 법을."

변화를 이루는 건 쉬운 일이 아니다. 하지만 불가능한 일도 아니다. 최소 10년 전, 일기를 쓰다가 끊고 싶은 대물림 패턴을 나열한 적이 있다. 뭔가 다른 걸 적극적으로 선택하지 않으면 사람은 제자리에서 벗어나지 못한다. 바라는 것만으로는 달라질 수 없다. 변화는 건강한 지원 시스템을 구축하는 동시에 새로운 습관과 전통을 실행할 때 가능하다.

어떤 두 상황도 같지 않으며, 어떤 해결책도 모든 경우에 적용되지 않는다. 어떤 경우에는 관계를 끝내기로 했다가, 다른 경우에는 건강한 바운더리를 유지하면서 관계를 지속할 수 있다. 당신에게는 당신만의 연대표기 있다. 내 것도 배우자의 것도 치료사의 것도 그 누구의 것도 아닌 당신만의 연대표가. 당신이 어떤 결정을 내리든 편안해야 하고, 그중에는 유난히 어려운 결정도 있을 것이다.

언제든 필요할 때마다 이 책을 다시 펼쳐보라. 장담컨대, 정신 건강에 좋은 관계 맺기를 상기하기 위해 당신은 이 책을 반복해서 찾게 될 것이다. 가족에게 원했던 변화를 직접 이뤄라. 우리가 바꿀 수 있는 건 자신뿐이다. 관점을 바꾸고, 기대를 수정하고, 바운더리를 설정하고, 관계를 기획하고, 자신을 돌봐라. 그러면 결국 자신이 통제할 수 없는 것으로부터 자유로워질 것이다.

"가족에게 원했던 변화를 직접 이뤄라."

어머니가 바뀌지 않았는데도 관계를 유지한다면 어머니가 계속 그렇게 살도록 내버려 두는 게 되나요?

부모-자녀 관계는 유일무이한 특별한 관계다. 그래서 부모가 바뀌지 않아도 많은 이들이 관계를 계속 유지한다. 그냥 내버려둔다기보다는 바뀌기를 바라는 상태에 가깝다.

내버려둔 것이냐 아니냐의 여부는 그 관계에서 당신이 어떻게 행동하느냐에 달려 있다. 당신은 어머니가 자신이나 다른 누군가에게 해를 끼치는데도 지지하는가? 고쳐야 할 행동을 못 본 척하거나 축소하고 있는가? 그게 아니라면, 단지 당신은 당신의 바람과는 다른 행동을 하는 사람과 관계를 유지하고 있는 것뿐이다.

고려할 점: 관계를 끝낼 필요는 없다. 어머니를 변화시키려고 노력할 것인지 말 것인지는 당신의 선택이다. 어느 쪽을 선택해도 괜찮다.

여든 살이 되신 부모님이 알코올 중독입니다. 화가 나는데, 이런 감정을 말씀드려도 될까요?

그렇다. 부모님의 알코올 문제를 당신이 어떻게 느끼는지, 그리고 당신의 인생에 어떤 영향을 미치고 있는지 말해도 괜찮다. 속으로만 참고 있었다면 화를 표현하는 것만으로도 마음이 편해질 수 있다. 대화를 통해 부모님이 바뀌길 바란다면, 분명하게 말하자. 하지만 알코올을 끊는 문제는 부모님의 선택이라는 점도 이해하자. 부모님 눈에는 쉬운 일로 보이지 않을 것이다.

알아넌Al-Anon은 전 세계에 지부를 둔 알코올 중독자 구제 모임으로, 알코올 중독자 부모를 둔 성인 자녀들이 서로 도움을 주고받는다. 활동 중에는 자신을 더 잘 보살피는 법을 배우는 것도 포함되어 있다. 이 모임을 통해 도움을 받거나 개인적으로 치료를 받자.

고려할 점: 자신의 정신 건강을 관리하면 자신을 더 잘 돌볼 수 있다.

알코올 중독자의 성인 자녀들: http://adultchildren.org

알아넌Al-Anon: http://al-anon.org

나는 어릴 때 아버지로부터 (언어적, 정신적, 신체적) 학대를 당했습니다. 그게 적절한 행동이라 믿었다는 말로 아버지는 자신이 한 짓을 정당화합니다. 그리고 내 자녀들과 관계를 맺기를 원합니다. 아이들을 어떻게 하면 내가 겪었던 학대로부터 보호할 수 있을까요? 현재는 접근을 제한 중입니다.

변하지 않는 사람과 관계를 계속 유지할지 말지를 결정하는 건 어려운 일이다. 게다가 그가 자신의 폭력적인 행동을 정당화하려 한다면 안전은 중요한 관심사가 아닐 수 없다. 당신 자신도 안전하지 않았는데, 자녀들의 안전도 확신할 수 없는 상태다. 언제가 되었든 자녀들을 보호하는 건 부모인 당신이 해야 할 일이다.

고려할 점: 아버지에 관해 당신이 겪은 경험에 근거해 아이들을 분리하자. 지금으로서는 가장 안전한 선택이다.

어머니가 도움을 받아서 정신 건강 문제를 해결했으면 좋겠어요. 어떻게 치료를 받게 할 수 있을까요?

치료를 받으면 좋아질 수 있다는 사실을 알면서도 사랑하는 사람이 고통스러워하는 모습을 지켜보는 건 힘들다. 하지만 원치 않는 사람을 억지로 끌고 갈 수는 없는 일이다. 게다가 강제로 치료를 받게 한다면 필요한 만큼의 효과를 보지 못할 수도 있다.

솔직해져 보자. 치료를 위해 약한 자신의 모습을 드러낸다는 건 스스로 선택했더라도 쉽지 않은 일이다. 당신이 누군가의 변화를 맞이할 준비가 되었다고 해서 그를 억지로 준비시킬 수는 없다.

고려할 점: 현재의 행동을 기준으로 할 때, 어머니의 정신 건강 문제에도 불구하고 당신이 맺을 수 있는 관계 유형은 무엇일까?

시어머니와 시누이가 거짓말을 밥 먹듯이 합니다. 그들과 계속 관계를 유지해야 할까요?

친절하게 대하되 친밀한 관계를 맺지 않으면 된다. 당신 선에서 할 수 있는 일만 하자. 예를 들어, 굳이 연락해 중요하지 않은 주제로 수다 떨 필요 없다. 당신의 생일 등 개인적인 일에 초대할 필요도 없다.

고려할 점: 진실하지 않은 관계를 계속 유지하고 싶은가?

부모와 형제자매와 관계를 끊으려는 배우자를 어떻게 해야 할까요?

혹시 원하는 게 있는지 물어보고, 감정을 말하고 싶어 하면 들어주면서, 배우자를 지지해주자. 가족과의 오랜 역사를 당신의 관점으로 전부 이해할 수는 없다.

가족이 달라졌더라도 당신의 배우자는 그들과 관계를 계속 유지하고 싶어 하지 않을 수 있다. 당신의 생각과는 다른 선택을 해도 계속 지지하자. 때로는 배후에 무슨 이유가 있는지 몰라도 결정을 존중해줘야 할 때가 있다.

고려할 점: 그 가족 역학의 변화가 당신과 배우자와의 관계에 어떤 영향을 미치고 있는가?

의붓딸이 거짓말을 합니다. 배우자는 자기 딸이 거짓말을 하는데도 훈육하지 않아요. 그래서 계속 싸우게 됩니다. 훈계에 대해 어떻게 하면 의견을 모을 수 있을까요?

두 사람 다 할 일이 있다. 당신은 의붓딸과 공감 관계를 쌓을 필요가 있고, 배우자는 딸의 정직하지 못한 행동을 처리해야 한다. 중요한 건 자녀가 왜 거짓말을 선택했는지를 아는 것이다(예를 들면, 거짓말을 해서 얻는 게 있는가?). 그리고 어떤 경우에도 당신은 아이를 사랑할 것임을 알려주는 게 필요하다. 아이라서가 아니라 사람은 누구나 부정직하다. 어떤 사람은 있을지 모를 일로부터 자신을 보호하기 위해 거짓말을 일삼기도 한다. 많은 가정의 부모들이 적절한 훈육에 대해 의견 일치를 보지 못한다. 사랑과 연민으로 이끌자. 그리고 의붓딸과 더 건강한 관계가 될 때까지는 배우자에게 훈육을 맡기자.

고려할 점: 당신의 의붓딸은 거짓말이라는 행동을 통해 뭔가를 얘기하려는 것이다. 무슨 얘기를 하려는 걸까?

아빠가 제 생활방식을 못마땅하게 생각하시는데 어떻게 할까요?

당신의 모든 선택을 부모님이 찬성한다면 좋겠지만, 그러지 않을 가능성이 더 크다. 아빠는 아마도 당신이 행복하길 바란다고 말씀하실 것이다. 하지만 당신의 행복 중 일부는 아빠가 허락하지 않는 뭔가를 선택하는 것이다. 못마땅하더라도 당신의 선택을 존중하는 방법에 대해 아빠와 대화를 나눠보자.

고려할 점: 당신은 다 큰 어른이다. 원하는 선택을 할 권리가 있다.

엄마가 문자메시지를 너무 많이 보냅니다. 우리는 껄끄러운 관계고요. 이 문제를 어떻게 해결하면 좋을까요?

두 사람의 관계에 대해 당신이 어떻게 느끼는지 어머니가 알고 있는가? 문자를 너무 많이 보내지 말라고 말씀드렸는가? 문자에 답을 하고 있는가? 이런 반응은 당신이 실제 원하는 것보다 어머니와 더 가까운 사이라는 잘못된 인상을 줄 수 있다. 가까운 관계를 원치 않는다는 걸 계속 보여주고 있는데도 어머니가 모른 척하고 있는 듯 보이기도 한다. 올바른 방향으로 작은 시도를 하나 하자면, 문자메시지를 보면 불안해지므로 너무 많이 보내지 마시라고 부드럽게 요청해보자. 이 말을 시작으로 의미 있는 대화가 이어질 수도 있다. 그렇지 않더라도 당신이 기대하는 것이 무엇인지를 깨닫게 할 수 있을 것이다.

고려할 점: 엄마는 지금 당신과 맺고 싶은 관계를 만들어나가고 있다. 그런데 그게 당신이 원하는 것과는 조금 다른 것 같다.

감사의 글

내 소셜 미디어 계정에는 수천 명의 사람이 드나든다. 그중에는 다이렉트 메시지와 전자우편을 보내오는 이들도 있다. 그들은 역기능 가정에 대한 내 글을 읽고 정형화된 이상적인 가족을 부르짖는 세상에서 혼자가 아니라는 느낌을 받았다고 했다. 세상은 TV, 잡지, 소셜미디어 할 것 없이 어딜 보더라도 완벽한 가족의 이미지가 넘쳐난다. 역기능 가족을 두었다면 세상에 자기 혼자라고 믿기 쉽다. 하지만 당신은 혼자가 아니다. 내 책을 우연히 발견한 모든 분께, 용기를 내서 끝까지 읽어주어 감사하다는 말을 전하고 싶다. 읽는 동안 실제로 적용하고 싶은 마음에 닿는 부분이 있기를 바란다.

나를 지키는 관계의 기술

초판 1쇄 2023년 8월 21일

지은이 네드라 글로버 타와브
옮긴이 신혜연
펴낸이 최경선
편집장 유승현 **편집2팀장** 정혜재

책임편집 정혜재 이예슬
마케팅 김성현 한동우 구민지
경영지원 김민화 오나리
디자인 김보현

펴낸곳 매경출판㈜
등록 2003년 4월 24일(No. 2-3759)
주소 (04557) 서울시 중구 충무로 2(필동1가) 매일경제 별관 2층 매경출판㈜
홈페이지 www.mkpublish.com **스마트스토어** smartstore.naver.com/mkpublish
페이스북 @maekyungpublishing **인스타그램** @mkpublishing
전화 02)2000-2641(기획편집) 02)2000-2646(마케팅) 02)2000-2606(구입 문의)
팩스 02)2000-2609 **이메일** publish@mkpublish.co.kr
인쇄·제본 ㈜M-print 031)8071-0961
ISBN 979-11-6484-602-3(03180)